高等院校**金融学**
新形态系列教材

Python
金融数据分析与应用

◆ 微课版 ◆

张俊丽 彭娟 马臻◎编著

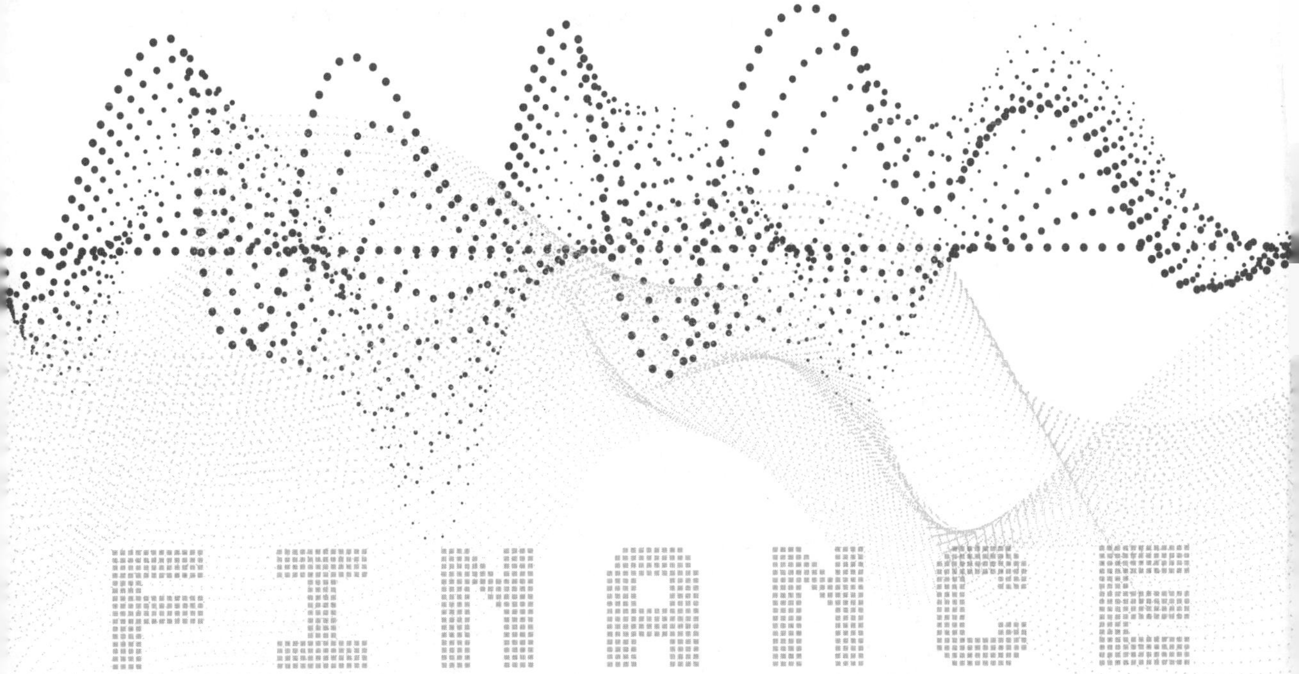

FINANCE

人民邮电出版社
北京

图书在版编目（CIP）数据

Python 金融数据分析与应用 : 微课版 / 张俊丽，彭娟，马臻编著. -- 北京 : 人民邮电出版社，2025.
(高等院校金融学新形态系列教材). -- ISBN 978-7-115-66463-1

Ⅰ. F830.41-39

中国国家版本馆 CIP 数据核字第 2025PZ7681 号

内 容 提 要

本书系统地介绍 Python 在金融数据分析中的应用，分为三篇。第一篇为 Python 基础篇（第 1 章、第 2 章），详细讲解 Python 基础知识及数据分析相关库（包括 NumPy、pandas 和 Matplotlib），帮助读者打下坚实的编程基础。第二篇为金融数据分析与挖掘篇（第 3 章～第 6 章），深入介绍金融数据的获取及预处理、描述性分析与可视化，以及有监督学习和无监督学习等数据建模技术，培养读者在金融数据分析领域的专业技能。第三篇为综合应用篇（第 7 章～第 10 章），通过上市公司股票数据获取与可视化分析、沪深 300 指数预测、基于 K 均值聚类的上市公司财务数据分析以及不同投资组合下的收益率与波动率分析等具体案例，将理论知识与金融实践相结合，提升读者的实践能力和综合决策能力。本书不仅提供丰富的案例数据和代码，还在第二篇各章末提供本章实训和实战演练，旨在通过实践，加深读者对金融数据分析的理解。

本书配有 PPT 课件、教学大纲、电子教案、源代码、数据文件、课后习题答案、实战演练参考答案等教学资源，读者可在人邮教育社区免费下载使用。

本书适合作为高等院校金融、经济、统计、计算机等相关专业的教材，也适合作为金融专业人士和对金融数据分析感兴趣的读者的参考用书。

◆ 编　　著　张俊丽　彭　娟　马　臻
　责任编辑　王　迎
　责任印制　陈　犇

◆ 人民邮电出版社出版发行　　北京市丰台区成寿寺路 11 号
　邮编　100164　　电子邮件　315@ptpress.com.cn
　网址　https://www.ptpress.com.cn
　三河市祥达印刷包装有限公司印刷

◆ 开本：787×1092　1/16
　印张：13　　　　2025 年 4 月第 1 版
　字数：323 千字　　　　2025 年 4 月河北第 1 次印刷

定价：59.80 元

读者服务热线：(010)81055256　印装质量热线：(010)81055316
反盗版热线：(010)81055315

前言

党的二十大报告指出：实施科教兴国战略，强化现代化建设人才支撑。在当前信息量迅速增长的背景下，金融数据分析已成为金融行业的核心竞争力之一。面对大数据技术的快速发展，金融专业人士需要掌握高效处理和分析金融数据的方法，从而提炼出有价值的信息。Python 以其简洁、高效和强大的特点，特别是在数据处理和分析方面展现出的优势，成为专业人士在金融数据分析领域的首选工具。

本书在编写上注重理论与实践的结合，采用案例驱动的教学方法，配备丰富的案例数据和代码，以及章节实训和实战演练，旨在帮助读者深入理解金融数据分析、提升解决实际问题的能力。

本书特点如下。

1. 金融数据分析与 Python 结合：本书提供清晰的学习路径，从基础知识到综合应用，将金融数据分析与 Python 紧密结合；通过实际案例，指导读者使用 Python 进行数据的获取、处理与分析，实现理论与实践的有效结合。

2. 案例驱动的教学方法：本书采用案例驱动的教学方法，知识点的讲解围绕具体的金融数据分析案例，这样的教学方法可提升学习的实践性和互动性，有助于读者在处理实际问题时更灵活地应用数据分析技术和方法。

3. 先进技术的金融应用：本书介绍数据分析领域内的先进技术，如主成分分析、K 均值聚类等，并将其应用于金融数据分析之中。这不仅可展示这些技术在金融领域的应用潜力，也可为金融专业人士提供分析工具和视角。

4. 强化实战的综合应用：本书通过上市公司股票数据获取与可视化分析、沪深 300

指数预测、基于 K 均值聚类的上市公司财务数据分析以及不同投资组合下的收益率与波动率分析等具体案例，为读者提供大量实战机会。这些案例旨在帮助读者巩固所学知识，同时培养读者解决复杂金融问题的实际能力。

本书共 10 章，马臻承担了第 1 章、第 2 章、第 8 章的编写工作；彭娟承担了第 5 章、第 6 章、第 9 章的编写工作；张俊丽承担了第 3 章、第 4 章、第 7 章、第 10 章的编写工作，并负责统稿。本书所有代码均使用 Python 3.11 编写，本书配有 PPT 课件、教学大纲、电子教案、源代码、数据文件、课后习题答案、实战演练参考答案等教学资源，读者可登录人邮教育社区下载。在本书的编写过程中，编者得到了郭双颜等人的宝贵意见和支持，在此表示由衷的感谢。

尽管编者力求本书尽可能完善，但书中难免存在不妥之处，请广大读者批评指正，可将反馈意见发至编者电子邮箱：z11319@qq.com。

编者

目录

第一篇　Python 基础篇

第二篇 金融数据分析与挖掘篇

第 3 章

第 4 章

第 5 章

第 6 章

第三篇　综合应用篇

第 7 章

第 8 章

第一篇

Python 基础篇

在当今金融领域，数据分析已成为不可或缺的一环。随着金融市场的日益复杂和数据的海量增长，金融专业人士亟需高效、强大的工具来挖掘数据背后的价值。Python凭借其简洁的语法、丰富的库资源及强大的社区支持，在金融数据分析领域崭露头角，成为众多专业人士的首选工具。

本篇旨在为读者提供清晰的Python学习起点和路径，涵盖Python基础知识及数据分析相关库两大核心内容。通过对本篇的学习，读者不仅能够掌握Python的基本语法和数据结构，还能了解Python在金融数据分析中的基本应用。同时，本篇还深入介绍数据分析中常用的NumPy、pandas和Matplotlib等库，这些库为处理、分析和可视化金融数据提供了强大的支持。

作为全书的基础篇，本篇在全书体系中占据举足轻重的地位。它不仅能为读者后续学习更高级的金融数据分析技术打下坚实的基础，还能为读者在实际工作中运用Python处理金融数据提供必要的指导和帮助。

第 1 章

Python 基础知识

学习导读

Python 以其强大的数据处理能力和高效的编程特性，极大地提升了金融决策的效率和精确度，已成为金融数据分析和量化交易的重要工具。本章将从 Python 概述开始，逐步介绍环境搭建、数据类型、数据结构、运算符、函数以及基本结构等核心内容，最后介绍 Python 在金融数据中的应用，帮助读者构建坚实的 Python 基础知识框架。通过对本章内容的学习，读者应能为后续的金融数据分析与挖掘奠定理论基础，提高数据处理和分析的专业技能。

学习目标

- 了解 Python 的发展历程、特点及其在金融数据分析中的作用，明确 Python 在金融领域的重要性。
- 掌握 Python 开发环境的搭建方法，包括 Anaconda 的安装和 Jupyter Notebook 的使用方法，培养读者自主学习和解决实际问题的能力。
- 掌握 Python 的数据类型和基本数据结构，如整型、浮点型、字符串、元组、列表和字典，以及它们的定义、常见操作和在金融数据分析中的运用，增加实践应用所需的知识储备。
- 理解 Python 的基本结构，包括顺序结构、选择分支结构、循环结构，以及它们的特点和应用场景，培养读者的逻辑思维和系统分析问题的能力，从而有效地进行数据组织和管理。

思维导图

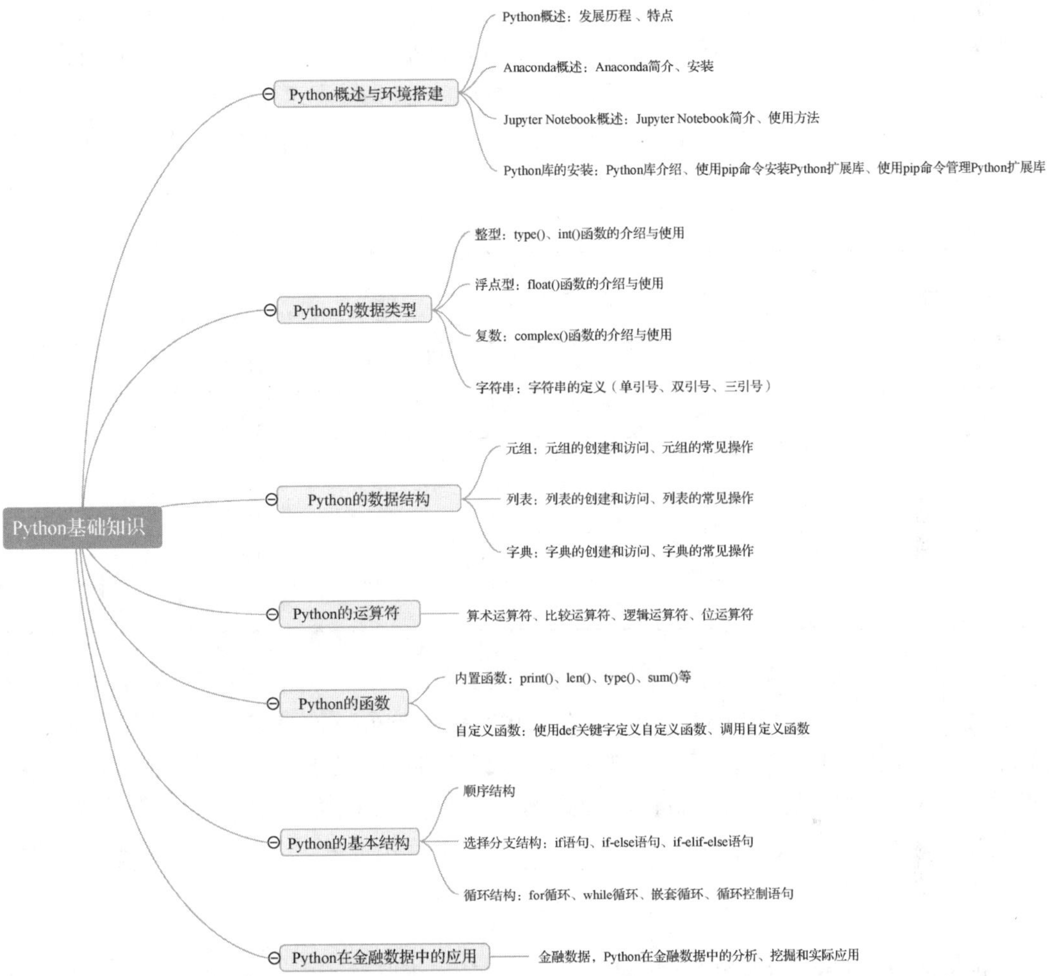

- Python基础知识
  - Python概述与环境搭建
    - Python概述：发展历程、特点
    - Anaconda概述：Anaconda简介、安装
    - Jupyter Notebook概述：Jupyter Notebook简介、使用方法
    - Python库的安装：Python库介绍、使用pip命令安装Python扩展库、使用pip命令管理Python扩展库
  - Python的数据类型
    - 整型：type()、int()函数的介绍与使用
    - 浮点型：float()函数的介绍与使用
    - 复数：complex()函数的介绍与使用
    - 字符串：字符串的定义（单引号、双引号、三引号）
  - Python的数据结构
    - 元组：元组的创建和访问、元组的常见操作
    - 列表：列表的创建和访问、列表的常见操作
    - 字典：字典的创建和访问、字典的常见操作
  - Python的运算符
    - 算术运算符、比较运算符、逻辑运算符、位运算符
  - Python的函数
    - 内置函数：print()、len()、type()、sum()等
    - 自定义函数：使用def关键字定义自定义函数、调用自定义函数
  - Python的基本结构
    - 顺序结构
    - 选择分支结构：if语句、if-else语句、if-elif-else语句
    - 循环结构：for循环、while循环、嵌套循环、循环控制语句
  - Python在金融数据中的应用
    - 金融数据，Python在金融数据中的分析、挖掘和实际应用

1.1 Python 概述与环境搭建

在金融领域，数据分析的重要性不言而喻。随着金融市场复杂性的提升和数据量的激增，传统的数据分析方法已经无法满足现代金融决策的需求。Python 作为一种高效、灵活的程序设计语言，在金融数据分析与挖掘中发挥着越来越重要的作用。本节将从 Python 概述开始，介绍如何逐步搭建适用于金融数据处理的 Python 开发环境，便于后续顺利地运用 Python 进行金融数据分析与挖掘。

1.1.1 Python 概述

Python 以其简洁明了的语法、强大的功能和广泛的应用受到全球开发者的青睐。本节主要介绍 Python 发展历程及特点。

（1）发展历程

Python 自 1991 年由吉多・范罗苏姆（Guido van Rossum）创造以来，已经经历了 30 多年的发展。Python 在早期主要用于 UNIX 和类 UNIX 系统上的脚本编写。Python 的设计初衷是创建一种能够弥补 C 语言等程序设计语言在异常处理和分布式操作系统支持上的不足，同时具备足够清晰的语法和强大的标准库的程序设计语言。

随着互联网的兴起和开源运动的推动，Python 逐渐被更多人所认识和使用。Python 2.0 在 2000 年发布，引入了许多新特性，包括垃圾回收机制，大大提高了 Python 代码的运行效率和稳定性。2008 年，Python 3.0 发布，该版本进行了重大更新，以解决 2.x 版本中存在的一些设计缺陷。Python 版本发展情况如表 1-1 所示。

表 1-1　Python 版本发展情况

发布版本	发布年份
0.9.1～1.5.2	1991—1999 年
1.6.1	2000 年
2.0.0	2000 年
2.0.1～2.2.3	2001—2003 年
2.3.0～2.7.18	2003—2020 年
3.0.0	2008 年
3.0.1～3.13.1	2009—2024 年

Python 的社区非常活跃，全球开发者不断为其贡献新的库和框架。例如，NumPy 和 pandas 库为数据处理和分析提供了强大的支持；Matplotlib 和 seaborn 库使得数据可视化变得简单；而 TensorFlow 和 PyTorch 等深度学习框架则推动了人工智能技术的发展。由于其简洁明了的语法、易于学习和强大的可扩展性，Python 在数据科学、人工智能、网络开发等领域得到了广泛应用。特别是在金融领域，Python 凭借其丰富的数据分析相关库和工具，成为金融数据分析师和量化交易员的首选语言之一。

（2）特点

Python 的设计哲学是“优雅”“明确”“简单”，正如蒂姆 • 彼得斯（Tim Peters）在关于 Python 的格言（称为 The Zen of Python）里所表述的：There should be one——and preferably only one——obvious way to do it。因此，对于程序初学者来说，Python 较为友好，它具有如下特点。

① 简洁易读：Python 的设计哲学强调代码的可读性，其语法简洁、直观，类似英语的表达方式，这使得开发者能够专注于解决问题而非语言本身，极大地提高了代码的可维护性。

② 易学易用：Python 拥有丰富的文档和教程，使初学者能够快速上手。Python 清晰的语法规则和一致的编程风格，降低了初学者的学习门槛，成为初学者和专业开发者的理想选择。

③ 功能强大、用途广泛：Python 拥有庞大的标准库和第三方库，涵盖从网络编程、数据分析到人工智能等多个领域，成为解决各种问题的有力工具。

④ 开源免费、跨平台：Python 是开源社区的“宠儿”，用户可以自由使用、修改和分发代码。其跨平台的特点使得 Python 程序可以在多种操作系统上运行，无须修改即可移植到 Linux、Windows 等不同的系统平台。

Python 的这些特点使其在金融数据分析与挖掘领域中得到了广泛应用。无论是进行数据清洗、统计分析，还是构建复杂的金融模型，Python 都能提供强大的支持。同时，Python 的可解释性和动态特性，使得开发者能够快速迭代和调试代码，提高了开发效率。此外，Python 面向对象的特性和可扩展性，也为构建复杂的金融系统提供了灵活性和强大的支持。

1.1.2 Anaconda 概述

Python 可用于 Windows、macOS 和 Linux 三大操作系统。用户可在 Python 的官方网站根据操作系统下载对应 Python 安装包。除了 Python 官方安装包自带的 IDLE（Integrated Development and Learning Environment，集成开发与学习环境），还有第三方发行的 Anaconda、PyCharm、Eclipse 等开发环境。其中，PyCharm、Eclipse 更适合开发者进行程序编译；对于金融数据分析师来说，Anaconda 的安装和操作更加简单易懂。本节主要介绍 Anaconda 及其安装。

（1）Anaconda 简介

Anaconda（意为蟒蛇）属于开源且专注于数据分析的 Python 发行版本，包含 conda、Python 等 190 多个科学包及其依赖项，方便用户便捷获取包并对包进行管理。Anaconda 的安装比常规的 Python 安装要容易，同时可以对环境进行统一管理。

除此之外，Anaconda 还附带非常好用的交互式代码编辑器 Jupyter Notebook，便于用户编写 Python 程序。Anaconda 具有开源、安装过程简单、高性能使用 Python 和 R 语言、免费的社区支持等特点。

1-1　Anaconda 的安装

（2）安装

安装之前请准备安装了 64 位操作系统（部分库不支持 32 位操作系统）的计算机，按照如下步骤完成安装。

步骤 1　下载 Anaconda。如果 Anaconda 官方网站访问速度较慢，可以通过“清华大学开源软件镜像站”下载对应操作系统的安装包。Anaconda 安装包下载界面如图 1-1 所示，本书使用的是 Anaconda3-2023.09-0-Windows-x86_64.exe 这个安装包。

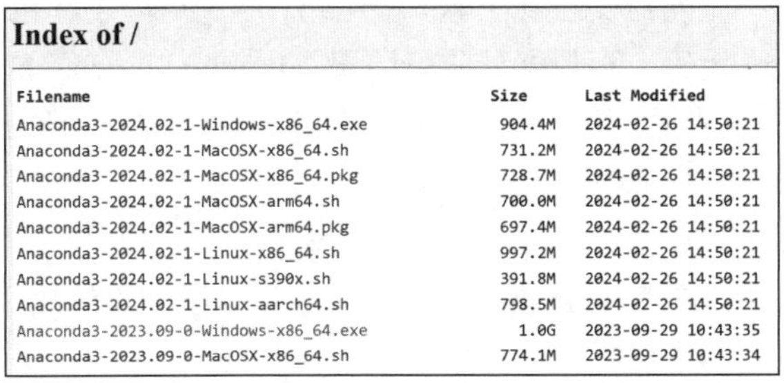

Index of /

Filename	Size	Last Modified
Anaconda3-2024.02-1-Windows-x86_64.exe	904.4M	2024-02-26 14:50:21
Anaconda3-2024.02-1-MacOSX-x86_64.sh	731.2M	2024-02-26 14:50:21
Anaconda3-2024.02-1-MacOSX-x86_64.pkg	728.7M	2024-02-26 14:50:21
Anaconda3-2024.02-1-MacOSX-arm64.sh	700.0M	2024-02-26 14:50:21
Anaconda3-2024.02-1-MacOSX-arm64.pkg	697.4M	2024-02-26 14:50:21
Anaconda3-2024.02-1-Linux-x86_64.sh	997.2M	2024-02-26 14:50:21
Anaconda3-2024.02-1-Linux-s390x.sh	391.8M	2024-02-26 14:50:21
Anaconda3-2024.02-1-Linux-aarch64.sh	798.5M	2024-02-26 14:50:21
Anaconda3-2023.09-0-Windows-x86_64.exe	1.0G	2023-09-29 10:43:35
Anaconda3-2023.09-0-MacOSX-x86_64.sh	774.1M	2023-09-29 10:43:34

图 1-1　Anaconda 安装包下载界面

步骤 2　在计算机中找到下载的 Anaconda 安装包，双击它，打开的 Anaconda 安装界面如图 1-2 所示。

步骤 3　单击“Next”→选择“I Agree”→选择默认选项“Just Me(recommened)”，单击“Next”→单击“Browse”设置安装路径，安装路径设置界面如图 1-3 所示。设置完成后单击“Next”。

步骤 4　打开安装界面，保持默认设置，单击“Install”进行安装，如图 1-4 所示。

步骤 5　等待安装完成→单击“Next”→保持默认设置→单击“Finish”，关闭界面。安装成功界面如图 1-5 所示。

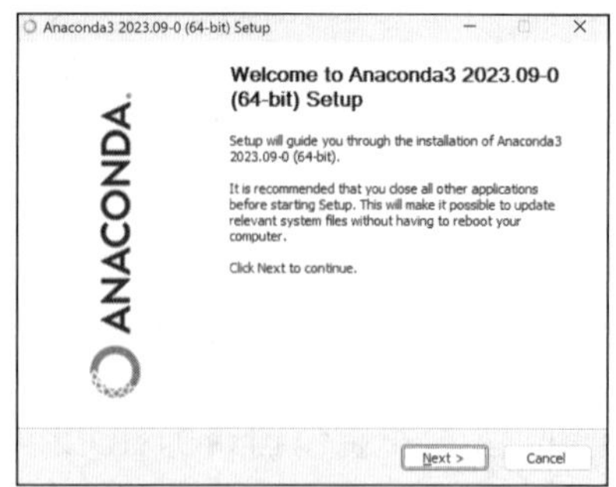

图 1-2　Anaconda 安装界面

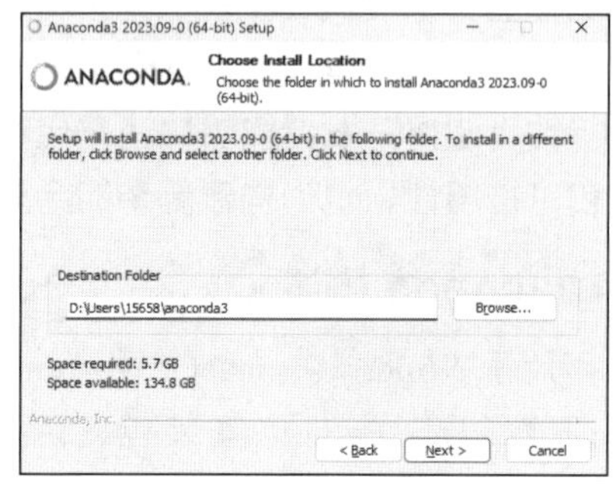

图 1-3　安装路径设置界面

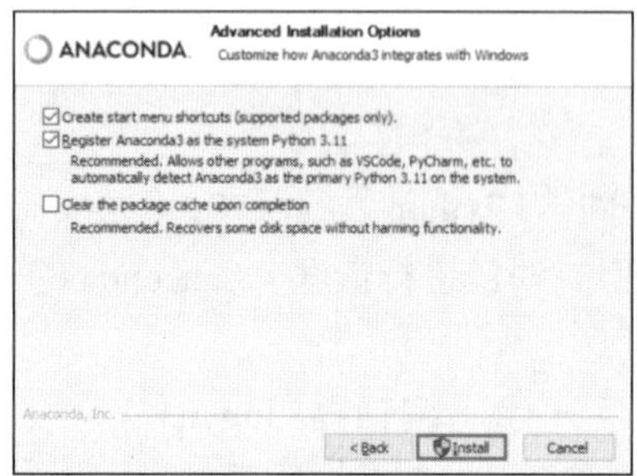

图 1-4　安装界面

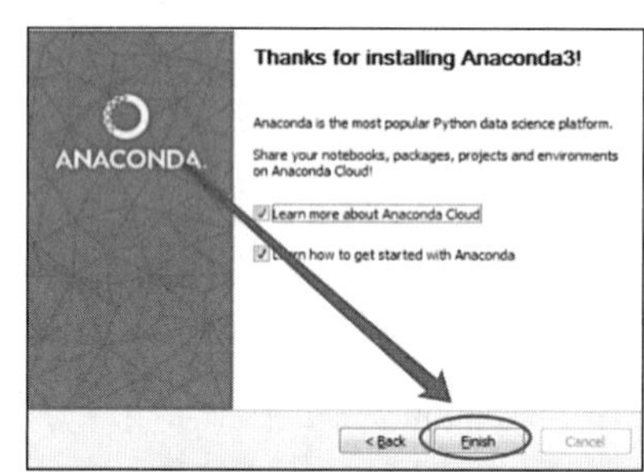

图 1-5　安装成功界面

注意

Anaconda 已经集成了 Python 环境，即安装 Anaconda 后无须再安装 Python。下载及安装 Anaconda 时，请确保安装包和系统位数是对应的。

1.1.3　Jupyter Notebook 概述

Jupyter Notebook 是一个网络交互式工具，使用它，用户可以创建包含代码和多媒体内容的文档，并实时运行 Python 代码，直观展示分析结果。Jupyter Notebook 在金融数据分析中被广泛使用，用于编写、测试和共享代码，以提高工作效率。本节将介绍 Jupyter Notebook 及其使用方法。

（1）Jupyter Notebook 简介

Jupyter Notebook（此前被称为 IPython Notebook）是基于网页的用于交互计算的应用程序，其具体组成如下。

① 网页应用：基于网页形式，结合了编写说明文档、数学公式、交互计算和其他多媒体形式的工具，可实现多种功能。

② 文档：Jupyter Notebook 中所有交互计算、编写说明文档、数学公式、图片以及其他多媒体形式的输入和输出，都以文档的形式体现。文档可以保存为扩展名为.ipynb 的文件，这不仅便于版本控制，也方便与他人共享。此外，文档还可以导出为 HTML、LaTeX、PDF 等格式。

Jupyter Notebook 支持实时编辑代码、数学方程、可视化和 Markdown，可用于数据清理和转换、数值模拟、统计建模、机器学习等。Anaconda 安装后自带代码编辑器 Jupyter Notebook，因此无须重复安装。

（2）使用方法

Jupyter Notebook 的使用及操作较为简单，具体如下。

① 运行 Jupyter Notebook：一种方法是在计算机“开始”菜单中找到 Anaconda3(64-bit)文件夹，并单击“Jupyter Notebook(anaconda)”，如图 1-6（a）所示；另一种方法是在桌面双击打开 Anaconda 主界面，找到 Jupyter Notebook，并单击“Launch”，如图 1-6（b）所示。

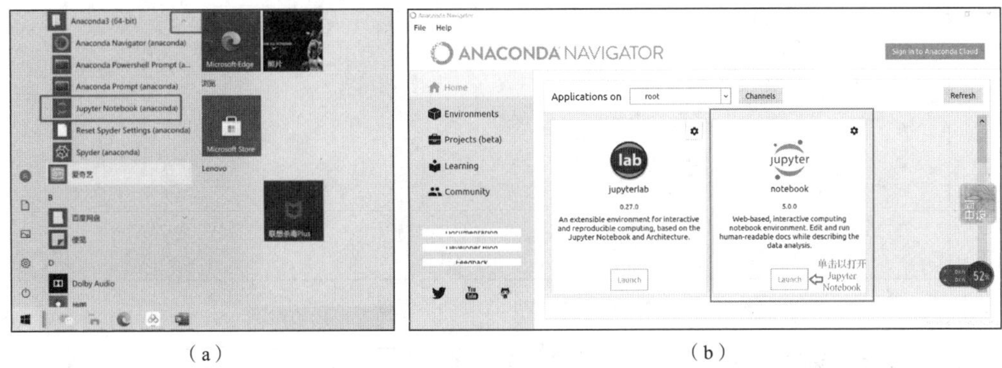

（a）　　　　　　（b）

图 1-6　运行 Jupyter Notebook

② 加载与显示 Jupyter Notebook 网页应用：在弹出磁盘操作系统（Disk Operating System，DOS）界面（不要关闭该界面）后，耐心等待，系统会自动跳转到默认的浏览器并显示 Jupyter Notebook 网页操作界面，如图 1-7 所示。

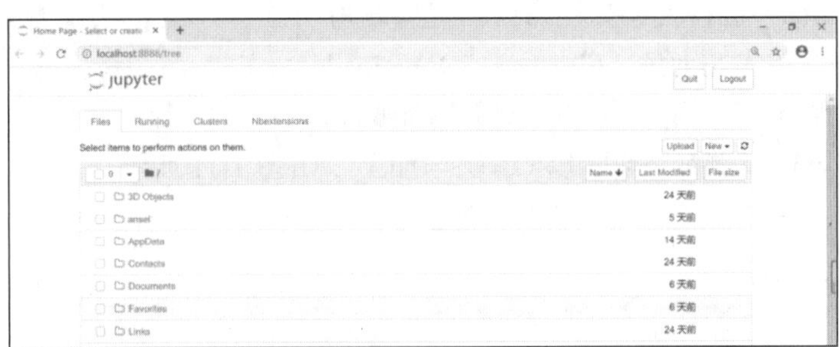

图 1-7　Jupyter Notebook 网页操作界面

③ 新建 Python 程序文档：在网页操作界面中，单击右上角的“New”，在下拉菜单中选择“Python 3”，新建 Python 程序文档，如图 1-8 所示。

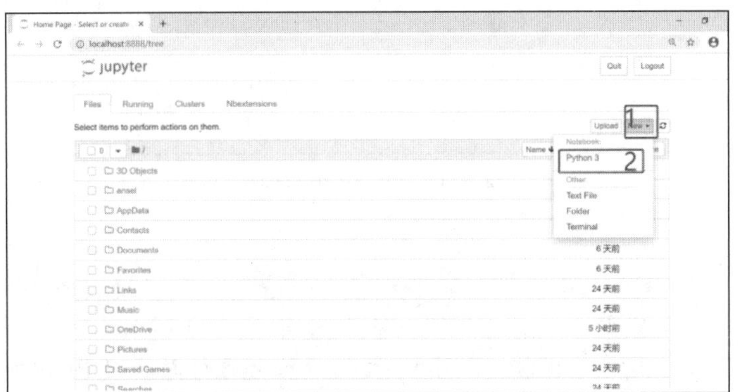

图 1-8　新建 Python 程序文档

④ 输入 Python 代码并运行：完成上述操作后会跳转到 Python 代码编辑界面，在输入框中输入 print('1')，单击“运行”按钮（或按组合键 Shift+Enter），即可输出代码运行结果，如图 1-9 所示。

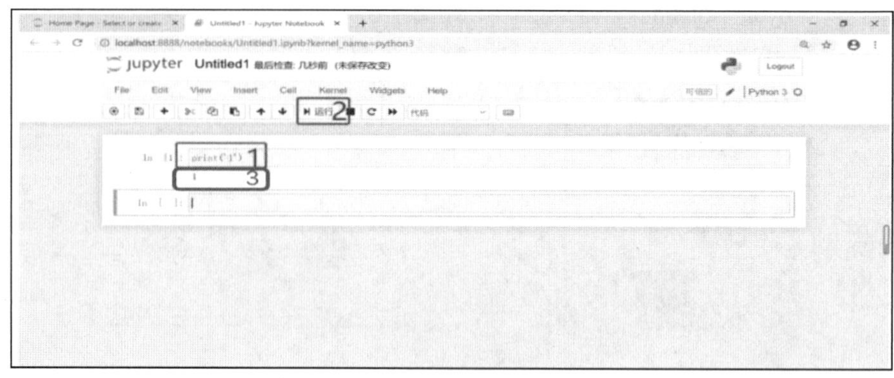

图 1-9　Python 代码编辑界面

⑤ Python 代码编辑界面常用按钮：主要有 3 个，即运行代码按钮 ▶运行 、暂停代码按钮 ■ 、重启脚本按钮 C 。代码块运行后，左侧会出现具体的代码运行序号，如图 1-10 所示。

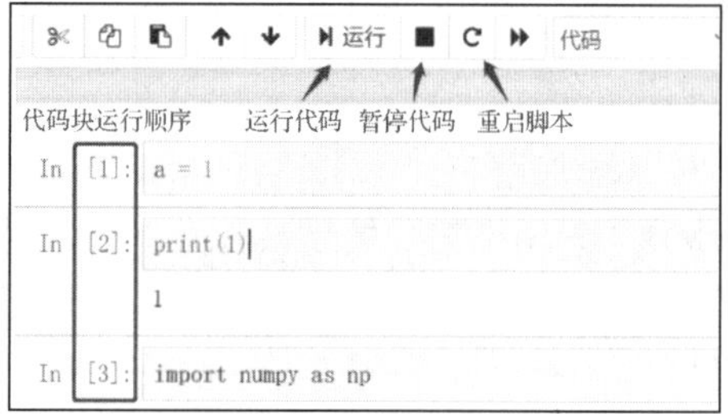

图 1-10　常用按钮及代码运行序号展示

⑥ 保存代码文档及运行结果：单击 Python 代码编辑界面上方“Untitled”进行代码文档命名。代码编写完成后，如需保存，单击左上角“File”→“Download as”，选择需要的文件类型进行存储。建议选择“Notebook (.ipynb)”，方便 Python 程序文档的再次编辑与加工，如图 1-11 所示。

图 1-11　代码文档保存方法

注意

在网页操作界面中单击对应文件夹，即可打开存储的.ipynb 文件，进行 Python 程序文档查看、修改与另存等操作。Python 代码输入与运行时，因 Python 运行无法识别中文符号，因此输入代码语句时需保持全英文格式，否则会导致程序报错，无法运行。

1.1.4 Python 库的安装

在 Python 的生态系统中，有大量的第三方库可用于扩展 Python 的功能，如 NumPy、SciPy、SymPy、pandas、Matplotlib 等，这些库的安装和使用对于进行高效的数据分析至关重要。pip 命令已成为管理 Python 扩展库的主流方式。本节主要介绍什么是 Python 库、如何在 Jupyter Notebook 中使用 pip 命令安装和管理 Python 扩展库。

（1）Python 库介绍

Python 有两个主要特征，一个是与其他语言相融合的能力，另一个是拥有成熟的软件库系统。Python 库可分为标准库（内置库）和第三方库（扩展库）两类。

标准库是随 Python 发行的一系列模块的集合，提供了许多基础的功能和服务，可以直接被开发者在代码中引用，无须额外安装。

第三方库则是由 Python 社区的其他成员或组织开发的库，通常用于满足特定需求或提供额外功能。这些库不是 Python 发行版本的一部分，因此需要用户自行安装，通常可以通过包管理工具（如 pip）进行安装。常见的 Python 库如表 1-2 所示（仅列举部分）。

表 1-2 常见的 Python 库

类型	库名	说明
标准库（内置库）	datetime	为日期和时间的处理提供简单和复杂的方法
	random	生成随机数的工具
	math	为浮点运算提供对底层 C 函数库的访问
	re	为高级字符串处理提供正则表达式工具
第三方库（扩展库）	NumPy	为 Python 提供高级数学方法
	SciPy	Python 的算法和数学工具库
	SymPy	可用于代数评测、代码差异化呈现、代码扩展、复数运算等
	pandas	NumPy 基础上的科学计算库
	Matplotlib	用于绘制数据图
	Pillow	是 PIL（Python Imaging Library，Python 图形库）的一个分支，适用于图形领域
	Scrapy	爬虫工具常用库

（2）使用 pip 命令安装 Python 扩展库

在 Jupyter Notebook 中安装 Python 扩展库，可使用以下命令：

```
!pip install 库名
```

该命令会自动从互联网下载并安装该库及其依赖项。例如，如果想安装名为 seaborn 的 Python 扩展库，命令如下：

```
!pip install seaborn #首次安装后需重启内核，方可生效
```

若通过 pip 默认下载、安装速度较慢，则有可能导致安装报错，这时可使用国内镜像源（如清华大学开源软件镜像站）提升下载速度并提高安装成功率，命令如下：

```
!pip install 库名 -i 镜像地址
```

示例命令如下：

```
! pip install SpeechRecognition -i https://pypi.tuna.tsinghua.edu.cn/simple #通过清华镜像地址安装 SpeechRecognition 库
```

注意

使用 pip 命令安装 Python 扩展库时，需保证计算机处于联网状态，否则无法下载对应的库及其依赖项。如需离线安装，则需要提前下载好对应的.whl 文件。

（3）使用 pip 命令管理 Python 扩展库

Python 扩展库安装完成以后，可以通过 pip 命令完成扩展库的升级、卸载、显示等操作，pip 常用命令如表 1-3 所示。

表 1-3 pip 常用命令

pip 命令	说明
pip install -U 库名	升级库
pip uninstall 库名	卸载库
pip show 库名	显示库的详细信息
pip download 库名	仅下载库，但不安装
pip list	列出当前已安装的所有库
pip install 库名.whl	通过.whl 文件离线安装扩展库

1.2 Python 的数据类型

在金融数据分析与挖掘过程中，理解和操作数据是至关重要的。Python 作为一种强大的程序设计语言，提供了多种数据类型来支持复杂的数据处理任务。本节将深入探讨 Python 的数据类型，包括整型、浮点型、复数和字符串，这些是构建和处理金融数据集的基础。

1.2.1 整型

整型（Integer Type，简称 int）通常用于表示整数，是最基本的数据类型之一，用于表示没有小数部分的数，可以为 0、正数或者负数，没有大小限制，如 0、10、−780、−89、−0x270、0x90。在处理金融数据时，整型常用于表示交易次数等不包含小数的数值。

可使用“变量名=数据”这种形式的 Python 语句进行变量赋值，可通过 type()函数查看数据类型，示例代码如下：

```
trans = 2        #将整型数值 2 赋值给 trans 变量，代表交易次数
type(trans)      #查看 trans 变量的数据类型
```

代码运行结果为“int”。

另外，可使用 int()函数将数值类型强制转换为整型，示例代码如下：

```
int(2.36)        #将数值 2.36 强制转换为整型数值
```

代码运行结果为“2”。

1.2.2 浮点型

浮点型（Floating-point Type，简称 float）用于表示有小数部分的数，由整数部分与小数部分组成，如 0.0、15.2、−2.9、−32.5e10、32+e18。浮点型可以用科学记数法表示：2.5e2 = 2.5 * 10^2 = 250。在金融数据分析中，浮点型适用于表示价格、收益率、账户余额、开盘价、收盘

价等需要精确到小数点后几位的金融指标。

以下示例代码展示了如何进行浮点型变量赋值以及如何使用 float()函数强制转换数据类型：

```
price = 332.6   #将浮点型数值 332.6 赋值给 price 变量，代表价格
print(price)    #使用 print()函数输出 price 变量值
float(200)      #将整型数值 200 强制转换为浮点型数值
```

代码运行结果如下，其中展示了浮点型数值 332.6，并完成整型数值 200 的数据类型强制转换：

```
332.6
200.0
```

1.2.3 复数

复数（Complex Number，简称 complex）是 Python 中的另一种数据类型，由实数部分和虚数部分构成，用 a+bj 表示，复数的实数部分 a 和虚数部分 b 都为浮点型，如 3.14j、9.23e−35j、4.53e−7j。虽然复数在金融数据分析中的使用频率不如整型和浮点型高，但它在用于某些数学模型和算法时具有独特的价值。

以下示例代码展示了如何进行复数变量赋值以及如何使用 complex()函数强制转换数据类型：

```
com = 1+2j                #将复数 1+2j 赋值给 com 变量
print(com)                #使用 print()函数输出 com 变量值
print(complex(200))       #将整型数值 200 强制转换为复数，并用 print()函数输出
print(complex(200,3))     #将 200 和 3 强制转换为复数，实数部分为 200，虚数部分为 3，
并用 print()函数输出
```

代码运行结果如下：

```
(1+2j)
(200+0j)
(200+3j)
```

注意

complex(x)将 x 转换为一个复数，实数部分为 x，虚数部分为 0。complex(x, y)将 x 和 y 转换为一个复数，实数部分为 x，虚数部分为 y。x 和 y 为数字表达式。

1.2.4 字符串

字符串（String）是由字符组成的序列，用于表示文本数据。在金融数据分析中，字符串广泛用于处理交易代码、公司名称、日期时间等非数值型信息。

在 Python 中，可以使用单引号、双引号和三引号（3 个单引号或 3 个双引号）定义字符串。通常，单引号和双引号对于字符串的定义在代码运行结果上相同，不做区分；三引号通常用于输入多行字符串，不仅可以保留字符串内容，还可以保留多行字符串的格式。以下示例代码展示了如何定义字符串：

```
str1 = '金融数据分析'    #用单引号将文本“金融数据分析”赋值给 str1 变量
str2 = "Python"          #用双引号将文本“Python”赋值给 str2 变量
str3 = '''学习
什么是字符串'''          #用 3 个单引号将多行文本赋值给 str3 变量
```

```
print(str1)              #使用 print()函数输出字符串变量 str1
print(str2)
print(str3)
```

代码运行结果如下：

```
金融数据分析
Python
学习
什么是字符串
```

1.3 Python 的数据结构

Python 提供了多种灵活且强大的数据结构，包括元组、列表和字典等，它们在金融数据分析中起着至关重要的作用。这些数据结构不仅提高了数据处理的效率，还为金融数据分析奠定了坚实的基础。掌握并熟练运用这些数据结构，是高效进行金融数据分析的关键。

1.3.1 元组

元组（Tuple）是 Python 中一种不可变的数据结构，是用于存储多个元素的有序集合。元组中的元素可以是不同数据类型的，且一旦创建，其内容无法更改。这种不可变性使得元组在需要保持数据完整性和防止数据修改的场景中非常有用。元组使用圆括号“()”来定义，元素之间用逗号分隔。元组的创建和访问以及常见操作如下。

（1）元组的创建和访问

元组可以包含任意类型的数据，包括字符串、整数、浮点数等。元组创建后，可以通过索引访问其中的元素，示例代码如下：

```
# 创建元组
stock_info = ('AAPL', 150.75, '2023-05-21')
# 访问元组元素
symbol = stock_info[0]  #访问元组的第一个元素
price = stock_info[1]   #访问元组的第二个元素
date = stock_info[2]    #访问元组的第三个元素
print(f'Stock: {symbol}, Price: {price}, Date: {date}')
```

代码运行结果为“Stock: AAPL, Price: 150.75, Date: 2023-05-21”，成功依次访问了元组元素并赋值给 symbol、price、date 变量。

（2）元组的常见操作

虽然元组是不可变的，但可以对其进行一些基本操作，如连接、重复和切片。针对上述创建好的元组 stock_info 进行操作，示例代码如下：

```
# 元组的连接
stock_info_extended = stock_info + ('NASDAQ',)
# 元组的重复
repeated_info = stock_info * 2
# 元组的切片
price_date = stock_info[1:3]
print(stock_info_extended)
print(repeated_info)
print(price_date)
```

代码运行结果如下：

```
('AAPL', 150.75, '2023-05-21', 'NASDAQ')
('AAPL', 150.75, '2023-05-21', 'AAPL', 150.75, '2023-05-21')
(150.75, '2023-05-21')
```

可以发现，元组通过基本操作发生了相应变化。

1.3.2 列表

列表（List）是 Python 中一种灵活的可变数据结构，是用于存储多个元素的有序集合。与元组不同，列表的内容可以随时更改，这使得列表在需要频繁修改数据的场景中非常有用。列表使用方括号“[]”来定义，元素之间用逗号分隔。

（1）列表的创建和访问

列表可以包含不同类型的数据，并且可以通过索引访问其中的元素，以下是示例代码：

```
# 创建列表
stock_prices = [150.75, 153.00, 155.25, 148.50]
# 访问列表元素
first_price = stock_prices[0]        #访问列表的第一个元素
last_price = stock_prices[-1]        #访问列表的最后一个元素
print(f'First Price: {first_price}, Last Price: {last_price}')
```

代码运行结果为“First Price: 150.75, Last Price: 148.5”， 成功访问了列表元素。

（2）列表的常见操作

列表支持多种操作，如添加（append()）、删除（del）和修改（通过索引访问元素并重新赋值）等，这使其在数据处理过程中非常灵活。针对上述创建好的列表 stock_prices 进行常见操作，示例代码如下：

```
# 添加元素
stock_prices.append(149.75)
# 删除元素
del stock_prices[1]
# 修改元素
stock_prices[0] = 151.00
print(stock_prices)
```

代码运行结果为“[151.0, 155.25, 148.5, 149.75]”，完成了列表的常见操作。

1.3.3 字典

字典（Dictionary）是 Python 中最强大和灵活的数据结构之一，用于存储键值对（Key-Value Pair）。字典中的键必须是唯一的，通常为字符串，而值可以是任意的数据类型。字典使用花括号“{}”来定义，键值对之间用逗号分隔，键和值之间用冒号分隔。

1-2 字典

（1）字典的创建和访问

字典适用于需要快速查找和存储关联数据的场景，可以通过键来访问对应的值，以下为示例代码：

```
# 创建字典
stock_data = {
    'symbol': 'AAPL',
    'price': 150.75,
```

```
    'date': '2023-05-21'
}
# 访问字典元素
symbol = stock_data['symbol']
price = stock_data['price']
print(f'Stock: {symbol}, Price: {price}')
```

代码运行结果为“Stock: AAPL, Price: 150.75”，成功完成字典的创建和访问。

（2）字典的常见操作

字典支持添加、删除和修改操作，非常适合用于动态存储和处理数据。针对上述创建好的字典 stock_data 进行常见操作，示例代码如下：

```
# 添加元素
stock_data['exchange'] = 'NASDAQ'
# 删除元素
del stock_data['date']
# 修改元素
stock_data['price'] = 151.00
print(stock_data)
```

代码运行结果为“{'symbol': 'AAPL', 'price': 151.0, 'exchange': 'NASDAQ'}”，完成了字典的常见操作。

1.4 Python 的运算符

运算符是用于执行各种操作的符号，Python 提供了一套丰富的运算符，使得各种金融数据处理和计算操作变得非常直观和简单，包括算术运算符、比较运算符、逻辑运算符和位运算符等。

（1）算术运算符

算术运算符用于执行基本的数学运算，如加法、减法、乘法、除法等。Python 算术运算符如表 1-4 所示。

表 1-4　Python 算术运算符

运算符	描述
+	加法
-	减法
*	乘法
/	除法
%	取模
**	幂运算
//	取整除

（2）比较运算符

比较运算符用于比较两个值的大小，返回布尔值。Python 比较运算符如表 1-5 所示。

表 1-5　Python 比较运算符

运算符	描述
==	等于
!=	不等于
>	大于
<	小于

续表

运算符	描述
>=	大于等于
<=	小于等于

（3）逻辑运算符

逻辑运算符用于布尔值的逻辑运算，包括逻辑与、逻辑或、逻辑非操作。Python 逻辑运算符如表 1-6 所示。

表 1-6　Python 逻辑运算符

运算符	描述
and	逻辑与
or	逻辑或
not	逻辑非

（4）位运算符

位运算符用于对整数的二进制位进行操作。Python 位运算符如表 1-7 所示。

表 1-7　Python 位运算符

运算符	描述
&	按位与
|	按位或
^	按位异或
~	按位取反
<<	左移
>>	右移

以下示例代码简要展示了各种运算符的使用方法：

```
# 算术运算
a = 10
b = 3
print(a + b, a - b, a * b, a / b, a % b, a ** b, a // b)
# 比较运算
print(a == b, a != b, a > b, a < b, a >= b, a <= b)
# 逻辑运算
c = True
d = False
print(c and d, c or d, not c)
# 位运算
e = 60    # 60 = 0011 1100
f = 13    # 13 = 0000 1101
result_and = e & f    # 12 = 0000 1100 # 按位与
print(f'{e} & {f} = {result_and}')
result_or = e | f    # 61 = 0011 1101    # 按位或
print(f'{e} | {f} = {result_or}')
result_xor = e ^ f    # 49 = 0011 0001 # 按位异或
print(f'{e} ^ {f} = {result_xor}')
result_not = ~e    # -61 = 1100 0011 # 按位取反
print(f'~{e} = {result_not}')
result_left_shift = e << 2    # 240 = 1111 0000 # 左移
```

```
print(f'{e} << 2 = {result_left_shift}')
result_right_shift = e >> 2    # 15 = 0000 1111 # 右移
print(f'{e} >> 2 = {result_right_shift}')
```

代码运行结果如下：

```
13 7 30 3.3333333333333335 1 1000 3
False True True False True False
False True False
60 & 13 = 12
60 | 13 = 61
60 ^ 13 = 49
~60 = -61
60 << 2 = 240
60 >> 2 = 15
```

可以看出，不同运算符可以用于完成不同的数据处理，从而提升数据分析效率。

1.5 Python 的函数

函数是用于封装和复用代码块的重要结构。Python 提供了丰富的内置函数，并允许用户自定义函数。通过灵活运用内置函数和自定义函数，用户在进行金融数据分析时，能够提高代码的可读性和可维护性，同时显著提升数据分析的效率和准确性。

1.5.1 内置函数

Python 提供了大量内置函数，可以直接使用，无须导入额外的模块。常见的内置函数包括 print()、len()、type()、sum()等。

以下示例代码展示了常用内置函数的使用方法：

```
# 使用内置函数
print('Hello, Python!')    # 输出字符串
length = len([1, 2, 3, 4])    # 计算列表长度
data_type = type(123.45)    # 获取数据类型
total = sum([1, 2, 3, 4])    # 计算总和
print(length, data_type, total)
```

代码运行结果为：

```
Hello, Python!
4 <class 'float'> 10
```

1.5.2 自定义函数

除了内置函数，Python 允许用户使用自定义函数以实现特定的功能和逻辑。定义自定义函数使用 def 关键字，函数名后跟圆括号，圆括号内可以包含参数列表。

以下示例代码展示了如何定义和调用自定义函数：

```
# 定义自定义函数
def calculate_profit(cost, revenue):          #包含 2 个形参 cost、revenue
    profit = revenue - cost
    return profit                             #自定义函数返回参数 profit
# 调用自定义函数
cost = 100
revenue = 150
```

```
profit = calculate_profit(cost, revenue) #按顺序传入赋值后的实参 cost、revenue
print(f'Profit: {profit}')                #输出传入实参后的返回参数 profit
```

代码运行结果为“Profit: 50”，完成 revenue-cost 的运算。

1.6 Python 的基本结构

Python 程序的基本结构包括顺序结构、选择分支结构和循环结构，它们在金融数据分析中各有其重要作用。熟练掌握 Python 的基本结构，在进行金融数据分析时可编写更加高效和灵活的程序，完成复杂的数据处理和分析任务。

1.6.1 顺序结构

顺序结构是指代码按照先后顺序依次执行，适用于需要按顺序执行多个操作的场景。以下示例代码展示了顺序结构的使用方法：

```
print('Step 1')
print('Step 2')
print('Step 3')
```

代码运行结果为：

```
Step 1
Step 2
Step 3
```

可以看出，按照代码顺序依次输出了 Step 1～Step 3。

1.6.2 选择分支结构

选择分支结构根据条件的真假来决定执行的代码块，常用的有 if、if-else 和 if-elif-else 语句。这种结构适用于需要根据不同条件执行不同操作的场景。通过选择分支结构，我们可以控制程序的执行路径，从而实现更复杂的逻辑。

（1）if 语句

if 语句根据条件表达式的结果（真或假，即 True 或 False）来决定是否执行代码块。如果结果为真，则执行代码块，否则跳过，示例代码如下：

```
price = 150
if price > 100:
    print('Price is greater than 100')
```

代码运行结果为“Price is greater than 100”。

注意

在 Python 语法中，if 语句之后需要空两格再写需要执行的代码块，以表达从属关系。

（2）if-else 语句

if-else 语句提供了一条备用路径，当条件表达式为假时，执行 else 后的代码块，示例代码如下：

```
price = 90
if price > 100:
    print('Price is greater than 100')
else:
    print ('Price is 100 or less')
```

代码运行结果为“Price is 100 or less”。

注意

else 代表条件表达式为假，因此，需与 if 顶格对齐，else 后的代码块需要空两格。

（3）if-elif-else 语句

if-elif-else 语句用于多个条件判断，依次检查每个条件表达式，直到找到一个结果为真的条件表达式，并执行对应的代码块。如果所有条件表达式的结果都为假，则执行 else 后的代码块，示例代码如下：

```
price = 100
if price > 100:
    print('Price is greater than 100')
elif price == 100:
    print('Price is 100')
else:
    print('Price is less than 100')
```

代码运行结果为“Price is 100”，按照顺序依次判断是否符合条件表达式，最终只输出符合条件表达式的结果。

1.6.3 循环结构

循环结构用于重复执行某段代码，Python 支持 for 循环、while 循环和嵌套循环，并支持循环控制语句。循环结构在数据处理和分析中非常重要，使用循环结构，我们能够高效地遍历和操作数据集。在金融数据分析中，循环结构常用于处理时间序列数据、计算技术指标和批量数据处理等任务。

（1）for 循环

for 循环用于遍历一个序列（例如列表、元组、字符串等）或可迭代对象中的所有元素，并对每个元素执行指定的代码块，示例代码如下：

```
# for 循环遍历列表
stock_prices = [150.75, 153.00, 155.25, 148.50]
for price in stock_prices:
    print(f'Price: {price}')      #依次输出 stock_prices 列表中的 price
```

代码运行结果如下：

```
Price: 150.75
Price: 153.0
Price: 155.25
Price: 148.5
```

可以看出，使用 for 循环可遍历序列中的元素并依次输出展示。

（2）while 循环

while 循环在给定条件为真时，重复执行代码块，当条件为假时，退出循环，适用于需要在满足某个条件时重复执行的场景，示例代码如下：

```
# while 循环示例
count = 0
while count < 5:
    print(f'Count {count}')
    count += 1
```

代码运行结果如下：

```
Count 0
Count 1
Count 2
Count 3
Count 4
```

可以看出，当 count< 5（即条件为真时）才执行代码块。

（3）嵌套循环

Python 支持嵌套循环，即在一个循环体内嵌套另一个循环。嵌套循环在处理多维数据时特别有用，以下示例代码展示了 for 循环嵌套：

```
# for 嵌套循环示例
for i in range(3):          #i 的取值为 0、1、2
    for j in range(2):      #j 的取值为 0、1
        print(f'i = {i}, j = {j}')
```

代码运行结果如下：

```
i = 0, j = 0
i = 0, j = 1
i = 1, j = 0
i = 1, j = 1
i = 2, j = 0
i = 2, j = 1
```

可以看出，对于嵌套循环，在外层循环的给定条件下，优先执行完内层循环，才会再次执行外层循环。

（4）循环控制语句

Python 提供了 break 和 continue 语句，用于控制循环的执行。break 语句用于立即退出循环，continue 语句用于跳过当前循环并继续执行下一次循环，示例代码如下：

```
stock_prices = [150.75, 155.25, 148.50, 153.00]
# 使用 break 语句
for price in stock_prices:
    if price < 150:
        print ('Price is too low, stopping the loop.')
        break      #按序遍历列表元素，如果数值小于 150，退出循环
    print(f'Price: {price}')
# 使用 continue 语句
for price in stock_prices:
    if price < 150:
        print('Skipping low price.')
        continue #按序遍历列表元素，如果数值小于 150，仅跳过本次循环
    print(f'Price: {price}')
```

代码运行结果为：

```
Price: 150.75
Price: 155.25
Price is too low, stopping the loop.
Price: 150.75
Price: 155.25
Skipping low price.
Price: 153.0
```

可以看出，break 语句执行后退出了循环，不再遍历列表第 4 个元素 153.00，而 continue 语句仅跳过本次循环，不影响遍历第 4 个元素。

1.7 Python 在金融数据中的应用

在现代金融领域，数据分析与挖掘是决策过程中的关键环节。随着数据量的爆炸式增长，传统的数据处理方法已经无法满足需求。因此，使用 Python 对海量数据进行处理显得尤为重要。

（1）金融数据

金融数据泛指所有与金融市场、金融产品及金融相关活动有关的数据，可分为以下 3 类。

① 宏观数据：国家或地区层面的经济指标，如 GDP（Gross Domestic Product，国内生产总值）增长率、失业率、通货膨胀率等。其来源包括政府统计局、国际金融机构[如 IMF（International Monetary Fund，国际货币基金组织）、世界银行]等。

② 中观数据：行业层面的数据，如房地产、汽车、能源等特定行业的相关数据。其来源包括行业报告、市场调研机构（如麦肯锡、德勤）等。

③ 微观数据：个股、公司财报和交易数据等。其来源包括证券交易所、上市公司公告、金融新闻和数据库。

如果从数据类型和数据结构上来看，金融数据可能是数值、标准的结构化数据（如在 Excel、数据库中存储的数据等），也可能是非结构或者半结构化数据（如文本、网页、图片、视频等）。

（2）Python 在金融数据中的分析、挖掘和实际应用

金融领域离不开对金融数据的分析、挖掘和实际应用。在数据分析和挖掘层面，分析效率至关重要。金融数据分析的常用平台和工具有 SPSS、SAS、MATLAB、R 语言等。Python 在 IEEE Spectrum 2024 年度编程语言榜单（见图 1-12）中名列前茅。Python 不仅功能强大且免费开源，深受广大企业和开发者的喜爱，被称为金融数据分析的首选工具。

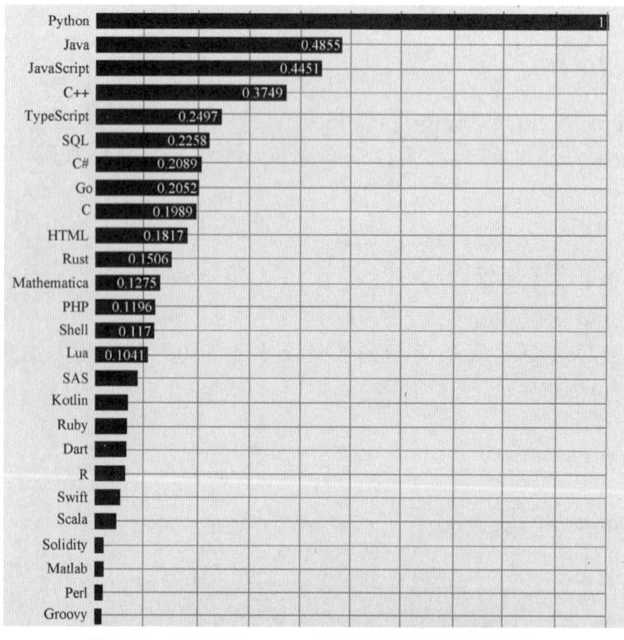

图 1-12　IEEE Spectrum 2024 年度编程语言榜单

金融数据分析应用场景多样化，包括但不限于图 1-13 所示的场景。

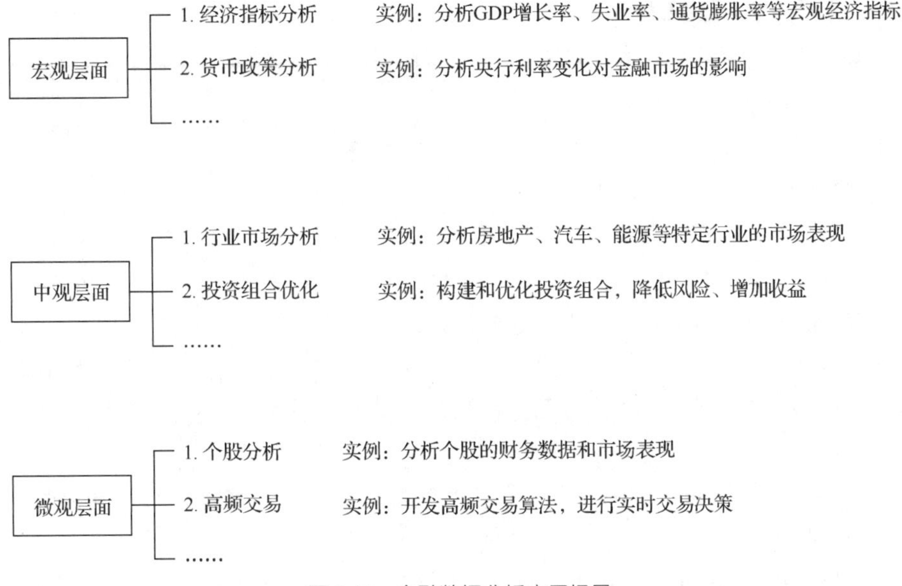

图 1-13　金融数据分析应用场景

常用的金融数据 Python 分析模型和方法有以下几类。当然，根据不同的金融行业场景，可以混合使用这些方法和模型。

① 回归分析：如线性回归、多元回归，用于评估因子对股票收益率的影响。

② 时间序列分析：如差分自回归移动平均（AutoRegressive Integrated Moving Average，ARIMA）、广义自回归条件异方差（Generalized AutoRegressive Conditional Heteroskedasticity，GARCH）模型，用于预测股票价格和市场走势。

③ 分类与聚类：如 K 均值聚类、随机森林，用于识别市场中的潜在模式和机会。

④ 投资组合优化：基于现代投资组合理论（Modern Portfolio Theory，MPT）的优化模型。

⑤ 高频交易算法：如事件驱动的高频交易策略，利用机器学习进行实时决策。

⑥ 风险管理：如风险价值（Value at Risk，VaR）模型，用于评估投资组合的潜在损失风险。

此外，由于 Python 简洁易学、效率高、可移植性强，出现了许多基于 Python 实现复杂分析的数据平台，如专注于量化投资和智能投顾的金融科技平台“SuperMind”，其利用 Python 进行数据分析和算法开发以提高投资决策的准确性；基于 Python 的量化交易平台“大鱼金融”，通过机器学习和大数据分析实现智能交易；基于 Python 的中量金融平台“紫金天风期货”，通过 Python 实现期货和衍生品交易数据分析和策略优化；多资产类别的量化交易平台“QuantConnect”，支持 Python 策略开发，用户可以通过平台获取全球市场数据，进行策略回测和实时交易等。

Python 在金融数据分析与挖掘中的应用覆盖了宏观经济分析、行业研究、个股分析和高频交易等多个层面。掌握 Python 数据分析技术，已经成为现代金融数据分析师必备的核心技能之一。Python 不仅在金融数据的处理、分析和预测中表现出色，而且因免费开源在金融科技领域得到广泛应用和发展。

课后习题

一、单项选择题

1．Python 是在哪一年由 Guido van Rossum 创造的？（　　）

A．1989　　B．1991　　C．1995　　D．2000

2．在 Python 中，哪个命令用于安装第三方库？（　　）

A．load　　B．include　　C．pip install　　D．import

3．在 Python 中，用于表示有小数部分的数值的数据类型是什么？（　　）

A．整型　　B．浮点型　　C．复数　　D．字符串

4．在 Python 中，哪个运算符用于比较两个值是否不相等？（　　）

A．==　　B．!=　　C．>　　D．<

5．在 Python 中，如何正确定义一个名为 calculate_tax 的函数？该函数接收 income 和 rate 两个参数。(　　)

A．def calculate_tax(income, rate)　　B．define calculate_tax(income, rate)

C．function calculate_tax(income, rate)　　D．class calculate_tax(income, rate)

6．在 Python 中，使用哪个语句可以控制根据条件执行不同的代码块？（　　）

A．repeat　　B．switch　　C．if-elif-else　　D．case

二、判断题

1．Python 是一种编译型语言，其代码需要编译成机器语言代码才能运行。(　　)

2．在 Python 中，字符串可以使用单引号、双引号或三引号来定义。(　　)

3．Python 的字典中的键必须是唯一的，而值可以是任意数据类型的，如字典。(　　)

4．Python 中的 for 循环不能直接遍历字典的键。(　　)

5．在 Python 中，使用“/”运算符总是得到浮点数结果。(　　)

6．Python 中的 break 语句可以跳出循环，而 continue 语句用于跳过当前循环，继续执行下一次循环。(　　)

第 2 章

数据分析相关库

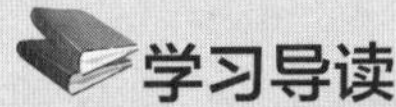

学习导读

在金融数据分析中，掌握数据处理与分析工具的使用方法是成功的关键。本章将介绍 Python 中用于数据分析的三大重要库：NumPy、pandas 和 Matplotlib。通过学习这些库，读者将能够高效地进行数据运算、处理与可视化，为金融数据分析打下坚实的基础。

学习目标

➢ 掌握 NumPy 数组的创建、属性、形状改变及运算方法，提升数据运算效率，培养对数据的尊重和责任感。

➢ 掌握 pandas 中 Series 与 DataFrame 的创建、索引、数据操作及合并方法，增强数据处理能力，提高对数据公正性和透明度的认识。

➢ 了解 Matplotlib 绘图基础，能绘制各种常见图形（如折线图、直方图、条形图、饼图、散点图等），提高数据可视化能力，培养清晰、准确的信息支持职业素养。

思维导图

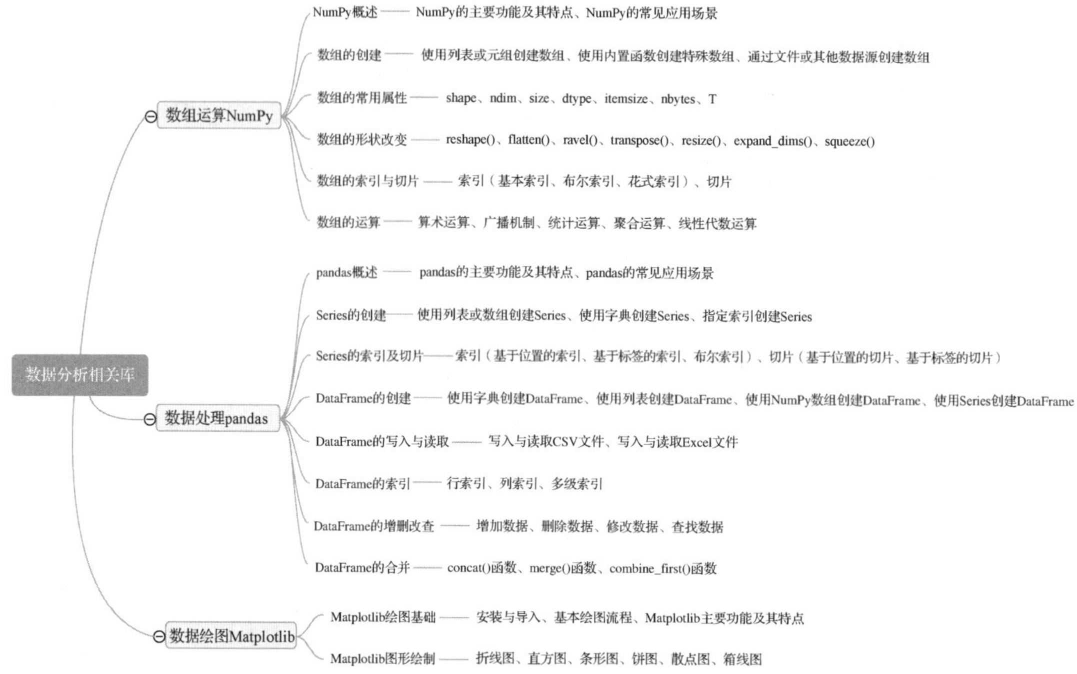

2.1 数组运算 NumPy

本节介绍 NumPy 在金融数据分析中的应用，包括 NumPy 概述、数组的创建、数组的常用属性、数组的形状改变、数组的索引与切片，以及数组的运算，帮助读者掌握高效的数据处理与计算技能。

2.1.1 NumPy 概述

NumPy（Numerical Python）是 Python 科学计算的基础库。NumPy 的核心是 ndarray 对象。NumPy 不仅支持数组运算，还提供了大量的数学函数库，是进行数值计算和数据处理的基础库，广泛应用于金融、科学和工程领域。使用 NumPy 时，需先通过“import numpy as np”语句在 Jupyter 脚本中导入库。

（1）NumPy 的主要功能及其特点

① 支持 ndarray 对象：通过 ndarray 对象，支持高效的元素级运算。

② 支持广播机制：支持广播（Broadcasting），即允许不同形状的数组进行算术运算。

③ 线性代数运算：包含丰富的线性代数函数，可进行矩阵乘法、求逆、特征值计算等操作，为科学计算提供了有力支持。

④ 随机数生成：可以生成各种分布的随机数，如正态分布、均匀分布、二项分布等的随机数，广泛应用于模拟和统计分析。

⑤ 高效的内存管理：采用连续内存块存储数据，从而减少了内存碎片、提高了数据访问效率。

（2）NumPy 的常见应用场景

① 金融数据分析：处理和分析大规模金融数据，如股票价格、交易量、收益率等。

② 数值模拟和建模：进行数值模拟和建模，如蒙特卡罗模拟、差分方程求解等。

③ 机器学习和数据挖掘：处理和转换数据，为机器学习算法提供输入数据。

④ 科学研究和工程计算：在物理、化学、生物等领域进行高性能数值计算和分析。

2.1.2 数组的创建

NumPy 数组（ndarray）是多维的同质数据容器，数组中所有元素的类型相同。NumPy 数组的创建方法主要有以下 3 种。

（1）使用列表或元组创建数组

可以通过将 Python 列表或元组传递给 np.array()函数来创建数组，示例代码如下：

```
import numpy as np
# 使用列表创建一维数组
prices = np.array([100, 200, 300, 400, 500])  # 示例数据：股票价格
print('一维数组：', prices)
# 使用元组创建二维数组
volumes = np.array([(1000, 2000, 3000), (4000, 5000, 6000)])  # 示例数据：股票成交量
print('二维数组：\n', volumes)
```

代码运行结果为：

```
一维数组：  [100 200 300 400 500]
二维数组：
 [[1000 2000 3000]
 [4000 5000 6000]]
```

注意

NumPy 数组中的所有元素必须具有相同的数据类型，因此可以在创建数组时指定数据类型，如 np.array([1, 2, 3], dtype=float)。

（2）使用内置函数创建特殊数组

NumPy 提供了许多内置函数来创建特定类型的数组，如创建全零数组的内置函数 np.zeros()、创建全一数组的内置函数 np.ones()、创建等差数组的内置函数 np.arange()、创建线性等间距数组的内置函数 np.linspace()、创建随机数组的内置函数 np.random.rand()等，示例代码如下：

```
# 创建全零数组
zeros_array = np.zeros((3, 3))  # 创建 3×3 的全零数组
print('全零数组：\n', zeros_array)
# 创建全一数组
ones_array = np.ones((2, 2))  # 创建 2×2 的全一数组
print('全一数组：\n', ones_array)
# 创建等差数组
arange_array = np.arange(0, 10, 2)  # 生成 0 到 10 的等差数组，步长为 2
print('等差数组：', arange_array)
# 创建线性等间距数组
```

```
linspace_array = np.linspace(0, 1, 5)  # 生成 0 到 1 的 5 个等间距数
print('线性等间距数组：', linspace_array)
# 创建随机数组
random_array = np.random.rand(3, 3)  # 创建 3×3 的随机数组，元素在[0, 1)内
print('随机数组：\n', random_array)
```

代码运行结果为：

```
全零数组：
 [[0. 0. 0.]
 [0. 0. 0.]
 [0. 0. 0.]]
全一数组：
 [[1. 1.]
 [1. 1.]]
等差数组： [0 2 4 6 8]
线性等间距数组： [0.   0.25 0.5  0.75 1.  ]
随机数组：
[[0.015539   0.26784566 0.45591445]
 [0.74966939 0.60126409 0.76659221]
 [0.40035651 0.64758089 0.74358865]]
```

可以看出，不同的内置函数创建的数组具有不同的特质。

（3）通过文件或其他数据源创建数组

可以从 CSV 文件、Excel 文件或其他数据源中读取数据，并将其转换为 NumPy 数组（使用.values 方法）。图 2-1（a）所示为通过 CSV 文件创建数组，示例代码如下：

```
import pandas as pd        # 读取文件时需要先导入 pandas 库，将在 2.2 节详细介绍
data_frame = pd.read_csv('stock_data.csv')  # 示例文件为 stock_data.csv 文件，需与当前.ipynb 文件存储在同一文件夹内才可成功读取数据
data_array = data_frame.values  # 将 DataFrame 转换为 NumPy 数组
print("从 CSV 文件创建的数组：\n", data_array)
```

代码运行结果如图 2-1（b）所示，.values 方法可将已存储的 stock_data.csv 股票数据文件中的数据转换为数组。

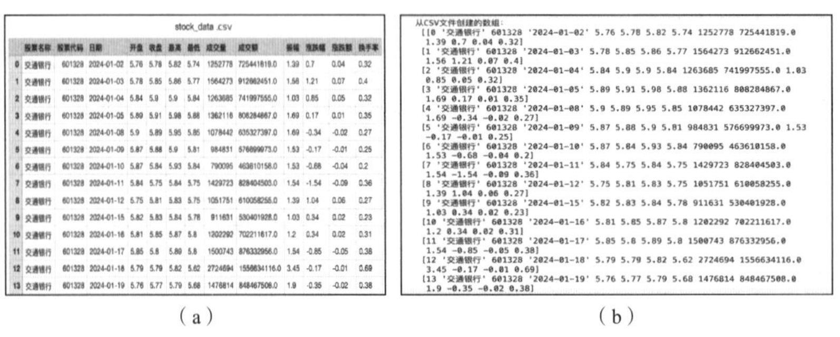

stock_data.csv

	股票名称	股票代码	日期	开盘	收盘	最高	最低	成交量	成交额	振幅	涨跌幅	涨跌额	换手率
0	交通银行	601328	2024-01-02	5.76	5.78	5.82	5.74	1252778	725441819.0	1.39	0.7	0.04	0.32
1	交通银行	601328	2024-01-03	5.78	5.85	5.86	5.77	1564273	912662451.0	1.56	1.21	0.07	0.4
2	交通银行	601328	2024-01-04	5.84	5.9	5.9	5.84	1263685	741997555.0	1.03	0.85	0.05	0.32
3	交通银行	601328	2024-01-05	5.89	5.91	5.98	5.88	1362116	808284867.0	1.69	0.17	0.01	0.35
4	交通银行	601328	2024-01-08	5.9	5.89	5.95	5.85	1078442	635327397.0	1.69	-0.34	-0.02	0.27
5	交通银行	601328	2024-01-09	5.87	5.88	5.9	5.81	984831	576699973.0	1.53	-0.17	-0.01	0.25
6	交通银行	601328	2024-01-10	5.87	5.84	5.93	5.84	790095	463610158.0	1.53	-0.68	-0.04	0.2
7	交通银行	601328	2024-01-11	5.84	5.75	5.84	5.75	1429723	828404503.0	1.54	-1.54	-0.09	0.36
8	交通银行	601328	2024-01-12	5.75	5.81	5.83	5.75	1051751	610058255.0	1.39	1.04	0.06	0.27
9	交通银行	601328	2024-01-15	5.82	5.83	5.84	5.78	911631	530401928.0	1.03	0.34	0.02	0.23
10	交通银行	601328	2024-01-16	5.81	5.85	5.87	5.8	1202292	702211617.0	1.2	0.34	0.02	0.31
11	交通银行	601328	2024-01-17	5.85	5.8	5.89	5.8	1500743	876332956.0	1.54	-0.85	-0.05	0.38
12	交通银行	601328	2024-01-18	5.79	5.79	5.82	5.62	2724694	1556634116.0	3.45	-0.17	-0.01	0.69
13	交通银行	601328	2024-01-19	5.76	5.77	5.79	5.68	1476814	848467508.0	1.9	-0.35	-0.02	0.38

（a）

```
从CSV文件创建的数组:
 [[0 '交通银行' 601328 '2024-01-02' 5.76 5.78 5.82 5.74 1252778 725441819.0
  1.39 0.7 0.04 0.32]
 [1 '交通银行' 601328 '2024-01-03' 5.78 5.85 5.86 5.77 1564273 912662451.0
  1.56 1.21 0.07 0.4]
 [2 '交通银行' 601328 '2024-01-04' 5.84 5.9 5.9 5.84 1263685 741997555.0 1.03
  0.85 0.05 0.32]
 [3 '交通银行' 601328 '2024-01-05' 5.89 5.91 5.98 5.88 1362116 808284867.0
  1.69 0.17 0.01 0.35]
 [4 '交通银行' 601328 '2024-01-08' 5.9 5.89 5.95 5.85 1078442 635327397.0
  1.69 -0.34 -0.02 0.27]
 [5 '交通银行' 601328 '2024-01-09' 5.87 5.88 5.9 5.81 984831 576699973.0 1.53
  -0.17 -0.01 0.25]
 [6 '交通银行' 601328 '2024-01-10' 5.87 5.84 5.93 5.84 790095 463610158.0
  1.53 -0.68 -0.04 0.2]
 [7 '交通银行' 601328 '2024-01-11' 5.84 5.75 5.84 5.75 1429723 828404503.0
  1.54 -1.54 -0.09 0.36]
 [8 '交通银行' 601328 '2024-01-12' 5.75 5.81 5.83 5.75 1051751 610058255.0
  1.39 1.04 0.06 0.27]
 [9 '交通银行' 601328 '2024-01-15' 5.82 5.83 5.84 5.78 911631 530401928.0
  1.03 0.34 0.02 0.23]
 [10 '交通银行' 601328 '2024-01-16' 5.81 5.85 5.87 5.8 1202292 702211617.0
  1.2 0.34 0.02 0.31]
 [11 '交通银行' 601328 '2024-01-17' 5.85 5.8 5.89 5.8 1500743 876332956.0
  1.54 -0.85 -0.05 0.38]
 [12 '交通银行' 601328 '2024-01-18' 5.79 5.79 5.82 5.62 2724694 1556634116.0
  3.45 -0.17 -0.01 0.69]
 [13 '交通银行' 601328 '2024-01-19' 5.76 5.77 5.79 5.68 1476814 848467508.0
  1.9 -0.35 -0.02 0.38]
```

（b）

图 2-1　通过 CSV 文件创建数组

掌握以上方法，读者将能够灵活地创建 NumPy 数组，以满足不同场景下的数据处理需求。

2.1.3 数组的常用属性

NumPy 数组提供了多种属性，可帮助我们了解数组的结构和内容。熟练掌握这些属性，有

助于我们高效地处理和分析数据。NumPy 数组的常用属性如表 2-1 所示。

表 2-1 NumPy 数组的常用属性

属性	中文释义	说明
shape	数组的形状	其值为一个包含数组每个维度大小的元组
ndim	数组的维度	其值为数组的维度数（轴的个数），也称秩
size	数组中元素的总数	数组的元素总数是所有维度大小的乘积
dtype	数组中元素的数据类型	描述数组中元素的数据类型，如整型、浮点型等
itemsize	数组中每个元素所占的字节数	每个元素所占的字节数由数据类型决定
nbytes	数组所有元素占用的总字节数	总字节数等于元素的字节数乘元素总数
T	数组的转置	是指将数组的行和列互换

示例代码如下（仅列举部分）：

```
import numpy as np
# 创建一个 3×4 的数组，表示某股票 3 天 4 个时段的价格
stock_prices = np.array([[100, 101, 102, 103], [104, 105, 106, 107], [108, 109, 110, 111]])
# 查看数组的形状
print('数组形状：', stock_prices.shape)  # 输出：(3, 4)
# 查看数组的维度
print('数组维度：', stock_prices.ndim)  # 输出：2
# 查看数组中元素的总数
print('数组元素总数：', stock_prices.size)  # 输出：12
# 查看数组中元素的数据类型
print('数组元素的数据类型：', stock_prices.dtype)  # 输出：int64
```

代码运行结果为：

```
数组形状： (3, 4)
数组维度： 2
数组元素总数： 12
数组元素的数据类型： int64
```

熟练掌握这些属性，读者可以高效地进行数据处理，为金融数据分析提供有力支持。

2.1.4 数组的形状改变

在数据分析过程中，经常需要改变数组的形状以适应不同的计算需求和数据结构，NumPy 提供了灵活的数组形状改变方法。常见的数组形状改变方法如表 2-2 所示。

表 2-2 常见的数组形状改变方法

方法	说明
reshape()	改变数组形状，不改变数组数据。 【注意】需要确保新形状数组的元素总数与原形状数组的元素总数一致
flatten()	将多维数组变为一维数组。 【注意】返回一个一维数组的副本，不改变原数组
ravel()	将多维数组变为一维数组，返回的是原数组的视图。 【注意】不会产生数据副本，因此效率更高
transpose()	转置数组，即将数组的维度进行交换，等同于使用属性.T 的效果
resize()	改变数组的形状，并且可以改变数组大小。 【注意】类似 reshape()，但可以改变数组大小。如果新数组大小大于原数组大小，会填充默认值 0；如果新数组大小小于原数组大小，会截断数组
expand_dims()	扩展数组的形状，在指定位置插入新的轴
squeeze()	去除数组形状中为 1 的维度，减少数组的维数

示例代码如下（仅列举部分）：

```
import numpy as np
# 创建一个包含 12 个股票价格的数组
prices = np.array([100, 101, 102, 103, 104, 105, 106, 107, 108, 109, 110, 111])
print('原始数组：', prices)
# reshape()操作
reshaped = prices.reshape((3, 4))
print('reshape()后的数组：\n', reshaped)
# flatten()操作
flattened = reshaped.flatten()
print('flatten()后的数组：', flattened)
# squeeze()操作
array_with_one_dim = np.array([[[100, 200, 300]]])
squeezed = np.squeeze(array_with_one_dim)
print('squeeze()后的数组：', squeezed)
```

代码运行结果为：

```
原始数组： [100 101 102 103 104 105 106 107 108 109 110 111]
reshape()后的数组：
 [[100 101 102 103]
 [104 105 106 107]
 [108 109 110 111]]
flatten()后的数组： [100 101 102 103 104 105 106 107 108 109 110 111]
squeeze()后的数组： [100 200 300]
```

掌握以上方法，读者应能够灵活地改变和调整 NumPy 数组的形状，以适应不同的计算需求和数据结构，为数据分析和处理提供极大的便利。

2.1.5 数组的索引与切片

NumPy 数组的索引与切片功能强大且使用灵活，通过索引与切片，可以快速获取、修改数组中的部分数据。在金融数据分析中，利用数组的索引与切片功能，可以高效地实现从大型数据集中提取特定的子集进行分析。

2-1 数组的索引

（1）索引

索引（Index）是指通过指定位置来访问数组中的单个元素。在 Python 中，索引可以用正数、0 或负数表示。通常情况下，索引从数组的开始处计算，即第一个元素的索引为 0，第二个元素的索引为 1，以此类推。而如果用负数表示索引，则从数组的末尾处开始计算，-1 表示最后一个元素，-2 表示倒数第二个元素，以此类推。索引主要分为基本索引、布尔索引和花式索引。

① 基本索引：通过指定位置访问数组中的单个元素。示例代码如下：

```
import numpy as np
# 创建一个一维数组表示股票价格
prices = np.array([100, 200, 300, 400, 500, 600])
print('原始数组：', prices)
# 访问数组中的第一个元素
print('第一个元素：', prices[0])
# 访问数组中的最后一个元素
print('最后一个元素：', prices[-1])
```

```
# 访问数组中的第三个元素
print('第三个元素：', prices[2])
```

代码运行结果如下：

```
原始数组： [100 200 300 400 500 600]
第一个元素： 100
最后一个元素： 600
第三个元素： 300
```

② 布尔索引：通过条件筛选数组中的元素，返回满足条件的元素。示例代码如下：

```
# 创建一个一维数组表示股票价格
prices = np.array([100, 200, 300, 400, 500, 600])
# 筛选价格大于 300 的股票
high_prices = prices[prices > 300]
print('价格大于 300 的股票：', high_prices)
```

代码运行结果为“价格大于 300 的股票： [400 500 600]”，筛选出了满足条件的元素。

③ 花式索引：可以一次性访问多个不连续的元素。示例代码如下：

```
# 创建一个一维数组表示股票价格
prices = np.array([100, 200, 300, 400, 500, 600])
# 使用花式索引访问第一个、第三个和第五个元素
selected_prices = prices[[0, 2, 4]]
print('选中的股票价格：', selected_prices)
```

代码运行结果为“选中的股票价格： [100 300 500]”，选中了第一、三、五个元素。

（2）切片

切片（Slice）是指通过指定一个范围来访问数组中的一段连续元素，而不是访问单个元素。切片操作可以返回原数组的视图。在金融数据的时间序列分析和窗口计算中，通过切片可以轻松获取时间序列的子集。

通常情况下，切片操作使用冒号（:）来分隔开始索引、结束索引和步长。切片的基本语法为：sequence[start:end:step]。其中，start 为切片的开始索引（包含该索引处的元素）；end 为切片的结束索引（不包含该索引处的元素）；step 为步长，表示取元素的间隔，如果省略，则默认为 1。示例代码如下：

```
# 创建一个一维数组表示股票价格
prices = np.array([100, 200, 300, 400, 500, 600])
# 获取第 2 个到第 4 个元素（索引从 1 到 3）
subset = prices[1:4]
print('第 2 个到第 4 个元素：', subset)
# 获取前 3 个元素
subset = prices[:3]
print('前 3 个元素：', subset)
# 获取从第 4 个元素到末尾的所有元素
subset = prices[3:]
print('从第 4 个元素到末尾的所有元素：', subset)
# 以步长为 2 获取元素
subset = prices[::2]
print('以步长为 2 获取的元素：', subset)
```

代码运行结果如下：

```
第 2 个到第 4 个元素： [200 300 400]
前 3 个元素： [100 200 300]
从第 4 个元素到末尾的所有元素： [400 500 600]
以步长为 2 获取的元素： [100 300 500]
```

通过灵活地使用索引与切片，读者可以高效地访问和操作数据。

2.1.6 数组的运算

NumPy 提供了丰富的运算功能，可以对数组进行各种算术运算、统计运算和线性代数运算，使数据处理和分析更加高效和便捷。常见的 NumPy 数组运算方法有以下 5 种。

（1）算术运算

NumPy 支持对数组进行元素级的算术运算，包括加法运算、减法运算、乘法运算、除法运算等。以下为加法运算的示例代码：

```
import numpy as np
# 创建两个一维数组表示股票价格
prices1 = np.array([100, 200, 300, 400])
prices2 = np.array([10, 20, 30, 40])
# 数组加法
add_result = prices1 + prices2
print('数组加法结果：', add_result)
```

代码运行结果为：

```
数组加法结果： [110 220 330 440]
```

（2）广播机制

NumPy 的广播机制允许不同形状的数组进行运算。广播是指 NumPy 在算术运算期间对数组的形状进行自动扩展，使形状不一致的数组也能进行运算。示例代码如下：

```
# 创建一个一维数组和一个标量
prices = np.array([100,200,300,400])
scalar = 10
# 通过广播机制进行数组与标量的加法运算
broadcast_result = prices + scalar
print('广播机制结果：', broadcast_result)
```

代码运行结果为“广播机制结果： [110 210 310 410]”，原有数组每个元素分别加 10。

（3）统计运算

NumPy 提供了丰富的统计运算函数，可以对数组进行各种统计分析，常用于计算金融数据的均值、标准差等统计量，以评估投资回报和风险。示例代码如下（仅列举部分）：

```
# 创建一个一维数组表示股票价格
prices = np.array([100,200,300,400,500])
# 计算均值
mean_price = np.mean(prices)
print('均值：', mean_price)
# 计算标准差
std_price = np.std(prices)
print('标准差：', std_price)
# 计算最大值
```

```
max_price = np.max(prices)
print('最大值：', max_price)
# 计算最小值
min_price = np.min(prices)
print('最小值：', min_price)
```

代码运行结果为：

```
均值： 300.0
标准差： 141.4213562373095
最大值： 500
最小值： 100
```

（4）聚合运算

NumPy 支持对数组进行求和、求积、累积和等聚合运算，常用于对多只股票的价格进行求和、求积等操作，以进行组合分析和投资组合优化。示例代码如下（仅列举部分）：

```
# 创建一个二维数组表示多只股票的价格
prices = np.array([[100,200,300], [400,500,600]])
# 求和
sum_prices = np.sum(prices)
print('求和：', sum_prices)
# 按列求和
sum_prices_col = np.sum(prices, axis=0)
print('按列求和：', sum_prices_col)
# 按行求和
sum_prices_row = np.sum(prices, axis=1)
print('按行求和：', sum_prices_row)
```

代码运行结果为：

```
求和： 2100
按列求和： [500 700 900]
按行求和： [ 600 1500]
```

（5）线性代数运算

NumPy 提供了丰富的线性代数函数，可以进行矩阵乘法、求逆、特征值计算等操作。在量化金融和投资分析中，线性代数运算广泛应用于最小二乘回归、主成分分析、投资组合优化等领域。示例代码如下：

```
# 创建两个二维数组表示矩阵
matrix1 = np.array([[1,2], [3,4]])
matrix2 = np.array([[5,6], [7,8]])
# 矩阵乘法
dot_product = np.dot(matrix1, matrix2)
print('矩阵乘法结果：\n', dot_product)
# 矩阵求逆
inverse_matrix = np.linalg.inv(matrix1)
print('矩阵求逆结果：\n', inverse_matrix)
# 计算矩阵的特征值和特征向量
eigenvalues, eigenvectors = np.linalg.eig(matrix1)
print('特征值：', eigenvalues)
print('特征向量：\n', eigenvectors)
```

代码运行结果为:

```
矩阵乘法结果：
 [[19 22]
 [43 50]]
矩阵求逆结果：
 [[-2.    1. ]
 [ 1.5 -0.5]]
特征值： [-0.37228132  5.37228132]
特征向量：
 [[-0.82456484 -0.41597356]
 [ 0.56576746 -0.90937671]]
```

掌握以上方法，读者可学会 NumPy 数组运算，为金融数据分析奠定良好基础。

2.2 数据处理 pandas

本节介绍 pandas 在数据处理中的应用，包括 pandas 概述、Series 的创建、Series 的索引及切片、DataFrame 的创建、DataFrame 的写入与读取、DataFrame 的索引、DataFrame 的增删改查以及 DataFrame 的合并等，帮助读者掌握便捷的数据操作技巧。

2.2.1 pandas 概述

pandas 是 Python 中的一个开源数据分析和数据操作库，其名称来源于“Panel Data”（面板数据）。pandas 是 Python 数据处理和分析的利器，专为快速、灵活和易于使用而设计，提供高级数据结构和数据分析工具，特别适用于金融数据处理分析。使用 pandas 时，需先通过“import pandas as pd”语句在 Jupyter 脚本中导入库。

（1）pandas 的主要功能及其特点

① 高级数据结构：pandas 提供了两种核心数据结构——Series（序列）和 DataFrame（数据框）。Series 是一个带有标签的一维数组，DataFrame 是一个带有行列标签的二维数据结构。使用这些数据结构可以轻松地进行索引、切片和其他数据操作。

② 强大的数据操作功能：pandas 支持对数据进行增删改查、排序、合并等各种操作，极大地方便了数据的清洗和处理。

③ 数据读取与存储：pandas 能够读取与存储多种数据格式的数据，如 CSV、Excel、SQL、JSON 格式的数据等，使数据的导入、导出更加方便。

④ 数据处理：pandas 提供了强大的数据处理功能，可以方便地检测、替换、删除缺失数据，以确保数据的完整性和一致性。

⑤ 高性能：pandas 底层基于 NumPy 实现，具有高性能，能够处理大规模数据集。

（2）pandas 的常见应用场景

① 金融及商业数据分析：pandas 可以用来处理和分析销售数据、客户数据等商业数据及大规模金融数据，帮助企业做出数据驱动式的决策。

② 科研数据处理：在科学研究中，pandas 用于处理实验数据、研究数据等，可进行统计分析和可视化展示。

③ 数据清洗和预处理：pandas 使数据清洗和预处理（如处理缺失值、重复数据、异常值等）变得简单、高效，并可与其他大数据工具（如 Dask、PySpark）集成，扩展其处理能力。

④ 机器学习数据准备：pandas 在机器学习中的数据准备阶段扮演着重要角色，它可用于特征工程、数据归一化、数据拆分等。

2.2.2 Series 的创建

pandas 的 Series 是一组有序元素的集合，比如列表、元组、字符串等，这类带有标签的一维数组支持存储各种数据类型的数据，如整数、浮点数、字符串等。pandas 提供以下 3 种方式来创建 Series。

（1）使用列表或数组创建 Series

可以通过将 Python 列表、NumPy 数组传递给 pd.Series()函数来创建 Series，示例代码如下：

```
import pandas as pd
import numpy as np
# 使用列表创建 Series
stock_prices = pd.Series([100,200,300,400,500])
print('使用列表创建的 Series：\n', stock_prices)
# 使用 NumPy 数组创建 Series
price_changes = np.array([5, -2,3, -1,4])
price_series = pd.Series(price_changes)
print('使用 NumPy 数组创建的 Series：\n', price_series)
```

代码运行结果为（仅展示使用列表创建 Series 部分）：

```
使用列表创建的 Series：
0     100
1     200
2     300
3     400
4     500
dtype: int64
```

（2）使用字典创建 Series

可以通过将字典传递给 pd.Scrics()函数来创建 Series，字典的键会作为 Series 的索引，值会作为 Series 的数据，示例代码如下：

```
# 使用字典创建 Series
stock_dict = {'AAPL':150, 'MSFT':250, 'GOOG':2750}
stock_series = pd.Series(stock_dict)
print('使用字典创建的 Series：\n', stock_series)
```

代码运行结果为：

```
使用字典创建的 Series：
AAPL      150
MSFT      250
GOOG     2750
dtype: int64
```

（3）指定索引创建 Series

Series 的每个元素都有一个与之相关的标签（索引），可以在创建 Series 时显式地指定索引，以确保数据与索引一一对应，示例代码如下：

```
# 指定索引创建 Series
stock_prices = pd.Series([100,200,300,400,500], index=['AAPL', 'MSFT', 'GOOG', 'AMZN', 'META'])
print('指定索引创建的 Series：\n', stock_prices)
```

代码运行结果为：

```
指定索引创建的 Series：
AAPL        100
MSFT        200
GOOG        300
AMZN        400
META        500
dtype: int64
```

通过创建 Series 的方法，我们可以高效地新建一维数组，为后续的数据操作奠定基础。

2.2.3 Series 的索引及切片

与数组类似，对于 Series 也可以使用索引及切片来访问和操作其中的元素。

（1）索引

常见的 Series 索引方法有基于位置的索引（整数或.iloc 属性）、基于标签的索引（标签名或.loc 属性）、布尔索引，示例代码如下：

```
import pandas as pd
# 创建一个示例 Series
stock_prices = pd.Series([100,200,300,400,500], index=['AAPL', 'MSFT', 'GOOG', 'AMZN',
'META'])
print('原始 Series：\n', stock_prices)
# 基于位置的索引：通过整数索引第一个元素
print('第一个元素：', stock_prices[0])
# 基于位置的索引：通过整数索引最后一个元素
print('最后一个元素：', stock_prices[-1])
# 基于位置的索引：使用.iloc 属性索引元素
print('使用.iloc 基于位置的索引：', stock_prices.iloc[2])
# 基于标签的索引：通过标签名索引元素
print("标签为'GOOG'的元素：", stock_prices['GOOG'])
# 基于标签的索引：使用.loc 属性索引元素
print('使用.loc 基于标签的索引：', stock_prices.loc['GOOG'])
# 布尔索引：筛选价格大于 300 的股票
high_prices = stock_prices[stock_prices > 300]
print('价格大于 300 的股票：\n', high_prices)
```

代码运行结果为：

```
原始 Series：
AAPL        100
MSFT        200
GOOG        300
AMZN        400
META        500
dtype: int64
第一个元素：  100
最后一个元素：  500
使用.iloc 基于位置的索引：  300
标签为'GOOG'的元素：  300
使用.loc 基于标签的索引：  300
```

```
价格大于 300 的股票：
AMZN        400
META        500
dtype: int64
```

注意

.iloc 属性适合用于处理不具有标签或仅按位置进行访问的数据，.loc 属性适合用于处理具有标签的 DataFrame 或 Series，如按行名或列名进行访问，在实际应用时可以根据数据特点选用不同属性。

（2）切片

常见的 Series 切片方法有基于位置的切片（整数或.iloc 属性）、基于标签的切片（标签名或.loc 属性），示例代码如下：

```
# 基于位置的切片：通过整数访问第二个到第四个元素（切片）
print('第二个到第四个元素：\n', stock_prices[1:4])
# 基于位置的切片：使用.iloc 属性切片
print('使用.iloc 基于位置的切片：\n', stock_prices.iloc[1:4])
# 基于标签的切片：通过标签名切片
print("标签从'MSFT'到'AMZN'的元素：\n", stock_prices['MSFT':'AMZN'])
# 基于标签的切片：使用.loc 属性切片
print('使用.loc 基于标签的切片：\n', stock_prices.loc['MSFT':'AMZN'])
```

代码运行结果为[仅展示“基于位置的切片：通过整数访问第二个到第四个元素（切片）”部分]：

```
第二个到第四个元素：
MSFT       200
GOOG       300
AMZN       400
dtype: int64
```

通过掌握索引及切片方法，读者可以提高数据处理和分析的效率。

2.2.4 DataFrame 的创建

pandas 的 DataFrame 是一个二维表格型数据结构，类似电子表格或数据库表，由行和列组成，每列可以是不同类型的数据（如整数、浮点数、字符串等）。DataFrame 的灵活性和强大功能使其成为数据分析的有力工具。DataFrame 的创建方法主要包括以下 4 种。

（1）使用字典创建 DataFrame

可以通过将字典传递给 pd.DataFrame()函数来创建 DataFrame，字典的键作为列名，值作为列数据，示例代码如下：

```
import pandas as pd
# 使用字典创建 DataFrame
data = {
    'Name': ['Alice', 'Bob', 'Charlie'],
    'Age': [25, 30, 35],
    'Salary': [50000,60000,70000]
}
df = pd.DataFrame(data)
print('使用字典创建的 DataFrame：\n', df)
```

代码运行结果为：

```
使用字典创建的 DataFrame：
      Name  Age  Salary
0    Alice   25   50000
1      Bob   30   60000
2  Charlie   35   70000
```

（2）使用列表创建 DataFrame

可以通过将列表传递给 pd.DataFrame()函数来创建 DataFrame，列表的每个元素代表一行数据，示例代码如下：

```
# 使用列表创建 DataFrame
data = [
    ['Alice', 25, 50000],
    ['Bob', 30, 60000],
    ['Charlie', 35, 70000]
]
df = pd.DataFrame(data, columns=['Name', 'Age', 'Salary'])
print('使用列表创建的 DataFrame：\n', df)
```

代码运行结果为：

```
使用列表创建的 DataFrame：
      Name Age  Salary
0    Alice  25   50000
1      Bob  30   60000
2  Charlie  35   70000
```

（3）使用 NumPy 数组创建 DataFrame

可以通过将 NumPy 数组传递给 pd.DataFrame()函数来创建 DataFrame，数组的每个元素代表一行数据，示例代码如下：

```
import numpy as np
# 使用 NumPy 数组创建 DataFrame
data = np.array([
    ['Alice', 25, 50000],
    ['Bob', 30, 60000],
    ['Charlie', 35, 70000]
])
df = pd.DataFrame(data, columns=['Name', 'Age', 'Salary'])
print('使用 NumPy 数组创建的 DataFrame：\n', df)
```

代码运行结果为：

```
使用 NumPy 数组创建的 DataFrame：
      Name  Age Salary
0    Alice   25  50000
1      Bob   30  60000
2  Charlie   35  70000
```

（4）使用 Series 创建 DataFrame

可以通过 Series 来创建新的 DataFrame，示例代码如下：

```
# 使用 Series 创建 DataFrame
names = pd.Series(['Alice', 'Bob', 'Charlie'])
ages = pd.Series([25,30,35])
salaries = pd.Series([50000,60000,70000])
```

```
df = pd.DataFrame({
    'Name': names,
    'Age': ages,
    'Salary': salaries
})
print('使用 Series 创建的 DataFrame：\n', df)
```

代码运行结果为：

```
使用 Series 创建的 DataFrame：
      Name   Age   Salary
0    Alice    25    50000
1      Bob    30    60000
2  Charlie    35    70000
```

通过掌握多种创建 DataFrame 的方法，读者可以实现不同场景下的数据处理需求。

2.2.5 DataFrame 的写入与读取

pandas 提供了强大的写入与读取功能，使得 DataFrame 可以从多种数据源中读取数据并将数据写入多种格式的文件。无论是 CSV、Excel、SQL、JSON 文件，还是其他格式的数据，pandas 都能够进行数据的写入与读取。本节主要介绍写入与读取 CSV 文件、Excel 文件的方法。

2-2 DataFrame 的写入与读取

（1）写入与读取 CSV 文件

使用 DataFrame.to_csv()函数可将 DataFrame 写入 CSV 文件，使用 pd.read_csv()函数可从 CSV 文件中读取数据，并将其转换为 DataFrame，示例代码如下：

```
import pandas as pd
# 创建一个示例 DataFrame
data = {
    'Name': ['Alice', 'Bob', 'Charlie'],
    'Age': [25, 30, 35],
    'Salary': [50000,60000,70000]
}
df = pd.DataFrame(data)
# 将 DataFrame 写入 CSV 文件
df.to_csv('employee_data.csv', index=False)
print('DataFrame 已写入 CSV 文件：employee_data.csv')
# 从 CSV 文件中读取数据，并将其转换为 DataFrame
df_csv = pd.read_csv('employee_data.csv')
print('从 CSV 文件读取的 DataFrame：\n', df_csv)
```

代码运行结果为：

```
DataFrame 已写入 CSV 文件：employee_data.csv
从 CSV 文件读取的 DataFrame：
      Name   Age   Salary
0    Alice    25    50000
1      Bob    30    60000
2  Charlie    35    70000
```

可以看出，成功完成 CSV 文件的写入与读取。

（2）写入与读取 Excel 文件

使用 DataFrame.to_excel()函数可将 DataFrame 写入 Excel 文件，使用 pd.read_excel()函数可从

Excel 文件中读取数据，并将其转换为 DataFrame。使用上述创建的 DataFrame，示例代码如下：

```
# 将 DataFrame 写入 Excel 文件
df.to_excel('employee_data.xlsx', index=False)
print('DataFrame 已写入 Excel 文件：employee_data.xlsx')
# 从 Excel 文件中读取数据，并将其转换为 DataFrame
df_excel = pd.read_excel('employee_data.xlsx')
print('从 Excel 文件读取的 DataFrame：\n', df_excel)
```

代码运行结果为：

```
DataFrame 已写入 Excel 文件：employee_data.xlsx
从 Excel 文件读取的 DataFrame：
      Name  Age  Salary
0    Alice   25   50000
1      Bob   30   60000
2  Charlie   35   70000
```

注意

使用写入功能时，会将 CSV 文件、Excel 文件等存储至当前.ipynb 文件所在的文件夹下。

2.2.6 DataFrame 的索引

索引提供了一种方法来访问、筛选和操作 DataFrame 中的数据，使得数据的访问、筛选和操作变得非常便捷。本节主要介绍常用的 DataFrame 索引方法，即行索引、列索引、多级索引。

（1）行索引

DataFrame 的每一行都有一个唯一的索引，这个索引可以是整数、字符串或日期等。默认情况下，DataFrame 的行索引是整数，从 0 开始，类似 Python 列表的索引。示例代码如下：

```
import pandas as pd
# 创建一个示例 DataFrame
data = {
    'Name': ['Alice', 'Bob', 'Charlie'],
    'Age': [25, 30, 35],
    'Salary': [50000, 60000, 70000]
}
df = pd.DataFrame(data)
print('原始 DataFrame：\n', df)
# 访问第一行数据
print('\n 访问第一行数据：\n', df.iloc[0])
```

代码运行结果为：

```
原始 DataFrame：
      Name  Age  Salary
0    Alice   25   50000
1      Bob   30   60000
2  Charlie   35   70000
访问第一行数据：
Name        Alice
Age            25
Salary      50000
Name: 0, dtype: object
```

注意

可以通过.iloc 属性（基于位置）、.loc 属性（基于行标签名）对 DataFrame 进行行索引。

（2）列索引

DataFrame 的每一列也可以有一个索引，通常是一个字符串，表示列的名称。列索引用于标识 DataFrame 中的每列数据。使用上述创建好的 df 进行列索引，示例代码如下：

```
# 访问'Age'列
print("\n 访问'Age'列：\n", df['Age'])
# 访问多列数据
print('\n 访问多列数据：\n', df[['Name', 'Salary']])
```

代码运行结果为：

```
访问'Age'列：
 0      25
1      30
2      35
Name: Age, dtype: int64
访问多列数据：
          Name    Salary
0      Alice     50000
1        Bob     60000
2   Charlie     70000
```

从代码运行结果可以看出，可直接通过列的名称对 DataFrame 进行列索引。

（3）多级索引

DataFrame 可以有多个索引层次，称为多级索引或分层索引。多级索引允许 DataFrame 的行和列都有多个索引，使得 DataFrame 可以表示更复杂的数据结构，示例代码如下：

```
# 创建一个带有多级索引的 DataFrame
arrays = [['AAPL', 'AAPL', 'MSFT', 'MSFT'], ['2018', '2019', '2018', '2019']]
index = pd.MultiIndex.from_arrays(arrays, names=('Stock', 'Year'))
data = {'Price': [150, 160, 200, 210]}
df_multi = pd.DataFrame(data, index=index)
print('带有多级索引的 DataFrame：\n', df_multi)
# 使用多级索引进行数据查询
print('\n 查询多级索引的数据（按 Stock）：\n', df_multi.loc['AAPL'])
print('\n 查询多级索引的数据（按 Stock 和 Year）：\n', df_multi.loc[('AAPL', '2018')])
```

代码运行结果为（仅展示“带有多级索引的 DataFrame：”部分）：

```
带有多级索引的 DataFrame：
             Price
Stock Year
AAPL   2018     150
       2019     160
MSFT   2018     200
       2019     210
```

通过掌握行索引、列索引和多级索引的使用方法，读者可以提高数据处理的灵活性和效率。

2.2.7 DataFrame 的增删改查

在数据分析过程中，往往需要对 DataFrame 进行各种操作，包括增加、删除、修改、查找，具体如下。

（1）增加数据

可通过直接赋值来增加新列，或使用索引增加新行，示例代码如下：

```
import pandas as pd
# 创建一个示例 DataFrame
data = {
    'Name': ['Alice', 'Bob', 'Charlie'],
    'Age': [25, 30, 35],
    'Salary': [50000, 60000, 70000]
}
df = pd.DataFrame(data)
# 增加新列：直接赋值
df['Department'] = ['HR', 'Engineering', 'Finance']
# 增加新行：使用索引
df.loc[df.index.max() + 1] = ['Tom', 29, 43000,'Marketing']
print('\n 增加新行后的 DataFrame：\n', df)
```

代码运行结果为：

```
增加新行后的 DataFrame：
        Name  Age  Salary   Department
0     Alice   25   50000           HR
1       Bob   30   60000  Engineering
2   Charlie   35   70000      Finance
3       Tom   29   43000    Marketing
```

（2）删除数据

可使用 drop()函数删除指定列或指定行，示例代码如下：

```
# 删除列
df = df.drop(columns=['Department']) #删除 Department 列
# 删除行
df = df.drop(index=2)    #删除索引为 2 的行
print('\n 删除行后的 DataFrame：\n', df)
```

代码运行结果为：

```
删除行后的 DataFrame：
      Name Age Salary
0    Alice  25  50000
1      Bob  30  60000
3      Tom  29  43000
```

（3）修改数据

可通过行列索引直接赋值修改单个元素，也可在条件筛选后通过赋值来修改整列或整行。使用上述 df，示例代码如下：

```
# 修改单个元素
df.at[0, 'Age'] = 26
# 修改整列数据
df['Salary'] = df['Salary'] + 5000
```

```
# 修改符合条件的行数据
df.loc[df['Name'] == 'Tom', 'Age'] = '39'
print('\n 修改数据后的 DataFrame：\n', df)
```

代码运行结果为:

```
修改数据后的 DataFrame：
      Name   Age   Salary
0   Alice    26     55000
1     Bob    30     65000
3   Tom    39    48000
```

（4）查找数据

可使用布尔索引查找数据，或使用.loc 或.iloc 查找特定行或列。使用上述 df，示例代码如下:

```
# 按条件查找数据
high_salary = df[df['Salary'] > 60000]
print('\n 查找工资高于 60000 的数据：\n', high_salary)
# 按标签查找数据
print('\n 按标签查找数据：\n', df.loc[1])
# 按位置查找数据
print('\n 按位置查找数据：\n', df.iloc[1])
```

代码运行结果为:

```
查找工资高于 60000 的数据：
   Name Age   Salary
1   Bob   30    65000
按标签查找数据：
Name    Bob
Age       30
Salary   65000
Name: 1, dtype: object
按位置查找数据：
Name    Bob
Age       30
Salary   65000
Name: 1, dtype: object
```

注意

因上述示例中 DataFrame 没有行标签名，因此使用.loc 与.iloc 时，均可以使用索引，最终查找结果相同。

2.2.8 DataFrame 的合并

在数据分析过程中，经常需要将多个数据源中的数据合并到一起进行综合分析。pandas 提供了 concat()函数、merge()函数、combine_first()函数，能够灵活地应对各种复杂的数据合并需求。

（1）concat()函数

使用 concat()函数可将多个 DataFrame 沿指定轴（行或列）拼接在一起，示例代码如下:

```
import pandas as pd
# 创建示例 DataFrame 表示股票价格
df1 = pd.DataFrame({
    'Stock': ['AAPL', 'MSFT', 'GOOG'],
    'Price': [150, 200, 2750]
})
df2 = pd.DataFrame({
    'Stock': ['AMZN', 'META'],
    'Price': [3400, 300]
})
# 沿行拼接
result = pd.concat([df1, df2], axis=0, ignore_index=True)
print('沿行拼接后的 DataFrame：\n', result)
```

代码运行结果为：

```
沿行拼接后的 DataFrame：
    Stock  Price
0   AAPL    150
1   MSFT    200
2   GOOG   2750
3   AMZN   3400
4   META    300
```

注意

若沿列拼接，则 axis=1。

（2）merge()函数

使用merge()函数可根据指定的键或索引将两个DataFrame连接在一起，类似SQL中的JOIN操作，连接类型包括内连接（Inner Join）、外连接（Outer Join）、左连接（Left Join）和右连接（Right Join）。

内连接保留两个 DataFrame 中键值匹配的行；外连接保留两个 DataFrame 中所有的行，不论键值是否匹配，用 NaN 填充缺失值；左连接保留左边 DataFrame 中的所有行和与右边 DataFrame 中匹配的行；右连接保留右边 DataFrame 中的所有行和与左边 DataFrame 中匹配的行。示例代码如下：

```
# 创建示例 DataFrame
left = pd.DataFrame({
    'Stock': ['AAPL', 'MSFT', 'GOOG'],
    'Price': [150, 200, 2750]
})
right = pd.DataFrame({
    'Stock': ['AAPL', 'MSFT', 'GOOG'],
    'Volume': [1000, 2000, 1500]
})
# 内连接
result = pd.merge(left, right, on='Stock')
print('内连接后的 DataFrame：\n', result)
# 外连接
result = pd.merge(left, right, how='outer', on='Stock')
```

```
print('外连接后的 DataFrame：\n', result)
# 左连接
result = pd.merge(left, right, how='left', on='Stock')
print('左连接后的 DataFrame：\n', result)
# 右连接
result = pd.merge(left, right, how='right', on='Stock')
print('右连接后的 DataFrame：\n', result)
```

代码运行结果为（仅展示内连接部分）：

```
内连接后的 DataFrame：
     Stock  Price  Volume
0    AAPL    150    1000
1    MSFT    200    2000
2   GOOG   2750    1500
```

（3）combine_first()函数

使用 combine_first()函数将两个 DataFrame 合并在一起，可以保留第一个 DataFrame 中的非缺失数据，并用第二个 DataFrame 中的非缺失数据填充第一个 DataFrame 中的缺失数据，示例代码如下：

```
# 创建示例 DataFrame
df1 = pd.DataFrame({
    'Stock': ['AAPL', 'MSFT', 'GOOG'],
    'Price': [150, 200, None],
    'Volume': [1000, None, 1500]
})
df2 = pd.DataFrame({
    'Stock': ['AAPL', 'MSFT', 'GOOG'],
    'Price': [None, 200, 2750],
    'Volume': [1000, 2000, None]
})
# 使用 combine_first()函数合并
result = df1.combine_first(df2)
print('使用 combine_first()合并后的 DataFrame：\n', result)
```

代码运行结果为：

```
使用 combine_first()合并后的 DataFrame：
     Stock   Price   Volume
0    AAPL    150.0   1000.0
1    MSFT    200.0   2000.0
2   GOOG   2750.0   1500.0
```

通过学习 DataFrame 的合并方法，读者可以灵活地处理和整合各种数据源中的数据，为后续数据分析奠定基础。

2.3 数据绘图 Matplotlib

本节介绍 Matplotlib 的绘图基础及其丰富的功能，涵盖多种图形的绘制方法。通过掌握 Matplotlib 基本绘图技巧，读者可以有效地进行数据可视化，更好地理解和分析金融数据。

2.3.1 Matplotlib 绘图基础

Matplotlib 是 Python 中常用的数据可视化库，它提供了丰富的绘图功能，可根据数据集

（DataFrame、Series）自行定义 x、y 轴，绘制简单的线性图和复杂的多轴图。Matplotlib 中最基础的模块之一是 pyplot，该模块能使绘图过程简单、直观。

（1）安装与导入

在使用 Matplotlib 绘图前，需要通过“import matplotlib.pyplot as plt”语句导入 matplotlib.pyplot 模块。

注意

若 Anaconda 没有安装 Matplotlib 库，则需先使用 pip 命令语句“pip install matplotlib”安装库，再导入 matplotlib.pyplot 模块。

（2）基本绘图流程

Matplotlib 的基本绘图流程包括以下步骤，如图 2-2 所示。

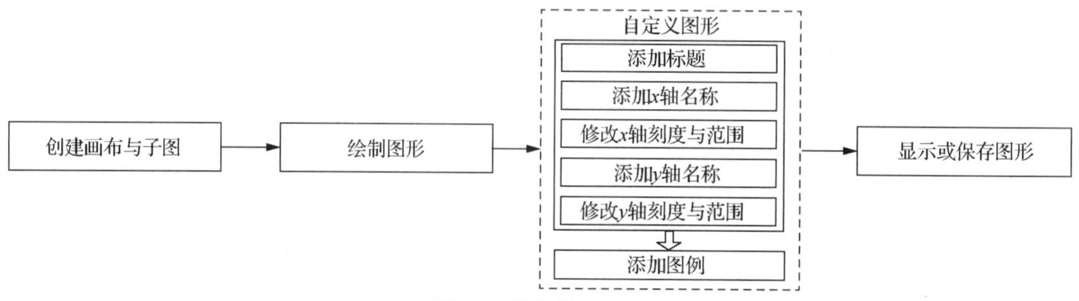

图 2-2　基本绘图流程

步骤 1　创建画布与子图。创建一个空白画布，并将整个画布划分为多个部分，以便在同一个图上绘制多个图形。在最简单的绘图中，可以直接在默认的画布上绘制图形，画布与子图函数如表 2-3 所示。

表 2-3　画布与子图函数

函数	作用
plt.figure()	创建一个空白画布，可以指定画布大小、像素
figure.add_subplot()	创建并选中子图，可以指定子图的行数、列数和要绘制的子图序号

步骤 2　绘制图形。可使用 plt.plot()、plt.scatter()等函数在画布上绘制折线图、散点图等（详见 2.3.2 节）。

步骤 3　自定义图形。Matplotlib 提供了丰富的自定义选项，包括线型、颜色、标记样式等，可以通过函数参数进行调整，以达到所需的视觉效果。步骤 2 和步骤 3 没有严格的先后顺序，可以先绘制图形，也可以先自定义图形，但是添加图例一定要在绘制图形之后。自定义图形函数如表 2-4 所示。

表 2-4　自定义图形函数

函数	作用
plt.title()	在当前图形中添加标题，可以指定标题的名称、位置、颜色、字号等参数
plt.xlabel()	在当前图形中添加 x 轴名称，可以指定位置、颜色、字号等参数
plt.ylabel()	在当前图形中添加 y 轴名称，可以指定位置、颜色、字号等参数
plt.xlim()	指定当前图形 x 轴的范围，只能确定一个数值区间，而无法使用字符串来标识
plt.ylim()	指定当前图形 y 轴的范围，只能确定一个数值区间，而无法使用字符串来标识

续表

函数	作用
plt.xticks()	指定 x 轴刻度的数目与取值
plt.yticks()	指定 y 轴刻度的数目与取值
plt.legend()	指定当前图形的图例，可以指定图例的大小、位置、标签

注意

由于默认的 pyplot 字体不支持中文字符，因此需要通过设置 font.sans-serif 参数来改变绘图时的字体，使得图形可以正常显示中文，通常使用如下语句进行设置：

```
plt.rcParams['font.sans-serif'] = 'SimHei'   # 设置中文显示
```

步骤 4　显示或保存图形。显示或保存图形函数如表 2-5 所示。

表 2-5　显示或保存图形函数

函数	作用
plt.show()	在本机显示图形
plt.savefig()	保存绘制的图形，可以指定图形的分辨率、边缘的颜色等参数

（3）Matplotlib 主要功能及其特点

① 支持多种图形类型：支持折线图、散点图、条形图、饼图、直方图、箱线图、面积图等多种图形类型，还支持更高级的绘图功能，如子图、三维图形、动画等。

② 支持高度自定义：可以自定义图形的元素，包括颜色、线型、字体、标注、网格等。

③ 具备交互功能：支持与图形的交互，如缩放、平移、保存等。

④ 多平台兼容：兼容多种操作系统，可将图形保存为多种格式，如 PNG、PDF、SVG 等。

2.3.2 Matplotlib 图形绘制

本节介绍 Matplotlib 中绘制折线图、直方图、条形图、饼图、散点图和箱线图所使用的函数，并依据 stock_data.xlsx 文件中的股票数据，绘制折线图、饼图。

（1）折线图

折线图（Line Plot）用于显示定量数据随时间或其他连续变量变化的趋势，使用的函数为：

```
matplotlib.pyplot.plot(*args,**kwargs)
```

（2）直方图

直方图（Histogram）用于显示连续定量数据的分布情况，使用的函数为：

```
matplotlib.pyplot.hist(x,bins=None,range=None,density=False,weights=None,cumulative=False,
bottom=None,…)
```

（3）条形图

条形图（Bar Plot）用于比较不同类别的定性数据统计量。条形图可以横置或纵置，纵置时也称为柱形图，使用的函数为：

```
matplotlib.pyplot.bar(x,height,width=0.8,bottom=None,*,align='center',data=None,**kwargs)
```

（4）饼图

饼图（Pie Chart）用于显示各部分定量或定性数据在整体中的数量比例，使用的函数为：

```
matplotlib.pyplot.pie(x,explode=None,labels=None,colors=None,autopct=None,pctdistance=0.6,
shadow=False,labeldistance=1.1,startangle=None,radius=None,…)
```

（5）散点图

散点图（Scatter Plot）用于显示两个定量变量之间的关系，使用的函数为：

```
matplotlib.pyplot.scatter(x,y,s=None,c=None,marker=None,alpha=None,**kwargs)
```

（6）箱线图

箱线图（Box Plot）用于显示定量数据的分布特征，识别数据的离群点（更复杂的分组箱线图不在此处讨论），使用的函数为：

```
matplotlib.pyplot.boxplot(x,notch=None,sym=None,vert=None,whis=None,positions=None,
widths=None,patch_artist=None,meanline=None,labels=None,...)
```

绘图示例代码如下（以折线图、饼图为例）：

```
import pandas as pd
import matplotlib.pyplot as plt
file_path = 'stock_data.xlsx' # 读取 Excel 文件
df = pd.read_excel(file_path, sheet_name='工作表 1 - stock_data')
plt.rcParams['font.sans-serif'] = 'SimHei'  #设置中文显示
df['日期'] = pd.to_datetime(df['日期']) # 将“日期”列转换为日期时间类型
df.set_index('日期', inplace=True) # 将“日期”列设置为索引
# 折线图：显示收盘价随日期的变化
plt.figure(figsize=(10, 6))
plt.plot(df.index, df['收盘'])
plt.title('收盘价折线图')
plt.xlabel('日期')
plt.ylabel('收盘价(元)')
plt.savefig('line_plot.png')
plt.show()
plt.close()
# 饼图：显示前 5 天的成交量占比
sample_data = df['成交量'].head(5)
plt.figure(figsize=(10, 6))
plt.pie(sample_data, labels=sample_data.index.date, autopct='%1.1f%%')
plt.title('前 5 天成交量饼图')
plt.savefig('pie_chart.png')
plt.show()
plt.close()
```

代码运行结果如图 2-3 所示。

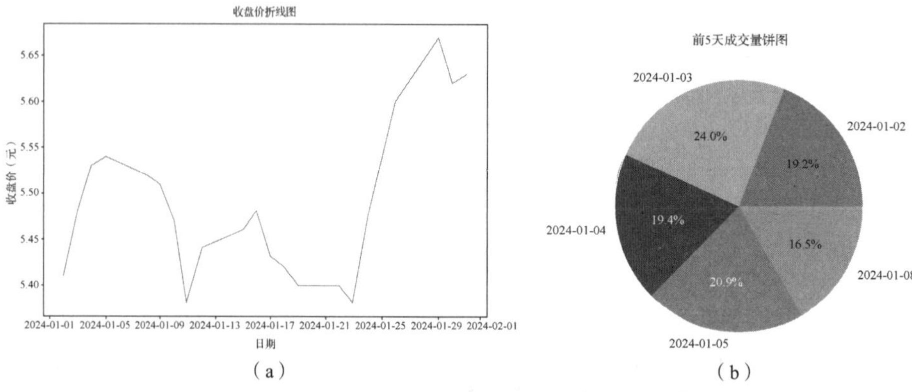

（a）　　　　（b）

图 2-3　基于 stock_data.xlsx 数据绘制的折线图与饼图

从折线图（见图 2-3（a））可以看出，在 2024 年 1 月 29 日收盘价达到最高。从饼图（见图 2-3（b））可以看出，2024 年 1 月 3 日成交量在前 5 天中的占比最高，达 24.0%。由此可见，数据可视化便于进行数据的直观显示和对比分析。

注意

需要依据数据类型选用不同的图形呈现可视化效果。另外，如需绘制子图并给每个子图单独设置子图标题、子图 x 轴和 y 轴名称时，需使用 ax.set_title()函数、ax.set_xlabel()函数、ax.set_ylabel()函数，这与 plt.XX()函数的使用有一定区别。

课后习题

一、单项选择题

1. NumPy 库的核心对象是什么？（　　）

A. 列表　　B. 元组　　C. 数组（ndarray）　　D. 字典

2. pandas 中用于存储带标签的一维数组的数据结构是什么？（　　）

A. DataFrame　　B. Series　　C. ndarray　　D. 列表

3. 在 Matplotlib 中，用于创建画布的函数是什么？（　　）

A. plt.show()　　B. plt.figure()　　C. plt.plot()　　D. plt.hist()

4. 如果要将 DataFrame 写入 CSV 文件，应该使用哪个函数？（　　）

A. DataFrame.to_excel()　　B. DataFrame.to_csv()

C. DataFrame.to_dict()　　D. DataFrame.to_json()

5. 在 pandas 中，使用哪个函数可以删除 DataFrame 中的列？（　　）

A. remove()　　B. delete()　　C. drop()　　D. clear()

6. 在 Matplotlib 中，饼图是使用哪个函数绘制的？（　　）

A. plt.pie()　　B. plt.bar()　　C. plt.scatter()　　D. plt.boxplot()

二、判断题

1. NumPy 的广播机制允许不同形状的数组进行算术运算。（　　）

2. pandas 的 DataFrame 可以直接使用标签进行索引和切片操作。（　　）

3. 使用 Matplotlib 绘图时，可以通过 plt.legend()函数添加图例，但必须在绘制任何图形之前进行。（　　）

4. 使用 pandas 进行数据合并时，concat()函数只能沿行方向进行拼接。（　　）

5. 在 Matplotlib 中，可以通过 plt.xlim()和 plt.ylim()函数设置坐标轴的范围。（　　）

6. pandas 的 read_csv()函数用于读取 Excel 文件。（　　）

第二篇

金融数据分析与挖掘篇

在金融领域，数据已成为洞察市场趋势、评估投资机遇及制定策略的核心资源。随着大数据技术的飞速发展，金融数据分析与挖掘已成为金融从业者的必备技能。这一技能对于挖掘金融数据的深层价值、提升决策效率至关重要。

本篇内容围绕金融数据分析与挖掘展开，旨在构建一个从数据获取及预处理到数据建模的完整知识体系。通过 4 个核心章节，读者将逐步掌握金融数据分析与挖掘的核心技能。本篇不仅介绍如何通过第三方数据接口和网络爬虫等技术手段获取数据，还深入探讨数据的清洗、变换等预处理步骤，以确保数据的准确性和实用性。在此基础上，进一步通过描述性分析与可视化技术揭示数据特征，借助金融技术分析工具深化数据理解。最后，本篇还引入有监督和无监督学习等高级数据分析方法，帮助读者构建预测模型，并通过聚类分析挖掘数据中的潜在规律。

本篇在全书中占据基础而关键的地位，不仅为读者提供金融数据分析与挖掘的入门指南，还通过丰富的实践案例和习题，帮助读者将理论知识转化为解决实际问题的能力。通过系统学习本篇内容，读者将能够独立完成金融数据的完整分析流程，为金融决策提供有力支持。

第 3 章

金融数据获取及预处理

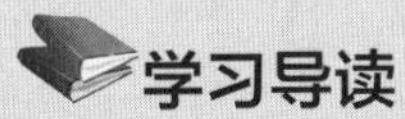

学习导读

在金融数据分析的世界里，掌握了数据获取、数据清洗和数据变换的方法与技巧就如同拥有了开启金融市场大门的魔法钥匙。本章以 A 股上市企业股票基本信息和股票行情数据的获取及预处理为主线，介绍如何通过第三方数据接口和网络爬虫获取金融数据，以及进行数据清洗和数据变换的方法与技巧。熟练运用这些方法与技巧，将有助于提高数据质量，确保分析结果的准确性和可靠性。

学习目标

➢ 掌握利用 Python 通过第三方数据接口和网络爬虫获取数据的方法，提高金融数据获取能力。

➢ 掌握数据清洗的方法，如处理缺失值、重复值和异常值的方法，培养严谨的科学态度，提高解决问题的能力。

➢ 理解数据变换的技巧，包括数据类型转换、数值型特征归一化、类别型特征编码等的技巧，增强数据分析技能和创新能力。

➢ 了解金融数据预处理在数据分析过程中的重要性，培养诚实守信的职业素养。

思维导图

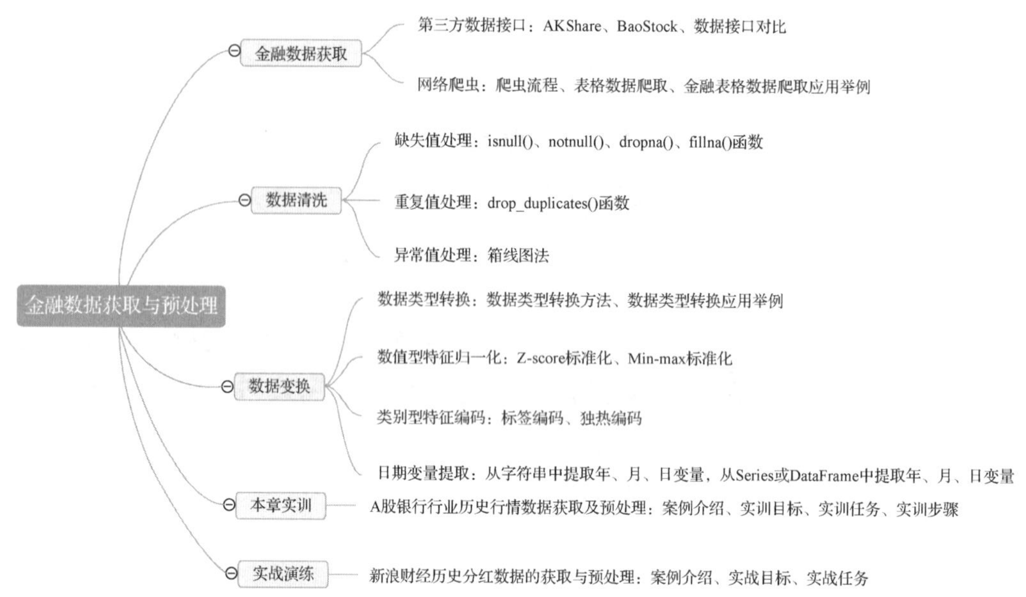

3.1 金融数据获取

在数据分析的过程中，数据的获取是重要环节之一。高质量和实时的金融数据是进行有效数据分析的基础，这些数据能够为各类金融参与者提供决策支持。金融数据获取主要有 3 种途径：数据库、第三方数据接口和网络爬虫。数据库中的数据通常是结构化存储的，具有较高的可靠性和广泛的覆盖面，适合整合到企业内部系统。然而，数据库的数据更新频率相对较低，更新成本较高，部分数据接口受限，操作门槛也较高。相比之下，第三方数据接口具有实时性强、数据覆盖面广和接口稳定等特点，易于集成到各类金融数据分析工具中。这些数据接口提供的金融数据，可以满足大部分金融数据分析和投资决策的需求。网络爬虫则是一种成本较低的获取数据的方法，它可以实时采集各类金融数据，并将其转化为结构化数据。虽然通过网络爬虫获取的数据的质量可能参差不齐，但通过适当的数据处理，可以获取到一些独特的金融数据，为金融数据分析提供更多视角。本节主要介绍如何通过第三方数据接口和网络爬虫来获取金融数据。

3.1.1 第三方数据接口

许多金融数据提供商提供 Python 接口，便于用户获取数据，本节主要介绍 2 个开源且可免费使用的 Python 金融数据接口 AKShare 和 BaoStock。

（1）AKShare

AKShare 是一个基于 Python 的金融数据接口，其数据来源包括东方财富网、新浪财经、同花顺财经等，旨在实现对股票、期货、债券等金融数据的高效获取。通过使用 AKShare，用户可以轻松地获取所需的金融数据，如股票价格、技术指标、基本面数据等。

在 Python 中使用 AKShare 的步骤如下。

步骤 1 安装 AKShare，并导入 AKShare。

步骤 2 使用 AKShare 提供的函数和接口获取金融数据。例如，通过函数 ak.stock_zh_a_hist()获取交通银行（股票代码为 601328）2024 年 1 月股票历史行情数据，该函数可以获取指定股票的历史行情数据，包括收盘价、成交量、涨跌幅等指标。

步骤 3 保存数据为本地 Excel 文件。

示例代码如下：

```
#!pip install akshare -i https://pypi.tuna.tsinghua.edu.cn/simple
import akshare as ak
result1=ak.stock_zh_a_hist(symbol='601328',start_date='20240101',end_date='20240131')
result1.to_excel('AKShare 接口交通银行股票 2024 年 1 月每日历史行情数据.xlsx')
result1 #输出结果
```

代码运行结果（仅展示部分）如图 3-1 所示。

	日期	开盘	收盘	最高	最低	成交量	成交额	振幅	涨跌幅	涨跌额	换手率
0	2024-01-02	5.76	5.78	5.82	5.74	1252778	7.254418e+08	1.39	0.70	0.04	0.32
1	2024-01-03	5.78	5.85	5.86	5.77	1564273	9.126625e+08	1.56	1.21	0.07	0.40
2	2024-01-04	5.84	5.90	5.90	5.84	1263685	7.419976e+08	1.03	0.85	0.05	0.32
3	2024-01-05	5.89	5.91	5.98	5.88	1362116	8.082849e+08	1.69	0.17	0.01	0.35
4	2024-01-08	5.90	5.89	5.95	5.85	1078442	6.353274e+08	1.69	-0.34	-0.02	0.27

图 3-1 AKShare 接口获取交通银行股票 2024 年 1 月每日的历史行情数据示例

在实际使用中，可以根据需求设置合适的日期范围和股票代码。此外，AKShare 还提供了其他函数，如 ak.stock_zh_a_spot_em()函数可返回所有沪深京 A 股上市公司的实时行情数据；ak.stock_zh_index_spot_em()函数可返回系列指数的实时行情数据等。可以结合使用 AKShare 提供的函数以满足不同需求，具体可查看官方文档。

（2）BaoStock

BaoStock 用于获取中国股市数据，数据来源包括雪球、东方财富网等。与 AKShare 相比，BaoStock 的数据接口较少，但它在获取实时数据方面有优势。

使用 BaoStock 库的方法如下。

步骤 1 安装 BaoStock，并导入 BaoStock。

步骤 2 登录 BaoStock。

步骤 3 使用 BaoStock 提供的函数和接口获取金融数据。例如，利用 bs.query_history_k_data_plus()函数获取股票的历史 K 线数据。

步骤 4 保存数据为本地 Excel 文件。

示例代码如下：

```
#!pip install baostock -i https://pypi.tuna.tsinghua.edu.cn/simple
import baostock as bs
import pandas as pd
lg=bs.login()#登录
rs=bs.query_history_k_data_plus('sh.601328','date,code,open,high,low,close,preclose,volume,
amount,adjustflag,turn,tradestatus,pctChg,isST',start_date='2024-01-01', end_date='2024-01-31',
frequency='d', adjustflag='3')
data_list=[]
while (rs.error_code == '0') & rs.next():
    data_list.append(rs.get_row_data())
```

```
result2=pd.DataFrame(data_list, columns=rs.fields)
result2.to_excel('BaoStock 接口交通银行股票 2024 年 1 月历史 K 线数据.xlsx')
result2
```

代码运行结果（仅展示部分）如图 3-2 所示。从图中可以看出，BaoStock 获得的数据比 AKShare 获得的数据更丰富，字段的具体含义可查看官方文档。

login success!

	date	code	open	high	low	close	preclose	volume	amount	adjustflag	turn	tradestatus	pctChg	isST
0	2024-01-02	sh.601328	5.7600	5.8200	5.7400	5.7800	5.7400	125277792	725441819.4300	3	0.319200	1	0.696900	0
1	2024-01-03	sh.601328	5.7800	5.8600	5.7700	5.8500	5.7800	156427305	912662450.7600	3	0.398500	1	1.211100	0
2	2024-01-04	sh.601328	5.8400	5.9000	5.8400	5.9000	5.8500	126368459	741997555.2300	3	0.322000	1	0.854700	0
3	2024-01-05	sh.601328	5.8900	5.9800	5.8800	5.9100	5.9000	136211574	808284866.5700	3	0.347000	1	0.169500	0
4	2024-01-08	sh.601328	5.9000	5.9500	5.8500	5.8900	5.9100	107844154	635327397.4700	3	0.274800	1	-0.338400	0

图 3-2　BaoStock 接口获取交通银行股票 2024 年 1 月历史 K 线数据示例

注意

BaoStock 在调用数据时，股票代码需为 9 位，如 sz.000001 或 sh.600519。起始日期和结束日期需为字符串格式，如'2021-01-01'。更多关于 BaoStock 的使用方法和示例，可以参考官方文档。

（3）数据接口对比

AKShare 和 BaoStock 都是 Python 的金融数据接口，用于获取金融数据。表 3-1 所示为它们之间的对比情况。

表 3-1　AKShare 和 BaoStock 的对比情况

接口库	AKShare	BaoStock
数据范围	提供股票、基金、期货等多领域数据，覆盖面较广泛	提供大量证券历史 K 线数据、上市公司财务数据等
接口易用性	接口较稳定，响应速度较快，提供详细的文档和示例	接口简单易用，部分功能需要安装依赖库才能使用
更新	更新较为频繁，维护较好，但部分数据更新速度较慢	更新及时，根据市场需求进行功能优化和扩展

注意

第三方数据接口虽然提供了便捷的数据获取功能，但仍然可能无法涵盖所有金融数据，在实际应用中可结合其他数据源或网络爬虫来满足需求。另外，第三方数据接口也有访问次数限制，需要根据实际情况灵活调整。

3.1.2 网络爬虫

除了使用第三方数据接口的方式来获取金融数据，还可以通过编写 Python 爬虫程序从金融网站中抓取金融数据。

（1）爬虫流程

网络爬虫又称为网页蜘蛛、网络机器人，是一种按照一定的规则，自动请求互联网上的网页，并提取网络数据的程序或者脚本。如果说互联网像一张网，那么爬虫就是网络上的蜘蛛，爬虫在网络爬行过程中遇到数据就把它爬取下来。网络爬虫从功能上来讲，一般分为数据采集、网页解析和数据存储这 3 个部分，基本流程如图 3-3 所示。

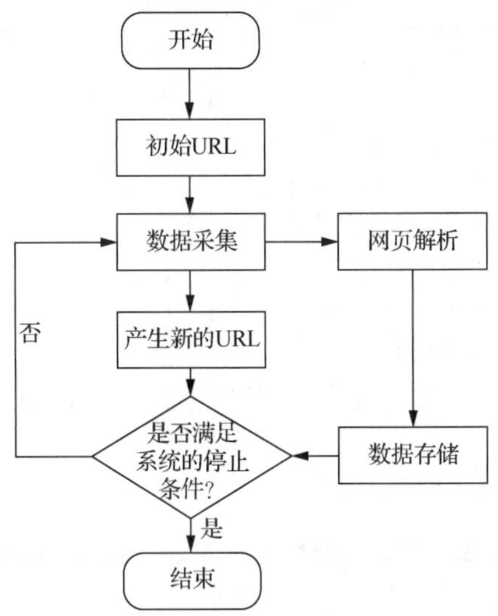

图 3-3　网络爬虫基本流程

① 初始 URL：从一个或若干初始网页的 URL（Uniform Resource Locator，统一资源定位符）开始。这些初始 URL 通常来自已知的种子 URL 或其他爬虫策略。

② 数据采集：爬虫通过 HTTP（Hypertext Transfer Protocol，超文本传送协议）请求获取初始网页的内容。

③ 网页解析：爬虫将获取到的网页内容进行解析，提取出感兴趣的信息以及新的 URL。

④ 数据存储：将处理后的数据存储到本地或远程数据库中，以便后续的查询和检索。

重复以上过程：爬虫会不断地执行数据采集、网页解析、数据存储等步骤，直到满足系统的停止条件。

注意

不同类型的网络爬虫（如通用网络爬虫、主题网络爬虫和深度网络爬虫）在具体实现上可能会有所差异。在开展网络爬虫活动时，应遵守相关法律法规，尊重网站的 robots.txt 中的规则，避免触犯隐私权和版权等问题。另外，网络爬虫抓取的数据可能存在噪声、错误等问题，需要进行数据清洗，以满足实际需求。

（2）表格数据爬取

pd.read_html()是 pandas 库中的一个函数，这个函数可用于解析网页中的表格数据，并将它们转换为 pandas 的 DateFrame，其基本语法为：

```
pd.read_html(io)
```

pd.read_html()函数会自动解析 HTML 文件中的表格，将其转换成 pandas 的 DataFrame，并返回一个包含 DataFrame 的列表。如果 HTML 文件中包含多个表格，那么返回结果就是一个列表，列表中的每个元素是一个 DataFrame。

pd.read_html()函数还支持一些用于解析 HTML 表格的附加参数。该函数参数说明如表 3-2 所示。

表 3-2　pd.read_html()参数说明

参数	说明
io	必选参数，可以是一个 HTML 字符串、文件对象、URL 或文件路径
match	可选，字符串，用于指定 HTML 标签匹配模式。默认值为 table，表示查找所有的表格标签
header	可选，整型，表示表格中的表头行索引。默认值为 0
index_col	可选，整型，表示要作为索引的列索引。默认值为 0
encoding	可选，表示 HTML 内容的编码格式。默认值为 None，表示自动检测

（3）金融表格数据爬取应用举例

下面以中商情报网的 A 股上市企业股票数据为例，如图 3-4 所示，展示如何利用 pd.read_html() 爬取数据。

图 3-4　中商情报网 A 股上市企业股票数据页面

3-1　金融表格数据爬取应用举例

在了解了数据所在网页结构后，需要确定数据所在的 URL，URL 是互联网上标准的资源地址，用于标识互联网上每一个网页和资源。将此网页的 URL 复制出来，并利用 pd.read_html() 进行表格数据爬取，示例代码如下：

```
url='https://s.askci.com/stock/a/'
tabs=pd.read_html(url) #爬取表格数据
len(tabs) #结果输出
```

代码运行结果为“4”。

观察 tabs，可以看出，代码运行结果并不是网页的所有数据，这是因为 pd.read_html()读取的是网页上的表格数据，而非表格数据将无法被获取。再仔细观察代码运行结果，它是一个长度为 4 的列表。列表第 4 个对象是股票数据，是本次获取的目标数据，可以通过 tabs[3]得到。

仔细的读者还会发现，在网页上通过“下一页”按钮可以看到多页信息。如何利用 Python 得到多页信息呢？可以通过以下步骤得到。

步骤 1 获取不同网页的 URL。单击 A 股上市企业股票页面中的“下一页”，观察不同网页 URL 的变化。

第 2 页的 URL 为“https://s.askci.com/stock/a/0-0?reportTime=2023-09-30&pageNum=2#QueryCondition”；

第 3 页的 URL 为“https://s.askci.com/stock/a/0-0?reportTime=2023-09-30&pageNum=3#QueryCondition”。

可以看出第 2 页与第 3 页的 URL 只是“pageNum”取值不同，可以通过循环“pageNum”实现翻页，获取不同网页的 URL 进行网页爬取。

步骤 2 分页爬取并存储。以爬取 1～50 页股票数据为例，首先通过循环分页爬取股票数据，然后通过 pd.concat()进行数据合并，并保存为本地文件“A 股上市企业股票数据.xlsx”。输出该文件的形状以及前 5 行数据。

示例代码如下：

```
import pandas as pd
dat=[]
for i in range(1,51):
    d=pd.read_html('https://s.askci.com/stock/a/0-0?reportTime=2023-09-30&pageNum=
'+str(i)+'#QueryCondition')[3]
    #print(i)
    dat.append(d)
data=pd.concat(dat,axis=0)
data.to_excel('A 股上市企业股票数据.xlsx',index=False)
data.shape()
```

代码运行结果为“(1000,15)”。说明一共爬取了 1000 条数据，每条数据包含 15 个变量。

注意

网络爬取是对网页实时数据的爬取，因此若网页结构调整或数据更新，会使每次爬取的内容存在一些差异，有的网站还有访问次数限制，需要根据实际情况灵活调整。

第三方数据接口提供的数据通常由专业的数据公司或团队提供，经过了筛选、整理、清洗和核实，具有较高的数据质量。网络爬虫抓取的数据源于公开资源，这些资源的质量和准确性取决于网站本身的质量，通常需要进行数据清洗，使用这种方式的优势是可以按照自己的需求进行数据处理。在实际应用中，可以结合网络爬虫和第三方数据接口的优势，综合利用两种方式来获取和处理数据。

3.2 数据清洗

数据清洗是对数据进行处理，以提高数据质量和可用性。数据清洗在数据分析、挖掘、可视化以及统计报表等环节之前进行，以确保后续工作是基于高质量的数据进行的。在数据清洗前应先观察数据中存在的问题，然后有针对性地进行清洗。数据清洗的常见方法有缺失值处理、重复值处理和异常值处理。本节以【案例 3-1】为例，说明如何进行数据清洗。

【案例 3-1】上市企业基本信息

上市企业基本信息是公开的，这些信息通常由中国证券监督管理委员会指定的信息披露平台以及各个上市企业的官方网站公布。现在获取了部分上市企业基本信息，请对这些基本信息进行清洗与整理，具体数据见文件“上市企业基本信息.xlsx”。

以【案例 3-1】中上市企业基本信息为例，利用 info()展示数据类型、缺失值、数据范围等列简要信息，以了解数据的基本情况，示例代码如下：

```
import pandas as pd
data=pd.read_excel('上市企业基本信息.xlsx')
data.info()
```

代码运行结果如下：

```
<class 'pandas.core.frame.DataFrame'>
RangeIndex: 1960 entries,   0 to 1959
Data columns (total 9 columns):
 #    Column    Non-Null Count    Dtype
---   ------    --------------    -----
 0    股票代码      1960 non-null     int64
 1    股票简称      1960 non-null     object
 2    省份        1960 non-null     object
 3    城市        1959 non-null     object
 4    主营业务收入   1906 non-null     object
 5    净利润       1906 non-null     object
 6    员工人数      1960 non-null     int64
 7    上市日期      1960 non-null     object
 8    产品类型      1171 non-null     object
dtypes: int64(2),   object(7)
memory usage: 137.9+ KB
```

通过上述数据的简要信息可以了解列信息的基本情况。观察代码运行结果，可以发现存在几个问题：第一，“产品类型”“城市”等变量有空值；第二，“股票代码”默认的数据类型为整型，实际分析中股票代码在 Python 中的数据类型通常是字符串；第三，“主营业务收入”“净利润”的数据类型不是数值型。

3.2.1 缺失值处理

缺失值是指在数据集中某些观测值的位置上，其数值或信息未能被完整记录的现象。在实际数据处理和分析中，出现缺失值是很常见的问题。缺失值可以分为两种类型：完全随机缺失和非随机缺失。完全随机缺失是指缺失值的产生与数据集中的其他变量无关，缺失值的位置是完全随机的。非随机缺失是指数据的缺失依赖于不完全变量自身。

数据出现缺失值会导致数据不完整，影响数据的可用性和分析效果。通过处理缺失值，可以提高数据的完整性，使数据分析更加准确。在实际应用中，处理缺失值的方法主要有以下几种。第一，删除法。直接删除有缺失值的样本或存在大量缺失值的变量，以减少数据集中的缺失信息。第二，填充法。使用某种指标（如均值、中位数、众数等）填充缺失值，使得数据分布保持不变。

在 pandas 中，处理缺失值的主要函数如表 3-3 所示。

表 3-3 处理缺失值的主要函数

函数	作用
isnull()	该函数用于检查数据中是否存在缺失值。它返回一个布尔值，其中缺失值标记为 True，非缺失值标记为 False
notnull()	与 isnull()相反，该函数返回一个布尔掩码，其中非缺失值标记为 True，缺失值标记为 False
dropna()	该函数用于删除数据中的缺失值。可以指定删除的方式（如按行或按列）以及删除的条件（如至少有多少个非缺失值）
fillna()	该函数用于填充数据中的缺失值。可以使用指定的值、列的均值、中位数等来填充

接下来以 A 股上市企业股票基本信息为例，进行缺失值处理。

步骤 1 显示缺失值的数量和占比，示例代码如下：

```
#显示缺失值的数量和占比
missing_values=data.isnull().sum()
print("缺失值的数量：\n", missing_values)
print('-='*10)
missing_ratio=missing_values/data.shape[0]
print("缺失值的占比：\n", missing_ratio.round(2))
```

代码运行结果如下：

```
缺失值的数量：
股票代码        0
股票简称        0
省份          0
城市          1
主营业务收入      54
净利润         54
员工人数        0
上市日期        0
产品类型        789
dtype: int64
-=-=-=-=-=-=-=-=-=-=
缺失值的占比：
股票代码        0.00
股票简称        0.00
省份          0.00
城市          0.00
主营业务收入      0.03
净利润         0.03
员工人数        0.00
上市日期        0.00
产品类型        0.40
dtype: float64
```

结果分为两个部分，第一个部分显示了每个变量的缺失值的数量，第二个部分显示了缺失值所占的比例。

步骤 2 对于缺失值，分为以下 3 种情况进行处理。第一种情况：变量“产品类型”数据缺失比例达到了 40%，删除该列。第二种情况：“主营业务收入”和“净利润”缺失比例为 3%，缺失比例较低，且获取缺失样本相应的值不容易，在此删除缺失值所在的行。第三种情况："城市"数据缺失，但通过查找可知缺失对应公司所在的城市为"深圳市"，在此通过固定值"深圳市"进行填充。

示例代码如下：

```
data=data.drop(['产品类型'],axis=1)#删除列
data=data.dropna()#删除缺失值所在行
data['城市']=data['城市'].fillna('深圳市') #缺失值填充
data=data.reset_index(drop=True)# 重置索引
print(data.shape) #输出数据形状
```

代码运行结果为"(1905,8)"。说明缺失值处理后有 1905 条样本、8 个变量。

3.2.2 重复值处理

重复值是指在数据集中出现多次的相同或非常相似的数值。不处理重复值会导致分析结果出现偏差。在 Python 中处理重复值时，可使用函数 drop_duplicates()来实现。该函数的主要作用是在 DataFrame 中保留唯一行，删除其他重复行。

函数的语法如下：

```
drop_duplicates(subset=None, keep='first', inplace=False)
```

其参数说明如表 3-4 所示。

表 3-4　drop_duplicates()参数说明

参数	说明
subset	可选，指定要检查重复行的列名或列名列表。默认值为 None，表示检查所有列
keep	可选，指定保留重复行的方式。有以下 3 个选项： "first" 表示保留第一个出现的行，其他重复行会被删除； "last" 表示保留最后一个出现的行，其他重复行会被删除； "False" 表示删除所有重复行，默认值
inplace	可选，表示是否修改原 DataFrame。默认为 False，即创建一个新的 DataFrame 并返回。若值为 True，则直接在原 DataFrame 上进行修改

如图 3-5 所示，有两行数据完全相同，即存在重复值。

```
1 data.head(8)
```

	股票代码	股票简称	省份	城市	主营业务收入	净利润	员工人数	上市日期
0	1	平安银行	广东	深圳市	1276.34亿	396.35亿	44077	1991-04-03
1	2	万科A	广东	深圳市	2903.08亿	210.27亿	131817	1991-01-29
2	5	ST星源	广东	深圳市	1.27亿	-1149.40万	488	1990-12-10
3	6	深振业A	广东	深圳市	8.29亿	-420.71万	425	1992-04-27
4	7	*ST全新	广东	深圳市	1.53亿	801.25万	76	1992-04-13
5	8	神州高铁	北京	北京市	13.08亿	-1.46亿	2331	1992-05-07
6	8	神州高铁	北京	北京市	13.08亿	-1.46亿	2331	1992-05-07
7	9	中国宝安	广东	深圳市	245.17亿	14.89亿	17193	1991-06-25

图 3-5　重复值示例

重复值除了通过肉眼观察以外，更常用的方法是通过代码检查数据是否存在重复，然后进行重复值处理。以股票数据为例，示例代码如下：

```
print(data.shape[0]-data.drop_duplicates().shape[0]) #输出重复值个数
data=data.drop_duplicates() #删除重复值
```

```
data.shape #显示数据形状
3
(1902, 8)
```

从运行结果可以看出，重复值有 3 条，删除重复值后，有 1902 条样本、8 个变量。

3.2.3 异常值处理

异常值是指在数据集中与其他值相比具有显著差异的值，这些值可能是由采集错误、人为错误、设备故障等因素导致的。异常值会对后续的数据分析和建模产生不良影响，因此识别和处理异常值具有重要意义。在 pandas 中，可以使用以下方法识别异常值：描述统计方法，通过计算数据的统计量，如均值、中位数、标准差等，快速识别异常值；箱线图法，通过绘制箱线图，观察数据的分布情况，从而识别异常值；异常值检测算法，使用一些专门的异常值检测算法，如 IQR（Interquartile Range，四分位距）、3 σ 法则等。

比较直观的是借助箱线图法来识别异常值，箱线图由 5 个主要部分组成：下边缘、下四分位数、中位数、上四分位数和上边缘，如图 3-6 所示。在箱线图中，上下边缘是由下四分位数和上四分位数计算得到的，上下边缘之外的数据点被认为是异常值。

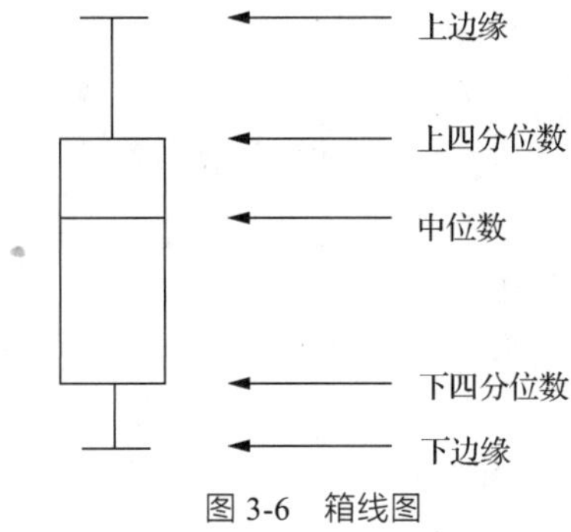

图 3-6　箱线图

绘制箱线图，示例代码如下：

```
import matplotlib.pyplot as plt
plt.rcParams['font.sans-serif']=['SimHei'] #设置中文字体
df=[20, 21, 22, 23, 24, 25, 26, 27, 28, 29, 30, 31, 100] #数据示例
plt.boxplot(df) #绘制箱线图
plt.show()
```

识别出异常值后，需要根据实际情况选择合适的处理方法。可以对异常值进行删除或者将异常值替换为缺失值后重新进行缺失值填充。

3.3 数据变换

数据变换是对原始数据进行加工、处理和转换，使其更容易理解、分析和进一步处理的过程。数据变换是数据预处理的一个重要环节，主要包括数据类型转换、数值型特征归一化、类别型特征编码和日期变量提取。

3.3.1 数据类型转换

数据类型转换是指将一种数据类型转换为另一种数据类型的过程。在进行数据处理和分析时，可能需要将原始数据的数据类型转换为特定数据类型以满足算法或库的要求。

（1）数据类型转换方法

在 Python 中，有很多方法可以用于数据类型转换。以下是一些常见的方法。

使用 str()函数将数字转换为字符串，示例代码如下：

```
a=12
print("a 的数据类型:", type(a))
b=str(a)
print("b 的数据类型:", type(b))
```

代码运行结果如下：

```
a 的数据类型: <class 'int'>
b 的数据类型: <class 'str'>
```

使用 int()函数将数字字符串转换为整数，示例代码如下：

```
a="12"
print("a 的数据类型:", type(a))
b=int(a)
print("b 的数据类型:", type(b))
```

代码运行结果如下：

```
a 的数据类型: <class 'str'>
b 的数据类型: <class 'int'>
```

使用 float()函数将数字字符串转换为浮点数，示例代码如下：

```
a="42.5"
print("a 的数据类型:", type(a))
b=float(a)
print("b 的数据类型:", type(b))
```

代码运行结果如下：

```
a 的数据类型: <class 'str'>
b 的数据类型: <class 'float'>
```

使用 apply()或 astype()函数将 DataFrame 的列数据的数据类型转换为其他数据类型，示例代码如下：

```
import pandas as pd
df=pd.DataFrame({'column1': [1, '2', 3],
    'column2':   [1.5, '3', 2.5]}) #创建一个包含数值和字符串的 DataFrame
df.info() #显示 DataFrame 列信息
print('-='*20) #分隔符
df['column1']=df['column1'].astype(int) #将数据类型转换为整型
df['column2']=df['column2'].astype(float) #将数据类型转换为浮点型
df.info()
```

代码运行结果如下：

```
<class 'pandas.core.frame.DataFrame'>
RangeIndex: 3 entries,   0 to 2
Data columns (total 2 columns):
 #     Column      Non-Null Count    Dtype
---   ------      --------------    -----
 0    column1 3 non-null      object
 1    column2 3 non-null      object
dtypes: object(2)
```

```
memory usage: 176.0+ bytes
-=-=-=-=-=-=-=-=-=-=-=-=-=-=-=-=-=-=-=-=-=
<class 'pandas.core.frame.DataFrame'>
RangeIndex: 3 entries, 0 to 2
Data columns (total 2 columns):
 #   Column    Non-Null Count  Dtype
---  ------    --------------  -----
 0   column1 3 non-null     int32
 1   column2 3 non-null     float64
dtypes: float64(1), int32(1)
memory usage: 164.0 bytes
```

通过 DataFrame 列信息可以看出列 column1 的数据类型转换为整型，column2 的数据类型转换为浮点型。

以上方法可用于在 Python 中进行各种数据类型转换，但在实际应用中还需要根据数据的特点与存在的问题选择合适的方法。

3-2 数据类型转换应用举例

（2）数据类型转换应用举例

以【案例 3-1】中的变量“主营业务收入”“净利润”“股票代码”为例，演示数据类型转换。

① “主营业务收入”“净利润”的数据类型转换。

如图 3-7 所示，可以看出“主营业务收入”“净利润”的取值不仅包括数字，还包括字符串“亿”或者“万”。

	股票代码	股票简称	省份	城市	主营业务收入	净利润	员工人数	上市日期
0	1	平安银行	广东	深圳市	1276.34亿	396.35亿	44077	1991-04-03
1	2	万科A	广东	深圳市	2903.08亿	210.27亿	131817	1991-01-29
2	5	ST星源	广东	深圳市	1.27亿	-1149.40万	488	1990-12-10
3	6	深振业A	广东	深圳市	8.29亿	-420.71万	425	1992-04-27
4	7	*ST全新	广东	深圳市	1.53亿	801.25万	76	1992-04-13

图 3-7 数据示例

可以利用 str.replace()函数将字符串替换为空。该函数的语法为：

```
str.replace(old, new)
```

该函数接收两个参数：第一个参数是要替换的子字符串，第二个参数是用于替换的新子字符串。

针对“主营业务收入”“净利润”的数据类型转换，在 Python 中实现时分两个步骤，首先自定义单位换算函数，然后在变量“主营业务收入”“净利润”上应用该函数。

步骤 1 自定义单位换算函数。根据数据特点，定义函数规则，如果数据中包含“亿”，将“亿”替换为空，再将数据转换为数值并乘 10000，将数据单位换算为“万”；如果数据中包含“万”，则将“万”替换为空，然后将数据转换为数值型，示例代码如下：

```
def convert_b_to_m(value): # 定义一个函数来转换单位到万
    if '亿' in value:
        return float(value.replace('亿', '')) * 10000
    elif '万' in value:
        return float(value.replace('万', ''))
    else:
        return float(value)
```

步骤 2 应用单位换算函数到 DataFrame 的列“主营业务收入”“净利润”。在此可调用 apply()函数，apply()用于对 DataFrame 的每一行或每一列批量应用一个函数，示例代码如下：

```
data['主营业务收入']=data['主营业务收入'].apply(convert_b_to_m)
data['净利润']=data['净利润'].apply(convert_b_to_m)
data.head()
```

代码运行结果如图 3-8 所示，“主营业务收入”“净利润”完成数据类型转换。

	股票代码	股票简称	省份	城市	主营业务收入	净利润	员工人数	上市日期
0	1	平安银行	广东	深圳市	12763400.0	3963500.00	44077	1991-04-03
1	2	万科A	广东	深圳市	29030800.0	2102700.00	131817	1991-01-29
2	5	ST星源	广东	深圳市	12700.0	-1149.40	488	1990-12-10
3	6	深振业A	广东	深圳市	82900.0	-420.71	425	1992-04-27
4	7	*ST全新	广东	深圳市	15300.0	801.25	76	1992-04-13

图 3-8 “主营业务收入”“净利润”转换数据类型示例

②“股票代码”的补全。

股票代码通常是由字母和数字组成的字符串，如“SH000001”；有时也会将字母省略，如“000001”。从图 3-8 可以看出，数据中的“股票代码”取值并不是 6 位，在此用 0 补全 6 位。首先自定义一个补全函数，然后通过 apply()函数进行批量补全，示例代码如下：

```
def fill_zero(x):
    x=str(x) #将 x 转换为字符串
    xx=x.zfill(6) #用 0 补全 6 位
    return(xx)
data['股票代码']=data['股票代码'].apply(fill_zero) #批量应用补全函数
data.head()
```

代码运行结果如图 3-9 所示，“股票代码”完成数值补全。

	股票代码	股票简称	省份	城市	主营业务收入	净利润	员工人数	上市日期
0	000001	平安银行	广东	深圳市	12763400.0	3963500.00	44077	1991-04-03
1	000002	万科A	广东	深圳市	29030800.0	2102700.00	131817	1991-01-29
2	000005	ST星源	广东	深圳市	12700.0	-1149.40	488	1990-12-10
3	000006	深振业A	广东	深圳市	82900.0	-420.71	425	1992-04-27
4	000007	*ST全新	广东	深圳市	15300.0	801.25	76	1992-04-13

图 3-9 “股票代码”转换数据类型示例

3.3.2 数值型特征归一化

数值型特征归一化（简称“数据归一化”）也叫作数据无量纲化，用于将原始数据映射到统一的尺度范围内，以便在不同特征之间进行比较和分析。数据归一化方法主要应用于数值型数据，因为数值型数据可能在原始数值范围内存在较大差异，导致某些特征在分析过程中占据主导地位，从而影响结果的准确性。常见的数据归一化方法有 Z-score 标准化和 Min-max 标准化。

（1）Z-score 标准化

Z-score 标准化主要是将原始数据映射到均值为 0、标准差为 1 的正态分布中，数据归一化后的数据范围为实数集。Z-score 标准化的计算公式如下：

$$x_{ij}^{*}=\frac{x_{ij}-\mu_j}{s_j}\left(i=1,2,\cdots,n;j=1,2,\cdots,m\right)$$

其中，x_{ij} 为原始数据，x_{ij}^* 为数据归一化后的数据，样本均值 $\mu_j = \frac{1}{n\sum_{i=1}^{n} x_{ij}}$ ，样本标准差 $s_j = \sqrt{\frac{1}{n}\sum_{i=1}^{n}(x_{ij}-\mu_j)^2}$ 。

以“主营业务收入”“净利润”“员工人数”为例，在 Python 中实现数据 Z-score 标准化，示例代码如下：

```
X=data[['主营业务收入','净利润','员工人数']]
from sklearn.preprocessing import StandardScaler
X_scaler=StandardScaler()  #创建一个 StandardScaler 对象
X_scaled=X_scaler.fit_transform(X)  #使用 fit_transform()方法对输入数据 X 进行 Z-score 标准化
X_scaled #结果输出
```

代码运行结果如下：

```
array([[ 5.63702839,   19.90055426,   19.90055426],
       [13.2365609 ,   10.45569722,   10.45569722],
       [-0.31963089,   -0.22280493,   -0.22280493],
       ...,
       [-0.28309871,   -0.23167375,   -0.23167375],
       [ 0.02466848,    0.21801631,    0.21801631],
       [-0.27319485,   -0.22740412,   -0.22740412]])
```

当数据分布较为接近正态分布且不存在异常值时，Z-score 标准化可以取得较好的数据归一化效果。

（2）Min-max 标准化

经过 Min-max 标准化处理后的新数据的最大值为 1，最小值为 0，其余数值均在 0 与 1 之间。Min-max 标准化的计算公式如下：

$$x_{ij}^* = \frac{x_{ij} - \min\{x_{ij}\}}{\max\{x_{ij}\} - \min\{x_{ij}\}}(i = 1,2,\cdots,n; j = 1,2,\cdots,m)$$

其中，$\max\{x_{ij}\}$ 和 $\min\{x_{ij}\}$ 分别指的是和 x_{ij} 同一列的最大值和最小值。

以“主营业务收入”“净利润”“员工人数”为例，在 Python 中实现数据 Min-max 标准化，示例代码如下：

```
X=data[['主营业务收入','净利润','员工人数']]
from sklearn.preprocessing import MinMaxScaler
X_minmax_scaler=MinMaxScaler() #创建一个 MinMaxScaler 对象
X_minmax_scaled=X_minmax_scaler.fit_transform(X) #使用 fit_transform()方法对输入数据 X 进行 Min-max 标准化
X_minmax_scaled
```

代码运行结果如下：

```
array([[3.02244938e-01,   1.00000000e+00,   1.00000000e+00],
       [6.87481911e-01,   6.04245092e-01,   6.04245092e-01],
       [2.88813348e-04,   1.56798443e-01,   1.56798443e-01],
```

```
        ...,
        [2.14070924e-03,   1.56426825e-01,   1.56426825e-01],
        [1.77421033e-02,   1.75269572e-01,   1.75269572e-01],
        [2.64275775e-03,   1.56605730e-01,   1.56605730e-01]])
```

数据归一化的优点在于消除了量纲影响，使得不同特征之间的距离计算更加合理。

3.3.3 类别型特征编码

在数据分析和数据挖掘中，类别型特征编码是一种将类别型特征转换为数值型特征的方法，以便在算法中进行数据处理。常见的类别型特征编码方法有标签编码和独热编码。

（1）标签编码

标签编码（Label Encoding）是指简单地赋予不同类别不同的数字标签的编码方法。这种编码方法简单易实现，但在多类别分类任务中可能导致编码冲突。标签编码可以通过以下代码实现：

```
from sklearn.preprocessing import LabelEncoder
df=pd.DataFrame({'性别':['男','女','男','女','男'],
                 '年龄': [10,22,23,24,15],
                 '身高':[160,150,180,165,170]})#  创建一个示例数据集
label_encoder=LabelEncoder()#  创建 LabelEncoder 对象
label_encoder.fit_transform(df['性别'])#将分类变量进行性别编码
```

代码运行结果如下：

```
array([1, 0, 1, 0, 1])
```

可以看出，输出结果是一个数组，变量“性别”中的“男”被编码为“1”，“女”被编码为“0”。

（2）独热编码

独热编码（One-hot Encoding）将类别型特征转换为二进制编码。对于具有 k 个类别的特征，独热编码会将其转换为长度为 k 的二进制向量。简单来说，独热编码就是利用 0 和 1 来表示类别。类别型特征转换为二进制编码后，所产生的新变量称为哑变量（Dummy Variable）。

在 pandas 中可以通过 get_dummies()函数实现独热编码，其语法为：

```
pd.get_dummies(data, columns=None, drop_first=False)
```

其参数说明如表 3-5 所示。

表 3-5　pd.get_dummies()参数说明

参数	说明
data	输入数据，通常是一个 pandas 的 DataFrame
columns	可选参数，指定需要转换为哑变量的列。如果未指定此参数，函数将自动检测分类变量并进行转换
drop_first	可选参数，指定是否在输出中通过减少一列来避免信息冗余，默认值为 False

以下是使用 pd.get_dummies()函数的一个示例：

```
df=pd.DataFrame({'性别':['男','女','男','女','男'],
                 '年龄': [10,22,23,24,15],
                 '身高':[160,150,180,165,170]})#
pd.get_dummies(df, columns=['性别'])  #将分类变量转换为哑变量
```

代码运行结果如图 3-10 所示。

可以看出，输出结果是一个 DataFrame，其中分类变量“性别”转换为哑变量“性别_女”“性别_男”，其他非分类变量（如“年龄”“身高”）保持不变。

	年龄	身高	性别_女	性别_男
0	10	160	False	True
1	22	150	True	False
2	23	180	False	True
3	24	165	True	False
4	15	170	False	True

图 3-10 “性别”编码示例

3.3.4 日期变量提取

金融数据中的日期变量对于分析市场趋势、计算投资回报、评估风险水平以及分析市场微观结构等方面具有重要意义。通过对日期变量进行提取，人们可以更好地理解金融市场动态，为投资决策和风险管理提供有力支持。

在 Python 中，可以从字符串或其他数据源中提取年、月、日变量。以下是一些提取年、月、日变量的方法。

（1）从字符串中提取年、月、日变量

如果已知日期以某种格式存储在字符串中，可以使用 pd.to_datetime()函数将字符串解析为 datetime 对象。然后，从该对象中可以提取年、月、日变量，示例代码如下：

```
from datetime import datetime
str_date=pd.to_datetime('2024-02-10')
year=str_date.year
month=str_date.month
day=str_date.day
print(year，month，day)
```

代码运行结果为“2024 2 10”。

（2）从 Series 或 DataFrame 中提取年、月、日变量

如果日期存储在 Series 或 DataFrame 中，可以使用 pd.to_datetime()函数将日期转换为 datetime 对象，然后利用 apply()函数批量提取年、月、日变量，示例代码如下：

```
#将日期转换为 datetime 对象
date_series=data['上市日期'].apply(pd.to_datetime)
#提取年、月、日
year=date_series.dt.year
month=date_series.dt.month
day=date_series.dt.day
#赋值给 DataFrame
data['年']=year
data['月']=month
data['日']=day
data.head()
```

代码运行结果如图 3-11 所示，在原 DataFrame 中多了 3 列日期变量。

	股票代码	股票简称	省份	城市	主营业务收入	净利润	员工人数	上市日期	年	月	日
0	000001	平安银行	广东	深圳市	12763400.0	3963500.00	44077	1991-04-03	1991	4	3
1	000002	万科A	广东	深圳市	29030800.0	2102700.00	131817	1991-01-29	1991	1	29
2	000005	ST星源	广东	深圳市	12700.0	-1149.40	488	1990-12-10	1990	12	10
3	000006	深振业A	广东	深圳市	82900.0	-420.71	425	1992-04-27	1992	4	27
4	000007	*ST全新	广东	深圳市	15300.0	801.25	76	1992-04-13	1992	4	13

图 3-11 日期变量提取示例

课后习题

一、单项选择题

1．以下哪种途径不能获取真实的金融数据？（　　）

A．金融官方网站　　B．第三方数据接口

C．网络爬虫　　D．模拟数据

2．以下哪个选项不能获取数据？（　　）

A．AKShare　　B．BaoStock　　C．pd.read.html()　　D．data.info()

3．以下哪种方法用于处理缺失值？（　　）

A．替代法　　B．删除法　　C．填充法　　D．以上都对

4．在 pandas 中，以下哪个函数用于删除重复值？（　　）

A．drop_duplicates()　　B．delete_duplicates()

C．remove_duplicates()　　D．duplicates()

5．以下哪个方法用于数值型特征归一化？（　　）

A．min()　　B．max()　　C．StandardScaler()　　D．mean()

6．以下哪个方法用于类别型特征编码？（　　）

A．LabelEncoder()　　B．dummies()

C．cat()　　D．ordered()

二、判断题

1．在获取金融数据时，需要注意数据的质量和准确性，确保数据来源的权威性和可靠性。（　　）

2．缺失值可以分为两种类型：完全随机缺失和非随机缺失。（　　）

3．在将字符串转换为整数时，要确保字符串中只包含数字。（　　）

4．异常值不会对后续的数据分析和建模产生不良影响，因此无须识别和处理异常值。（　　）

5．类别型特征编码不可以使用 get_dummies()方法。（　　）

6．使用 pd.read_html()不需要使用第三方库。（　　）

本章实训

A 股银行行业历史行情数据获取及预处理

一、案例介绍

随着金融市场的快速发展，对股票历史行情数据的研究对于金融研究者、投资者以及量化交易者来说，都具有重要的现实意义。本实训旨在通过网络爬虫和第三方数据接口，获取 A 股银行行业历史行情数据，并对其进行预处理，为后续研究奠定基础。

二、实训目标

掌握使用网络爬虫、第三方数据接口获取数据、进行数据预处理的方法和技巧。首先通过网络爬虫获取 A 股中银行行业的所有股票代码，然后利用第三方数据接口获取这些股票的历史行情数据，并衍生日期变量。同时，实训过程中使用的数据处理和分析技巧可应用于其他问题，以提升读者的综合能力。

三、实训任务

（1）爬取中商情报网 A 股中银行行业的股票代码，并保存为文件“A 股银行行业股票基本信息.xlsx”。

（2）读取文件“A 股银行行业股票基本信息.xlsx”，观察数据形状，以及变量“股票代码”存在的问题，并进行调整。

（3）利用第三方数据接口爬取 2023 年 A 股中银行行业的股票历史行情数据，将每只股票数据单独存为本地文件，并将所有股票数据合并。

（4）对“日期”进行处理，提取年、月、日变量。

（5）将预处理后的数据保存在本地，命名为“A 股中银行行业的股票历史行情数据_预处理.xlsx”。

四、实训步骤

（1）爬取中商情报网 A 股中银行行业的股票代码。

步骤 1 在中商情报网 A 股上市企业中寻找银行行业股票数据的 URL。A 股银行行业股票数据如图 3-12 所示，并复制该 URL。

图 3-12 A 股银行行业股票数据

步骤 2 A 股银行行业股票数据有多页内容，需要进行多页爬取。先调用 pd.read_html() 函数，进行单页网络爬虫测试，示例代码如下：

```
html='https://s.askci.com/stock/a/Z273511320550425164-0?#QueryCondition'
tabs=pd.read_html(html)
tabs
```

代码运行结果为列表，列表中第 4 个元素是本次获取的目标数据。

步骤 3 对比不同网页的 URL，通过设置循环变量进行 1～3 页网页爬取，并保存数据为本地文件，命名为“A 股银行行业股票基本信息.xlsx”，示例代码如下：

```
dat=[]
for i in range(1,3):
    d= pd.read_html('https://s.askci.com/stock/a/Z273511320550425164-0?reportTime
    =2024-09-30&pageNum='+str(i)+'#QueryCondition') [3]
    dat.append(d)
data=pd.concat(dat,axis=0)
data.to_excel('A 股银行行业股票基本信息.xlsx',index=False)
```

（2）读取文件“A 股银行行业股票基本信息.xlsx”，观察数据形状，以及变量“股票代码”存在的问题，并进行调整。

步骤 1 读取文件，输出数据形状及数据前 5 行，示例代码如下：

```
data=pd.read_excel('A 股银行行业股票基本信息.xlsx')
print(data.shape)
data.head()
```

代码运行结果如图 3-13 所示，可以看出“股票代码”不全，需要补充完整。

(42, 15)

	序号	股票代码	股票简称	公司名称	省份	城市	主营业务收入(202409)	净利润(202409)	员工人数	上市日期	招股书	公司财报	行业分类	产品类型	主营业务
0	1	1	平安银行	平安银行股份有限公司	广东	深圳市	1115.82亿	397.29亿	40830	1991-04-03	--	NaN	股份制银行Ⅲ	商业银行业务	经有关监管机构批准的各项商业银行业务。
1	2	1227	兰州银行	兰州银行股份有限公司	甘肃	兰州市	60.53亿	15.33亿	4279	2022-01-17	NaN	NaN	城商行Ⅲ	公司银行业务、个人银行业务、资金业务	公司银行业务、零售银行业务、普惠金融业务、金融市场业务、理财业务、网络金融业务、金融科技、兰...
2	3	2142	宁波银行	宁波银行股份有限公司	浙江	宁波市	507.53亿	207.71亿	27540	2007-07-19	--	NaN	城商行Ⅲ	客户贷款及垫款、客户存款、同业拆入	对公及对私存款、贷款、支付结算、资金业务、并提供资产管理及其他金融业务。
3	4	2807	江阴银行	江苏江阴农村商业银行股份有限公司	江苏	无锡市	30.18亿	11.26亿	1752	2016-09-02	NaN	NaN	农商行Ⅲ	公司贷款、公司存款、中间业务及服务、国际业务、个人银行业务产品和服务、资金业务	吸收公众存款;发放短期,中期和长期贷款;办理国内结算;办理票据承兑与贴现等金融业务。
4	5	2839	张家港行	江苏张家港农村商业银行股份有限公司	江苏	苏州市	36.33亿	14.95亿	2425	2017-01-24	NaN	NaN	农商行Ⅲ	存放同业、存放中央银行、拆出资金、发放贷款及垫款、买入返售金融资产、金融投资	存贷款等金融类业务。

图 3-13　A 股银行行业股票基本信息示例

步骤 2 对“股票代码”存在的问题进行调整。

对“股票代码”进行填充，示例代码如下：

```
def fill_zero(x):
    x=str(x) #将 x 转换为字符串
    xx=x.zfill(6)#用 0 补全 6 位
    return(xx)
data['股票代码']=data['股票代码'].apply(fill_zero)# 批量应用补全函数
data.head()
```

代码运行结果如图 3-14 所示，对“股票代码”进行了补全。

	序号	股票代码	股票简称	公司名称	省份	城市	主营业务收入(202409)	净利润(202409)	员工人数	上市日期	招股书	公司财报	行业分类	产品类型	主营业务
0	1	000001	平安银行	平安银行股份有限公司	广东	深圳市	1115.82亿	397.29亿	40830	1991-04-03	--	NaN	股份制银行Ⅲ	商业银行业务	经有关监管机构批准的各项商业银行业务。
1	2	001227	兰州银行	兰州银行股份有限公司	甘肃	兰州市	60.53亿	15.33亿	4279	2022-01-17	NaN	NaN	城商行Ⅲ	公司银行业务、个人银行业务、资金业务	公司银行业务、零售银行业务、普惠金融业务、金融市场业务、理财业务、网络金融业务、金融科技、兰...
2	3	002142	宁波银行	宁波银行股份有限公司	浙江	宁波市	507.53亿	207.71亿	27540	2007-07-19	--	NaN	城商行Ⅲ	客户贷款及垫款、客户存款、同业拆入	对公及对私存款、贷款、支付结算、资金业务、并提供资产管理及其他金融业务。
3	4	002807	江阴银行	江苏江阴农村商业银行股份有限公司	江苏	无锡市	30.18亿	11.26亿	1752	2016-09-02	NaN	NaN	农商行Ⅲ	公司贷款、公司存款、中间业务及服务、国际业务、个人银行业务产品和服务、资金业务	吸收公众存款;发放短期,中期和长期贷款;办理国内结算;办理票据承兑与贴现等金融业务。
4	5	002839	张家港行	江苏张家港农村商业银行股份有限公司	江苏	苏州市	36.33亿	14.95亿	2425	2017-01-24	NaN	NaN	农商行Ⅲ	存放同业、存放中央银行、拆出资金、发放贷款及垫款、买入返售金融资产、金融投资	存贷款等金融类业务。

图 3-14　“股票代码”补全后的 A 股银行行业股票基本信息示例

（3）利用第三方数据接口爬取 2023 年 A 股中银行行业的股票历史行情数据，将每只股票数据单独存为本地文件，并将所有股票数据合并。

在此利用 AKShare 数据接口进行历史行情数据的爬取，考虑到 AKShare 数据接口没有返回股票代码与股票简称，因此在编写代码过程中，将股票代码与股票简称补充到返回的历史行情数据中，然后以股票代码为文件名称对股票历史行情数据进行命名，示例代码如下：

```
import akshare as ak
data_fi=[]
for i in range(data.shape[0]):
        result=ak.stock_zh_a_hist(symbol=data['股票代码'][i], start_date='20230101',
end_date='20231231')
        result['股票代码']=data['股票代码'][i]
        result['股票简称']=data['股票简称'][i]
        result.to_excel(str(data['股票代码'][i])+'.xlsx',index=False)
        data_fi.append(result)
data_fina=pd.concat(data_fi,axis=0)
print(data_fina.shape)
data_fina.head()
```

代码运行结果如图 3-15 所示，显示合并后的数据有 10158 行 13 列。

(10158, 13)

	日期	股票代码	开盘	收盘	最高	最低	成交量	成交额	振幅	涨跌幅	涨跌额	换手率	股票简称
0	2023-01-03	000001	13.20	13.77	13.85	13.05	2194128	2.971547e+09	6.08	4.64	0.61	1.13	平安银行
1	2023-01-04	000001	13.71	14.32	14.42	13.63	2189683	3.110729e+09	5.74	3.99	0.55	1.13	平安银行
2	2023-01-05	000001	14.40	14.48	14.74	14.37	1665425	2.417272e+09	2.58	1.12	0.16	0.86	平安银行
3	2023-01-06	000001	14.50	14.62	14.72	14.48	1195745	1.747915e+09	1.66	0.97	0.14	0.62	平安银行
4	2023-01-09	000001	14.75	14.80	14.88	14.52	1057659	1.561368e+09	2.46	1.23	0.18	0.55	平安银行

图 3-15　A 股银行行业股票每日历史行情数据示例

（4）对“日期”进行处理，提取年、月、日变量。

```
import pandas as  pd
#  将日期字符串转换为 datetime 对象
date_series=data_fina['日期'].apply(pd.to_datetime)
# 提取年、月、日变量
data_fina['年']=date_series.dt.year
data_fina['月']=date_series.dt.month
data_fina['日']=date_series.dt.day
data_fina.head()
```

代码运行结果如图 3-16 所示，增加了 3 列日期变量。

	日期	股票代码	开盘	收盘	最高	最低	成交量	成交额	振幅	涨跌幅	涨跌额	换手率	股票简称	年	月	日
0	2023-01-03	000001	13.20	13.77	13.85	13.05	2194128	2.971547e+09	6.08	4.64	0.61	1.13	平安银行	2023	1	3
1	2023-01-04	000001	13.71	14.32	14.42	13.63	2189683	3.110729e+09	5.74	3.99	0.55	1.13	平安银行	2023	1	4
2	2023-01-05	000001	14.40	14.48	14.74	14.37	1665425	2.417272e+09	2.58	1.12	0.16	0.86	平安银行	2023	1	5
3	2023-01-06	000001	14.50	14.62	14.72	14.48	1195745	1.747915e+09	1.66	0.97	0.14	0.62	平安银行	2023	1	6
4	2023-01-09	000001	14.75	14.80	14.88	14.52	1057659	1.561368e+09	2.46	1.23	0.18	0.55	平安银行	2023	1	9

图 3-16　提取日期变量后的 A 股银行行业股票每日历史行情数据示例

（5）将预处理后的数据保存在本地，命名为“A 股中银行行业的股票历史行情数据_预处理.xlsx”，示例代码如下：

```
data_fina.to_excel('A 股中银行行业的股票历史行情数据_预处理.xlsx',index=False)
```

实战演练

新浪财经历史分红数据的获取与预处理

一、案例介绍

随着我国资本市场的不断发展，投资者对股票的分红信息的关注度逐渐提高。新浪财经作为我国广受认可的财经媒体，拥有丰富的股票历史分红数据。本实战旨在通过新浪财经网站获取历史分红数据，并对其进行预处理，为投资者和研究者的后续分析提供便利。

二、实战目标

本实战旨在帮助读者实现以下目标：掌握网络爬虫，能够从新浪财经网站获取历史分红数据；学会数据预处理的方法和技巧，包括检查数据形状、重复值以及进行数据归一化处理、日期变量提取等，为投资者的投资决策提供数据支持。

三、实战任务

（1）爬取新浪财经网站历史分红数据第 1～100 页的内容，并将其存储为本地文件“新浪财经历史分红数据.xlsx”。

（2）读取文件“新浪财经历史分红数据.xlsx”，输出数据形状，并对变量“代码”“名称”“详细”的取值进行重复值检查。

（3）展示数据前 5 行，观察数据存在的问题，并进行调整。

（4）对“上市日期”进行处理，提取年、月、日变量。

（5）对数值型变量“累计股息（%）”“年均股息（%）”“分红次数”“融资总额（亿元）”的取值进行数据归一化处理，并与原数据进行横向合并。

（6）将预处理后的数据保存在本地，命名为“新浪财经历史分红数据_预处理.xlsx”。

第 4 章

金融数据描述性分析与可视化

学习导读

在金融数据分析领域，掌握了描述性分析与可视化技巧就如同拥有了解读市场信号的金钥匙。本章以金融贷款审批和神州高铁股票历史日线数据为例，通过生动的描述性分析和直观的可视化工具，揭示数据背后的宝贵信息和深刻含义。

学习目标

➢ 能够根据不同类型变量选择合适的统计量对变量进行描述性分析，并利用 Python 绘制图形。

➢ 能够根据双变量的类型选择合适的方法进行变量间的关系分析，并利用 Python 绘制图形。

➢ 能够使用 K 线图进行金融数据的可视化分析。

思维导图

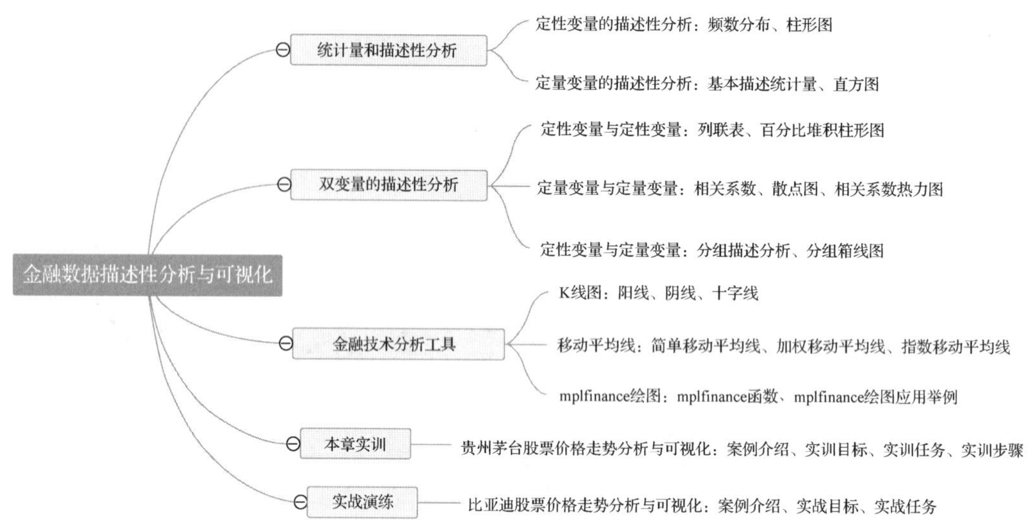

4.1 统计量和描述性分析

统计量是从总体数据中提取的主要信息，用于对数据进行统计性描述。描述性分析是通过图表或数学方法，对数据资料进行整理、分析，并对数据的分布状态、数字特征和随机变量之间的关系进行评估和描述的方法。在数据分析中，统计量是描述性分析的基础工具。一般而言，数据可以分为两大类：定性数据和定量数据。定性数据是指只能取有限个值的离散数据，每个值都代表一个特定的类别或属性。定量数据是可以用数值表示的数据，可以进行数学运算，它包括离散数据和连续数据。描述定性数据的变量称为定性变量，定性变量通常用类别标签来表示，每个标签代表一个特定的类别。例如，性别是定性变量，男性、女性分别是两个类别。描述定量数据的变量称为定量变量，定量变量通常用数值来表示，如身高、体重、年龄等。

4.1.1 定性变量的描述性分析

定性变量的描述性分析主要关注变量分类后的频数和比例，以及各类别之间的比较。本节介绍频数分析及 Python 应用举例。

（1）频数分布

频数分布将数据集的数值分组，并展示每个组内的数值出现次数。频数是指特定数值在数据集中出现的次数，而频率是指该数值在数据集中出现的次数占数据集总样本量的比例。众数是数据集中出现次数最多的数值。频数分布表将数据集中的每个不同数值及其频数以表格形式列出。

例如，表 4-1 所示是行业分类频数分布表。

表 4-1　行业分类频数分布表

行业分类	频数	频率
汽车	11	9.2%
房地产	23	19.2%
银行	46	38.3%
交通运输	40	33.3%

从表 4-1 可以看出，该数据集行业分类落在“汽车”行业的频数为 11、频率为 9.2%；落在“房地产”行业的频数为 23、频率为 19.2%，以此类推。

（2）定性变量的描述性分析 Python 应用举例

【案例 4-1】金融贷款审批

金融贷款审批是金融机构在向客户提供贷款之前，对客户的信用状况、还款能力等方面进行评估的过程，这一过程对金融机构的风险管理和资产质量控制至关重要。在金融贷款审批过程中，金融机构会收集并分析客户的财务状况、工作背景等数据。本案例收集了客户的性别、婚姻状况、受教育程度、收入（元/月）、贷款金额（万元）、城市、贷款状态等信息，具体数据见文件“金融贷款审批.xlsx”。

本节以【案例 4-1】金融贷款审批数据集中的定性变量“受教育程度”为例，使用 pandas 来进行定性变量的频数分析。

步骤 1　使用 pandas 的 value_counts()函数计算受教育程度的频数分布，示例代码如下所示：

```
data=pd.read_excel('金融贷款审批.xlsx')
edu_fre=pd.DataFrame(data['受教育程度'].value_counts())
edu_fre.columns=['频数']
edu_fre.head()
```

代码运行结果如图 4-1 所示。

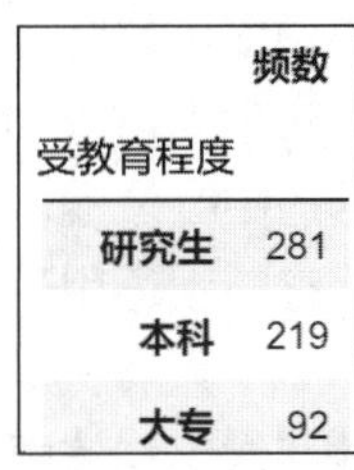

受教育程度	频数
研究生	281
本科	219
大专	92

图 4-1　受教育程度的频数分布

从代码运行结果可以看出，在该数据集中，受教育程度中研究生、本科、大专的频数分别为 281、219、92。

步骤 2　使用 pandas 和 Matplotlib 来绘制频数分布柱形图，示例代码如下：

```
bar=plt.bar(edu_fre.index,edu_fre['频数'],color='steelblue')
plt.bar_label(bar)# 标注数值
plt.xlabel('受教育程度')
plt.ylabel('频数')
plt.show()
```

代码运行结果如图 4-2 所示。

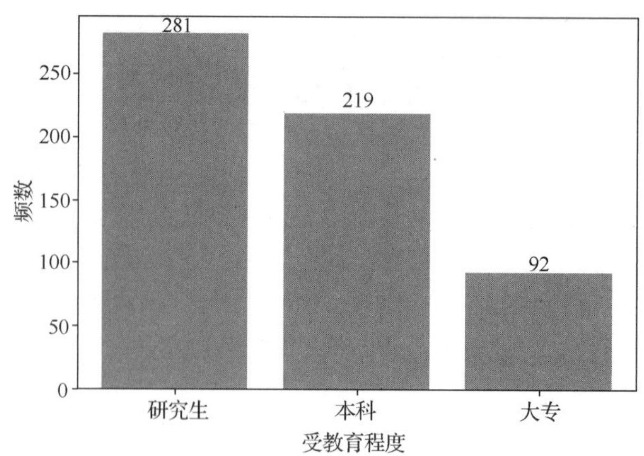

图 4-2 “受教育程度”的频数分布柱形图

4.1.2 定量变量的描述性分析

定量变量的描述性分析是统计学中用于了解和总结数据集中心趋势、离散程度和分布形态的一种方法。通过这种分析，我们可以获得数据的基本概况，揭示变量之间的关联性，并为后续的统计推断和模型分析提供依据。本节主要介绍各基本描述统计量，以及常用的定量变量的数据可视化方法。

（1）基本描述统计量

常用的基本描述统计量主要可以分为表示集中趋势的统计量、表示离散程度的统计量、表示分布形态的统计量。

① 表示集中趋势的统计量。集中趋势统计量用于描述数据集的中心位置，反映一组数据的典型特征。主要的集中趋势统计量包括均值、中位数和众数。

均值，也称为算术平均数，是通过将所有数据值相加后除以数据点的数量得到的。然而，均值容易受到极端值（即离群值）的影响，导致其代表性不佳。

中位数是指将数据集中的数据按大小顺序排列后，位于中间位置的值。如果有奇数个数据，中位数是中间的数；如果有偶数个数据，中位数是中间两个数的均值。中位数对极端值不敏感，因此它在数据分布不对称时更能反映数据的中心位置。

众数是数据集中出现次数最多的值，它特别适用于定性数据，也可以用于定量数据，尤其是在数据分布不均匀时。

在定量数据的非对称分布中，中位数通常比均值更能代表数据的中心趋势。均值、中位数和众数是分析数据时不可或缺的统计量，它们适用于不同的数据特征和分析目的。

② 表示离散程度的统计量。离散程度是统计学中描述数据分布宽度的概念，它揭示了观测值与中心趋势的偏差程度。主要的离散程度统计量包括极差、四分位数、方差和标准差。

极差是数据集中最大值与最小值之间的差异，它简单反映了数据的范围，但不宜用于评估分布的整体形态，因为它对异常值非常敏感。

四分位数（Quartile）是指在统计学中，将所有数值由小到大排列并分成四等份，处于三个分割点位置的数值。四分位数包括下四分位数、中位数和上四分位数。下四分位数是 25%位置上的数值，用 Q1 表示；中位数是 50%位置上的数值，用 Q2 表示；上四分位数是 75%位置上的数值，用 Q3 表示。四分位数有助于识别异常值，并提供数据分布的更多信息。

方差是数据点与均值差值的平方的平均数，它用于量化数据分布的紧密程度。

标准差是方差的算术平方根，它具有与原始数据相同的单位，便于直观地描述数据的波动范围。标准差常用于描述数据的离散程度。

上述这些统计量各有优势，实际应用时，应根据数据分析的需求和数据类型，选择合适的统计量来描述数据的离散程度。

③ 表示分布形态的统计量。分布形态统计量主要包括偏度和峰度。

偏度是描述数据分布形态的偏斜方向和程度的统计量，又称偏态系数。偏态能够反映分布的对称情况。偏态又分为左偏态和右偏态。右偏态又称正偏态，在图像上表现为数据右边拖了一个长长的“尾巴”，这时大部分数值分布在左侧，有一小部分数值分布在右侧。左偏态又叫负偏态，分布情况与右偏态相反。如图 4-3 所示，中间实心曲线为正态分布，两侧虚线从左至右分别为右偏态、左偏态分布。

正态分布，也称为高斯分布，是一种连续概率分布，其形状呈钟形曲线。它的曲线以均值为中心，对称分布，大多数的数据集中在均值附近，离均值越远的数据出现的概率越小。

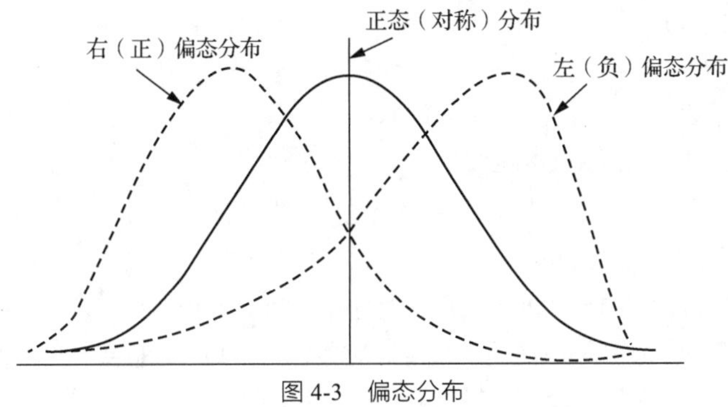

图 4-3　偏态分布

在一般情形下，当数据分布为对称分布时，正负总偏差相等，偏度为 0；当数据分布为右偏态分布时，偏度大于 0，且偏度越大，右偏程度越高；当数据分布为左偏态分布时，偏度小于 0，且偏度越小，左偏程度越高。

峰度是反映图像的尖锐程度的统计量，又称为峰态系数。峰度越大，表现在图像上时，中心越尖锐，如图 4-4 所示。

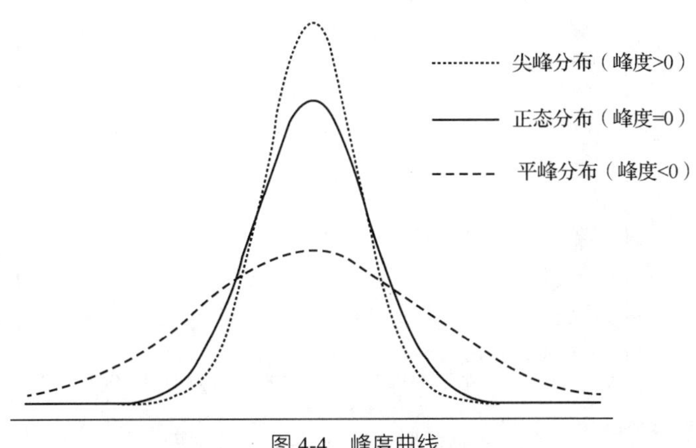

图 4-4　峰度曲线

当数据分布与正态分布的尖锐程度相当时，峰度等于 0；当峰度大于 0 时，表示数据分布比正态分布更“高尖”，称为尖峰分布；当峰度小于 0 时，表示数据分布比正态分布更“矮胖”，称为平峰分布。

（2）定量变量的描述性分析 Python 应用举例

本节以【案例 4-1】金融贷款审批数据中的定量变量“收入（元/月）”为例，使用 pandas 来进行定量变量的描述性分析。

在 Python 中进行定量变量的描述性分析，可以使用 pandas 的 describe()函数来计算一个或者多个定量变量的统计量。例如，计算“收入（元/月）”的常用统计量，并保留小数位后 3 位，示例代码如下：

```
data['收入（元/月）'].describe().round(3)
```

代码运行结果如下所示。

```
count        592.000
mean       10862.578
std        12294.982
min         3000.000
25%         5785.500
50%         7625.000
75%        11509.000
max       162000.000
Name: 收入（元/月）, dtype: float64
```

从代码运行结果可以看出，该数据集中的定量变量“收入（元/月）”共有 592 条样本、平均值为 10862.578、标准差为 12294.982、最小值为 3000.000、下四分位数为 5785.500、中位数为 7625.000、上四分位数为 11509.000、最大值为 162000.000。

为了更直观地观察数据的分布情况，绘制“收入（元/月）”的直方图，示例代码如下：

```
plt.hist(data['收入（元/月）'],bins=40,color='steelblue')
plt.xlabel('收入（元/月）')
plt.ylabel('频数')
plt.show()
```

代码运行结果如图 4-5 所示，从图中可以看出，“收入（元/月）”存在严重的右偏态分布，即存在少量的高收入情况。

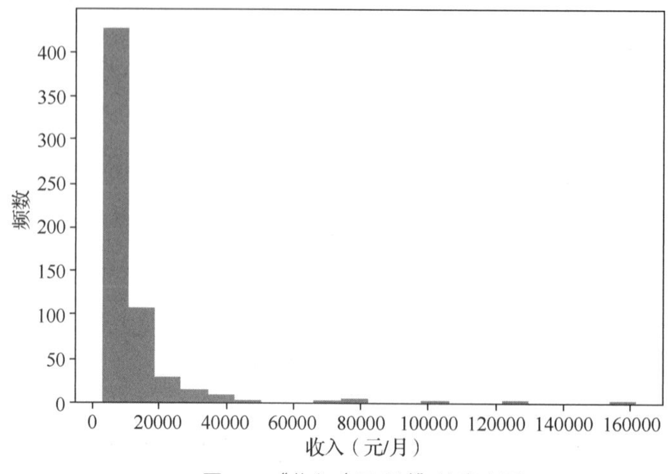

图 4-5 “收入（元/月）”的直方图

4.2 双变量的描述性分析

在统计分析中，理解变量之间的关系是至关重要的。本节将探讨定性变量与定性变量、定量变量与定量变量，以及定性变量与定量变量的描述性分析。

4.2.1 定性变量与定性变量

双定性变量的关系分析是指对两个定性变量的关系进行分析的过程。对双定性变量的关系进行分析，主要关注的是两个定性变量之间的相互关系、相对地位以及变化趋势等方面。本节将介绍列联表以及双定性变量的关系分析 Python 应用举例。

（1）列联表

列联表，又称交互分类表，是一种用于分析两个或多个变量之间关系的方法。列联表通常是一个二维表格，其中的行表示一个变量的不同取值，列表示另一个变量的不同取值。表格中的每个单元格记录了两个变量同时具有某个取值的频数或频率。列联表常规格式如表 4-2 所示。

表 4-2　列联表常规格式

A	B	
	B_1	B_2
A_1	n_{11}	n_{12}
A_2	n_{21}	n_{22}
A_3	n_{31}	n_{32}

列联表可以帮助我们了解变量之间的相关性、进行交叉分析和比较不同组别之间的差异。

pandas 中的 pd.crosstab()函数用于计算两个或多个变量的列联表。通常，这个函数用于对定性变量进行分析，以帮助我们理解这些定性变量之间的关系。

pd.crosstab()函数的基本语法如下：

```
pd.crosstab(index,columns,values=None,aggfunc=None,rownames=None,colnames=None,
margins=False,margins_name='All',dropna=True,normalize=False)
```

该函数参数说明如表 4-3 所示。

表 4-3　pd.crosstab()参数说明

参数	说明
index	指定行索引，可以是一个序列、数组或列表
columns	指定列索引，可以是一个序列、数组或列表
values	可选参数，要汇总的数据列。如果不提供，则默认计算频数
aggfunc	可选参数，指定如何聚合数据列（如果提供了 values 参数），如“sum”“mean”“count”等
rownames、colnames	可选参数，分别为行和列指定名称
margins	可选参数，如果设置为 True，则在结果中包括行和列的总计；如果设置为 False，则反之
margins_name	可选参数，设置总计的名称
dropna	可选参数，如果设置为 True，则删除包含 NaN 的行和列；如果设置为 False，则含有 NaN 的行和列将保留
normalize	可选参数，如果设置为 True，则计算相对频率而不是绝对频率；如果设置为 False，则显示原始频数

（2）双定性变量的关系分析 Python 应用举例

本节以【案例 4-1】金融贷款审批数据中的定性变量“贷款状态”和“城市”为例，进行双定性变量的关系分析。

步骤 1 使用 pd.crosstab()函数创建频数列联表，其中行索引为数据集中的“城市”列，列索引为“贷款状态”列，列联表将展示每个城市贷款状态的频数，示例代码如下：

```
cross_table=pd.crosstab(index=data['城市'],columns=data['贷款状态'])
cross_table
```

代码运行结果如图 4-6 所示。

步骤 2 计算每个元素占该行总和的比例，示例代码如下：

```
cross_prop=cross_table.apply(lambda row: row/row.sum(),axis=1)
cross_prop
```

代码运行结果如图 4-7 所示。

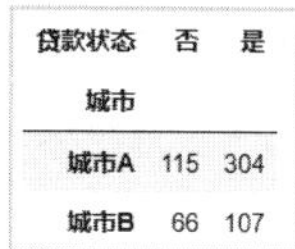

贷款状态	否	是
城市		
城市A	115	304
城市B	66	107

图 4-6 贷款状态与城市频数列联表

贷款状态	否	是
城市		
城市A	0.274463	0.725537
城市B	0.381503	0.618497

图 4-7 贷款状态与城市频率列联表

步骤 3 为了更直观地展示数据分布情况，绘制百分比堆积柱形图。百分比堆积柱形图直条高度表示各类别的占比情况，总百分比为 100%。示例代码如下：

```
plt.bar(cross_prop.index,cross_prop['是'],label='是',color='steelblue',tick_label=cross_prop.index)
plt.bar(cross_prop.index,cross_prop['否'],bottom=cross_prop['是'],label='否',hatch='//',color=
'whitesmoke')
plt.xlabel('城市')
plt.ylabel('贷款状态')
plt.legend()
plt.show()
```

代码运行结果如图 4-8 所示，从图中可以看出，城市 A、城市 B 的贷款状态有明显差异，城市 A 贷款审批的比例要明显高于城市 B。

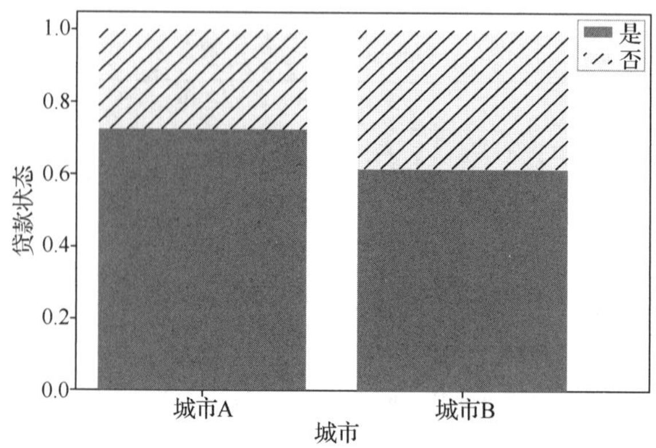

图 4-8 贷款状态与城市百分比堆积柱形图

4.2.2 定量变量与定量变量

双定量变量的相关性分析是统计学中一种重要的分析方法，用于探讨两个定量变量的关系。本节将介绍双定量变量的相关性分析及其 Python 应用举例。

（1）双定量变量的相关性分析

相关性分析是统计学中用来研究两个或多个变量之间相互依赖关系的工具。在现实生活中，许多现象都不是孤立存在的，它们之间往往存在一定的联系。例如，商品的价格和需求量、个人的收入和消费水平、疾病的发病率与环境因素等，这些“变量”之间都可能存在某种程度的相关性。通过相关性分析，我们可以揭示变量之间的依赖关系，从而为数据的解释和预测提供依据。

相关性分析通过计算相关系数来衡量两个变量的关系的强度和方向。相关系数是衡量两个变量的线性关系强度的数值。相关系数的取值范围为-1～1，接近 1 或-1 表示强烈的正相关或负相关，而趋近 0 则表示没有线性关系。常见的相关程度划分标准如表 4-4 所示。

表 4-4　　常见的相关程度划分标准

相关程度	划分标准
强相关	相关系数绝对值在 0.7 到 1 之间，表示两个变量具有较强的线性关系
中等程度相关	相关系数绝对值在 0.3 到 0.7 之间，表示两个变量存在一定的线性关系，但强度不如强相关
弱相关	相关系数绝对值在 0.1 到 0.3 之间，表示两个变量的线性关系较弱
极弱相关/不相关	相关系数绝对值在 0 到 0.3 之间，表示两个变量极弱相关或不相关

注意

这些划分并没有严格的理论依据，并且不同领域的划分标准可能有所不同。在进行相关性分析时，应根据实际问题和领域特点来判断相关程度的强弱。

在 pandas 中进行相关性分析，经常用到 corr()函数计算相关系数。corr()的语法为：

```
corr(method='pearson',min_periods=1)
```

该函数参数说明如表 4-5 所示。

表 4-5　　corr()函数参数说明

参数	说明
method	可选参数，指定计算两个变量间相关系数的方法。默认情况下，method 参数为“pearson”。“pearson”为皮尔逊相关系数，用于衡量两个变量的散点图是否在一条线上，即针对线性数据的相关系数进行计算，针对非线性数据时便会有误差；“spearman”为斯皮尔曼相关系数，用于度量非线性的、非正态分布数据的相关程度；“kendall”为肯德尔等级相关系数，用于度量分类变量的相关程度
min_periods	可选参数，指定样本最少的数据量，默认为 1

双定量变量一般使用散点图进行图形描述。散点图以一个定量变量为横坐标，以另一个定量变量为纵坐标，数据以点的形式分布在直角坐标系中。散点图能通过直观的方式反映两个变量之间的相互影响程度，如果两个变量值同时增长，则为正相关，如图 4-9（a）所示；如果一个变量值增加，而另一个变量值下降，则为负相关，如图 4-9（b）所示；如果散点图上呈现为随机分布的离散的点，则为不相关，如图 4-9（c）所示。

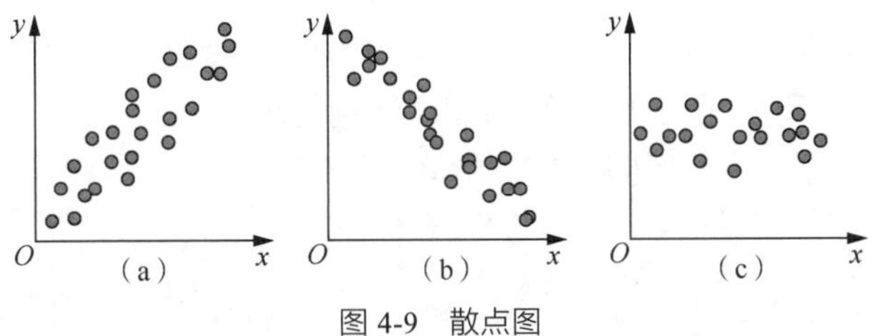

图 4-9　散点图

（2）双定量变量的相关性分析 Python 应用举例

4-1　双定量变量的相关性分析 Python 应用举例

以【案例 4-1】金融贷款审批数据的定量变量“收入（元/月）”和“贷款金额（万元）”为例，进行双定量变量的相关性分析。首先计算双定量变量的相关系数，绘制相关系数热力图，然后绘制散点图，观察两个定量变量的变化趋势。

使用 corr()函数计算相关系数，并保留小数点后 4 位数字，示例代码如下：

```
cor= data[['收入（元/月）','贷款金额（万元）']].corr().round(4)
cor
```

代码运行结果如图 4-10 所示。

	收入（元/月）	贷款金额（万元）
收入（元/月）	1.0000	0.5111
贷款金额（万元）	0.5111	1.0000

图 4-10 “收入（元/月）”与“贷款金额（万元）”的相关系数

为了更直观地展示数据间的相关性，经常使用热力图。热力图是一种非常有效的数据可视化工具，它通过颜色变化来展示数据之间的相关性，使复杂的数据显示得更加直观和易于理解。可以使用绘图库 seaborn 中的 heatmap()函数，传入数据矩阵和颜色映射，来绘制热力图，示例代码如下：

```
import seaborn as sns
sns.heatmap(cor,#相关系数
            cmap='YlGnBu',#数字越大，颜色越深
            annot=True,fmt='.4f')#annot 为 True 表示热力图上显示数据；小数点后保留 4 位数字
plt.show()
```

代码运行结果如图 4-11 所示，颜色越深代表相关程度越强。从图中可以看出，“收入（元/月）”和“贷款金额（万元）”的相关系数为 0.5111，这两个变量的相关程度是中等程度相关。

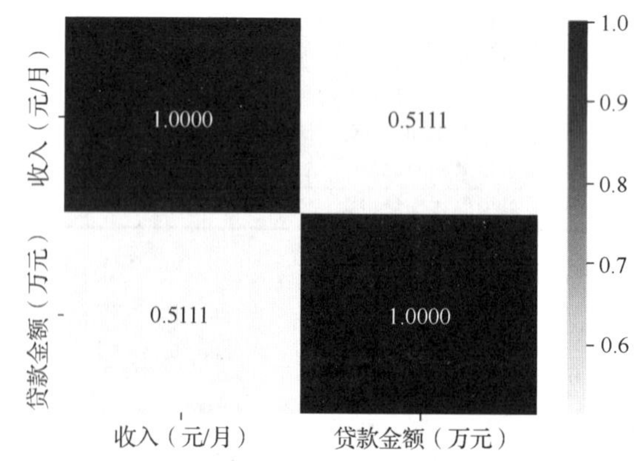

图 4-11 “收入（元/月）”与“贷款金额（万元）”的相关系数热力图

通过散点图中数据点的分布关系，可以判断两个变量是否存在某种关系。绘制定量变量“收入（元/月）”与“贷款金额（万元）”的散点图，示例代码如下：

```
plt.scatter(data['收入（元/月）'],data['贷款金额（万元）'])
plt.xlabel('收入（元/月）')
plt.ylabel('贷款金额（万元）')
plt.show()
```

代码运行结果如图 4-12 所示，其中横轴表示“收入（元/月）”，纵轴表示“贷款金额（万元）”，从图中可以看出，这两个变量没有明显的相关关系，未呈现出某种趋势。

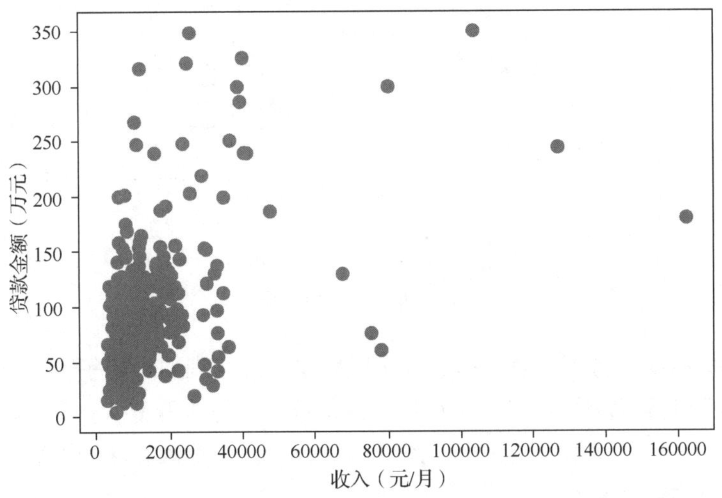

图 4-12 “收入（元/月）”与“贷款金额（万元）”的散点图

4.2.3 定性变量与定量变量

定性变量与定量变量的相关性分析是指对一个定性变量和一个定量变量的相关性进行分析的过程，接下来对其进行介绍。

（1）分组描述分析

定性变量与定量变量的描述分析可通过计算分组的基本描述统计量来实现，具体为先根据定性变量进行分组，然后计算各个组下定量变量的基本描述统计量。表 4-6 所示为分组的定量变量描述统计表示例，其中 A 为定量变量，B 为定性变量，B 有两个类别 B1、B2。

表 4-6 分组的定量变量描述统计表示例

定性变量	定量变量 A				
	平均值	方差	最小值	最大值	…
B1	$\bar{x}_1$	s_1	$\min_1$	$\max_1$	—
B2	$\bar{x}_2$	s_2	$\min_1$	$\max_2$	—

定性变量与定量变量一般选择分组箱线图进行可视化展示。分组箱线图是由数据的上边缘、上四分位数、中位数、下四分位数、下边缘这 5 个值绘制而成的，它主要展示数据分布的特征、分布是否对称、是否存在异常值等。可以通过分组箱线图比较多组数据的分布特征。图 4-13 所示为分组箱线图，类别 A、类别 B 分别为各组的箱线图。分析时，一般先看中位数，它代表了样本数据的平均水平。再看箱子厚度，箱子的上下界包含 50%的数据，箱子的厚度在一定程度上反映了数据的波动程度。若箱子厚度太大，则表示数据分布离散，数据波动较大；若箱子厚度小，则表示数据集中。最后看箱子以外的“点”，一般认为这些“点”为异常值。分组箱线图判断异常值的标准是以四分位数和四分位距为基础的，因为四分位数具有一定的耐抗性，所以用分组箱线图识别异常值的结果比较客观。

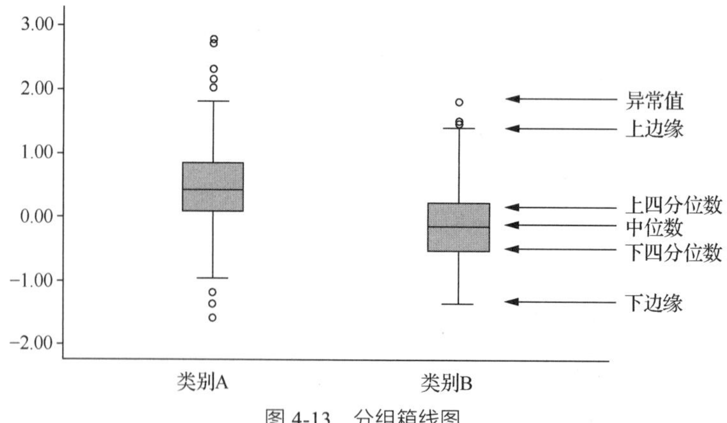

图 4-13　分组箱线图

在实际数据分析中，分组箱线图有时会出现异常情况，表现为箱子不完整或形态异常，如图 4-14 所示。这种现象通常由以下原因引起：一是数据中包含异常值，这些异常值会拉高或拉低箱子的一端，造成箱子变形或缺失；二是样本量较少，个别数据点的影响较大，导致箱子的大小和形状呈现异常。

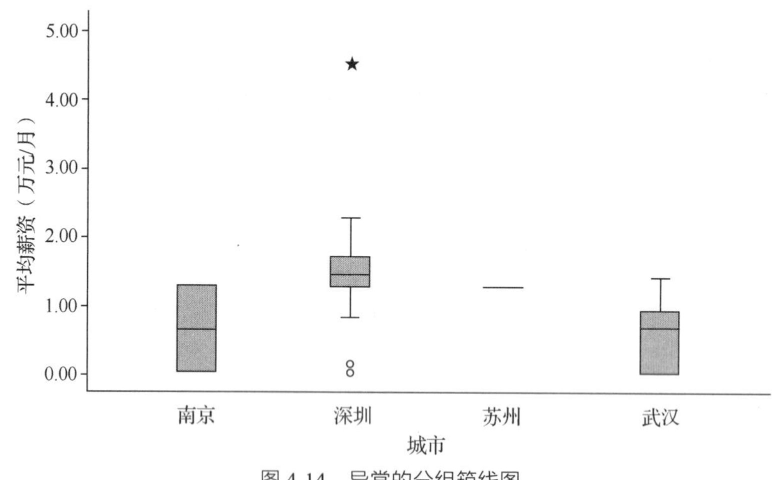

图 4-14　异常的分组箱线图

出现异常的分组箱线图时，我们要根据实际情况对其进行处理。一般样本量较大时，可以对异常值进行分析，考虑是否能删除；对于样本量过小的类别，若它不足以代表此类别的特征，需要增加样本量，或者重新整理样本，删除这些数据。

（2）定性变量与定量变量的相关性描述 Python 应用举例

以【案例 4-1】金融贷款审批数据中的定性变量“贷款状态”和定量变量“贷款金额（万元）”为例，进行定性变量与定量变量的相关性描述分析。

分组对定量变量进行描述统计，分别计算各个城市的贷款金额最大值、平均值以及最小值，示例代码如下：

```
data[['贷款金额（万元）','贷款状态']].groupby(['贷款状态']).agg(['max','mean','min']).reset_index()
```

代码运行结果如图 4-15 所示。

	贷款状态	贷款金额（万元）		
		max	mean	min
0	否	349.0	81.624309	4.5
1	是	350.0	75.267640	12.5

图 4-15　贷款状态和“贷款金额（万元）”的分组描述统计表

从代码运行结果可以看出不同城市贷款金额的最大值、平均值以及最小值。

为了更直观地展示变量“贷款状态”和“贷款金额（万元）”的关系，可以绘制这两个变量的分组箱线图，示例代码如下：

```
import seaborn as sns
import matplotlib.pyplot as plt
sns.boxplot(x=data['贷款状态'],y=data['贷款金额（万元）'])# 绘制分组箱线图
plt.show()
```

代码运行结果如图 4-16 所示，其中横坐标为定性变量“贷款状态”，纵坐标为定量变量“贷款金额（万元）”，从分组箱线图的中位数可以看出，“贷款状态”是否审批与“贷款金额（万元）”的均值无明显差异；从分组箱线图的箱子大小可以看出“贷款状态”是否审批与“贷款金额（万元）”的分布也无明显差异。

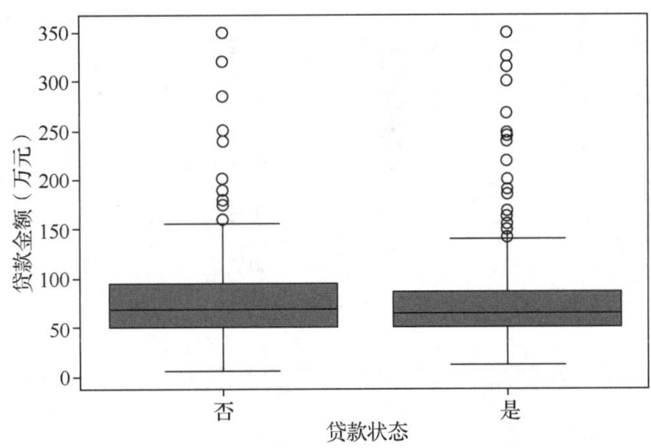

图 4-16　贷款状态和“贷款金额（万元）”的分组箱线图

4.3 金融技术分析工具

在金融市场分析中，技术分析工具是投资者和分析师用来理解和预测市场行为的重要手段。通过对历史价格、成交量以及其他金融指标的分析，技术分析工具可以帮助用户识别市场趋势、发现交易机会以及管理风险。本节将介绍 3 种常用的技术分析工具：K 线图、移动平均线和 mplfinance 绘图。

4.3.1 K 线图

K 线图，又称蜡烛图、烛线图或阴阳线图，是股票、外汇等金融市场一种常用的图表类型，用于展示一定时期内的开盘价、收盘价、最高价和最低价。K 线图已经成为全球金融市场中最流行的图表类型之一。K 线图因其形状类似蜡烛的形状而得名，由影线和实体组成。实体是 K

线图中的矩形部分，它表示开盘价和收盘价之间的价格范围。实体的上方和下方分别连接着上影线和下影线，共同构成了 K 线图的基本形态。

根据开盘价和收盘价的不同关系，K 线可以分为以下几种类型。

① 阳线。

如图 4-17 所示，实体部分为 K 线图中的阳线，即当日收盘价高于开盘价，开盘价在下部，收盘价在上部，表示价格上涨，实体为空心矩形或被填充为红色。

② 阴线。

如图 4-18 所示，实体部分为 K 线图中的阴线，即当日收盘价低于开盘价，开盘价在上部，收盘价在下部，表示价格下跌，实体为实心矩形或被填充为绿色。

③ 十字线。

K 线除了有阳线和阴线之分，还有一种特殊的形态，即“十字线”，一般用“十”或者“T”来表示。图 4-19 所示为 K 线图中的十字线，即无实体部分，当日收盘价等于开盘价，被称为十字线，十字线的形态为开盘价、收盘价、实体三者重合。

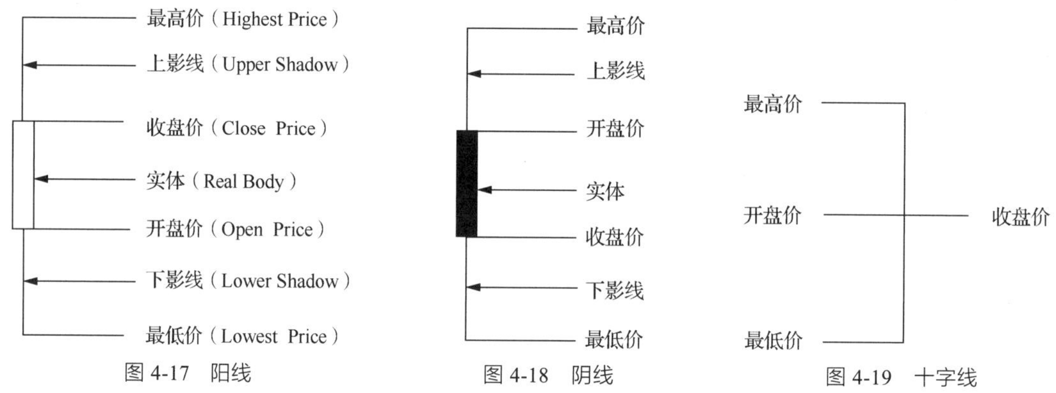

图 4-17　阳线

图 4-18　阴线

图 4-19　十字线

十字线还可分为以下两种情况：当最高价等于开盘价时，没有上影线；当最低价等于收盘价时，没有下影线。

4.3.2 移动平均线

移动平均线（Moving Average，MA）又称均线，由美国的投资专家 Joseph E.Granville（葛兰碧）创立。是指将一定时期内的金融资产（如股票、期货、外汇等）的价格加以平均，并把不同时间的平均值连接起来，形成一根 MA，用以观察价格变动趋势的一种技术指标。移动平均线是一种趋势追踪指标，能够帮助投资者确定股票价格的趋势，并提供关于买卖信号的信息。

移动平均线有 3 种形式：简单移动平均线、加权移动平均线和指数移动平均线。

（1）简单移动平均线

简单移动平均线（Simple Moving Average，SMA）是通过在指定时间段内取一组给定值的算术平均值来计算的。简单移动平均线计算公式如下：

$$\text{SMA} = \frac{\sum_{i=1}^{n} \text{Close}_i}{n}$$

其中，$Close_i$ 表示过去第 i 天的收盘价，n 表示移动平均线的时间周期。例如，一个 5 日均线就是过去 5 天的平均股价。移动平均线可以设置不同的时间周期，如 3 日、10 日、30 日等，以适应不同的投资需求。

简单移动平均线的计算方法是：将过去 n 天的收盘价相加，然后除以 n。这种方法假设过去 n 天的收盘价对当前股价的影响是相同的，忽略了不同时间点的收盘价对当前股价的影响可能不同。

（2）加权移动平均线

加权移动平均线（Weighted Moving Average，WMA）通过为不同时间点的数据赋予不同的权重来计算平均值。

加权移动平均线的计算公式如下：

$$\mathrm{WMA}=\frac{\sum_{i=1}^{n}\omega_i \mathrm{Close}_i}{\sum_{i=1}^{n}\omega_i}$$

其中，$Close_i$ 表示过去第 i 天的收盘价，ω_i 表示每个数据的权重。

（3）指数移动平均线

指数移动平均线（Exponential Moving Average，EMA）给予最近的数据更大的权重，从而更好地反映股价的近期趋势。指数移动平均线的计算公式如下：

$$\mathrm{EMA}=\frac{2}{n-1}\times \mathrm{Price}_i+\frac{n-1}{n+1}\times \mathrm{EMA}_{i-1}$$

其中，$Price_i$ 为当日收盘价，EMA_{i-1} 为前一日的指数移动平均线，n 为所选时间周期。

指数移动平均线的优点是能够更快地反映股价的近期趋势，比简单移动平均线更具有时效性。同时，由于指数移动平均线对最近的数据给予更大的权重，所以它对于股价的波动也更加敏感。因此，指数移动平均线被广泛应用于股票、期货、外汇等金融市场的趋势分析。

4.3.3 mplfinance 绘图

mplfinance 是一个基于 Matplotlib 的金融数据可视化库，使用 mplfinance 可以很便捷地绘制出股票 K 线图、技术指标等。

（1）mplfinance 函数

mpf.plot()函数是 mplfinance 中的核心函数，它用于绘制金融时间序列数据，如股票价格图表、K 线图、棒状图等。这个函数非常灵活，可选参数很多，可以自定义图表属性，包括颜色、线条样式、标记、网格、图例、工具栏等。

mpf.plot()函数的基本语法为：

```
mpf.plot(data,type,volume,style,mav,theme,show_nontrading,figscale,savefig)
```

mpf.plot()参数说明如表 4-7 所示。

表 4-7 mpf.plot()参数说明

参数	说明
data	包含金融时间序列数据的 pandas 的 DataFrame，这个 DataFrame 必须由日期类型的变量作为索引变量，并且至少包含“Open”“High”“Low”“Close”这 4 列
type	图表类型，如“candle”表示 K 线图、“line”表示折线图、“bar”表示棒状图等

续表

参数	说明
volume	可选参数，表示是否显示成交量，设置为“True”或者“on”会在图表下方显示成交量；设置为“Flase”则不会显示成交量
style	可选参数，表示风格样式。mplfinance 提供了很多内置样式，如“binance”“blueskies”“brasil”“Charles”“checkers”“classic”“default”“mike”“nightclouds”“sas”“starsandstripes”“yahoo”等
mav	可选参数，整数或包含整数的元组，表示是否在图表中添加移动平均线，如 mav=(5,10)表示添加 5 日均线和 10 日移动平均线
theme	可选参数，表示图表主题。mplfinance 提供了几种内置主题，如“default”“dark_background”等
show_nontrading	可选参数，表示是否显示非交易日
figscale	可选参数，表示整个图表的缩放比例
savefig	可选参数，表示是否保存图表为文件。如果提供了一个文件名，图表将在绘制后保存到该文件中

（2）mplfinance 绘图应用举例

【案例 4-2】神州高铁股票历史日线数据

4-2 mplfinance 绘图应用举例

神州高铁（股票代码：000008）是我国高速铁路网络建设和运营的重要企业之一，作为我国高速铁路的代表，神州高铁股票的走势往往被视为我国高铁行业发展的一个重要指标。具体数据见文件“神州高铁历史日线数据.xlsx”。

以【案例 4-2】神州高铁股票历史日线数据为例，使用 mplfinance 绘制金融图形，基本步骤如下。

步骤 1 数据准备。导入 mplfinance，根据 mplfinance 需要，DataFrame 要包含“Open”“High”“Low”“Close”“Date”列，其中 Date 列为 datetime 类型，且作为 DataFrame 的索引，示例代码如下：

```
import mplfinance as mpf
data=pd.read_excel('神州高铁历史日线数据.xlsx')
data['日期']=pd.to_datetime(data['日期']) #将“日期”列转换为 datetime 类型
data=data.set_index('日期') #将“日期”列设置为 DataFrame 的索引
data.index.name='日期' #设置索引的名称
data_k=data[['开盘','最高','最低','收盘','成交量']] #选择包含开盘价、最高价、最低价、收盘价和成交量的列
data_k.columns=['Open','High','Low','Close','Volume'] #重命名 DataFrame 的列名
data_k.head()
```

代码运行结果如图 4-20 所示。

日期	Open	High	Low	Close	Volume
2023-01-03	2.31	2.39	2.30	2.36	185263
2023-01-04	2.38	2.49	2.36	2.44	405807
2023-01-05	2.44	2.45	2.41	2.43	150150
2023-01-06	2.43	2.44	2.39	2.41	200049
2023-01-09	2.42	2.47	2.39	2.40	241551

图 4-20 数据准备

步骤 2 绘制图形。使用 mpl.plot()函数绘制 K 线图，为了避免图表过大，这里绘制 2023 年 10 月 1 日到 2023 年 12 月 31 日的 K 线图，通过设置参数 type 为 candle 来生成 K 线图。

示例代码如下：

```
start_date='2023-10-01'# 指定绘图的起始日期
end_date='2023-12-31'# 指定绘图的结束日期
mpf.plot(data_k.loc[start_date:end_date],type='candle',style='classic',datetime_format=
'%Y-%m-%d') #绘制指定日期范围内的 K 线图
```

代码运行结果如图 4-21 所示，是风格样式为“classic”的股价 K 线图，图中实体为空心矩形的是阳线，实体为实心矩形的是阴线。

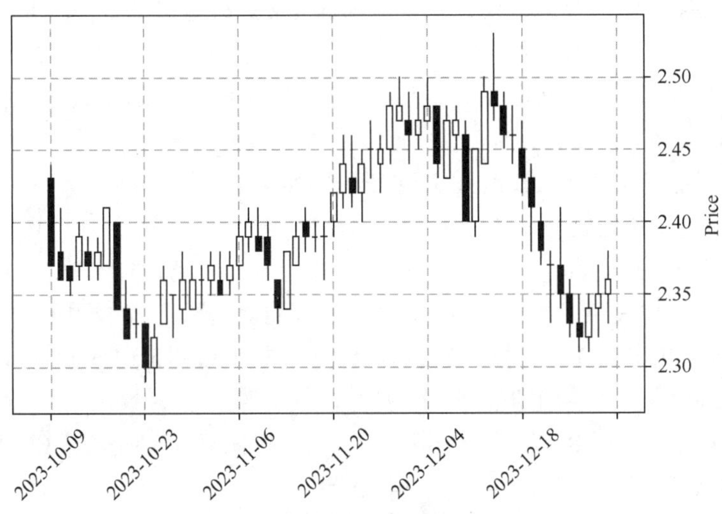

图 4-21　神州高铁股价 K 线图

可以通过设置参数 volume 为 True，在 K 线图上添加成交量，还可以绘制技术指标，如在 K 线图中添加 5 日、10 日移动平均线，示例代码如下：

```
mpf.plot(data_k.loc[start_date:end_date],type='candle',mav=(5,10),style='classic',volume=True,
datetime_format='%Y-%m-%d')
```

代码运行结果如图 4-22 所示，黑色曲线分别为 5 日、10 日移动平均线。

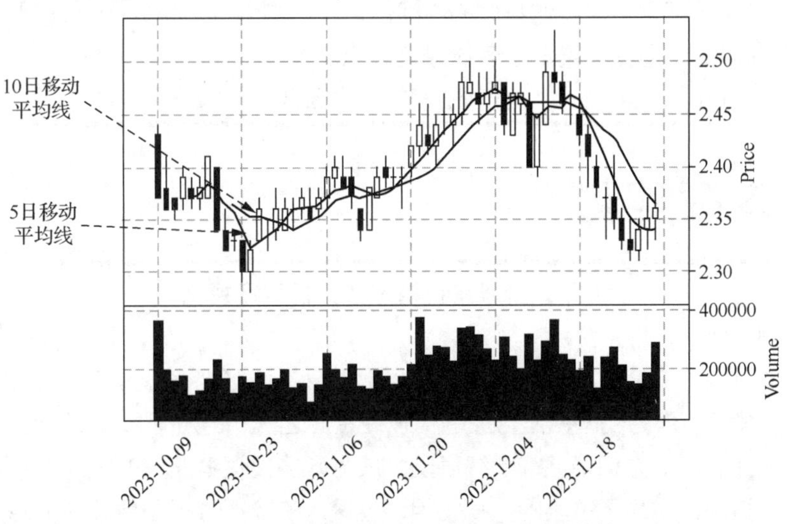

图 4-22　神州高铁股价 K 线图与移动平均线

K 线图结合移动平均线和成交量信息，可以帮助分析者理解股价的动态变化和潜在的趋势变化。mplfinance 提供了丰富的参数，可以用来控制图表的视觉效果，以满足不同用户的需求。

课后习题

一、单项选择题

1. 在描述性统计中，用来表示定量变量离散程度的统计量是（　　）。

   A. 均值　　B. 中位数　　C. 标准差　　D. 方差

2. 如果一个研究中的变量是关于个人是否拥有某种金融产品的，这个变量是（　　）。

   A. 定量变量　　B. 定性变量　　C. 连续变量　　D. 离散变量

3. 在金融数据可视化中，K 线图主要用于（　　）。

   A. 显示股票价格随时间的变化　　B. 显示成交量

   C. 显示资产的波动率　　D. 显示财务报告数据

4. 使用移动平均线时，如果移动平均线的时间周期较长，它主要用来（　　）。

   A. 平滑短期波动　B. 识别长期趋势　　C. 放大短期波动　　D. 消除长期趋势

5. mplfinance 是一个专门用于（　　）的 Python 库。

   A. 数据可视化　　B. 统计分析　　C. 机器学习　　D. 金融建模

6. 在金融数据分析中，描述性分析的目的是（　　）。

   A. 预测未来趋势　　B. 理解数据的基本特征

   C. 建立模型　　D. 验证假设

二、判断题

1. 定性变量的描述性分析主要关注变量的分布情况，如频数和百分比。（　　）
2. 在 K 线图中，每个实体代表一个交易日的开盘价、收盘价、最高价和最低价。（　　）
3. mplfinance 不可以在 Jupyter Notebook 中使用。（　　）
4. 描述性统计可以告诉我们数据的中间位置，如均值、中位数。（　　）
5. 方差是衡量定量变量离散程度的最佳指标。（　　）
6. 使用 mplfinance 绘图时，需要先安装 Matplotlib。（　　）

本章实训

贵州茅台股票价格走势分析与可视化

一、案例介绍

随着投资领域的不断演变和日益复杂化，数据分析和可视化工具在投资决策中扮演着越来越关键的角色。作为我国白酒行业的代表性企业之一，贵州茅台（股票代码：600519）凭借其强大的品牌影响力和稳健的业绩表现，成为众多投资者关注的焦点。尽管股票市场的波动性为投资决策带来了不小的挑战，但通过深入的数据分析和直观的可视化手段，我们可以更清晰地洞察贵州茅台股票的价格走势，从而为投资者提供有力的数据支撑，帮助他们做出更明智的投资选择。

二、实训目标

掌握数据分析和可视化工具，掌握绘制 K 线图和计算常用技术指标（如移动平均线）的方法。

三、实训任务

（1）读取文件“贵州茅台后复权历史行情数据.xlsx”，输出数据前 5 行，并对定量变量进行描述性分析。

（2）计算变量之间的相关系数，并绘制相关系数热力图，分析变量之间的相关性。

（3）绘制 2023 年全年的收盘价时序图。

（4）绘制 2023 年 9 月到 2023 年 12 月的 K 线图，并对 K 线图进行分析。

四、实训步骤

（1）读取文件“贵州茅台后复权历史行情数据.xlsx”，输出数据前 5 行，并对定量变量进行描述性分析。

步骤 1　读入数据，输出数据前 5 行，示例代码如下：

```
data=pd.read_excel('贵州茅台后复权历史行情数据.xlsx')
data.head()
```

代码运行结果如图 4-23 所示。

	日期	开盘	收盘	最高	最低	成交量	成交额	振幅	涨跌幅	涨跌额	换手率
0	2023-01-03	9403.34	9397.36	9439.66	9276.76	26034	4487760231	1.74	0.16	15.13	0.21
1	2023-01-04	9397.31	9372.23	9441.02	9326.96	20416	3523582306	1.21	-0.27	-25.13	0.16
2	2023-01-05	9432.48	9754.07	9754.07	9412.38	47943	8541587089	3.65	4.07	381.84	0.38
3	2023-01-06	9779.79	9767.98	9808.84	9683.72	24904	4480838898	1.28	0.14	13.91	0.20
4	2023-01-09	9924.91	9956.06	10000.18	9788.33	30977	5684181147	2.17	1.93	188.08	0.25

图 4-23　贵州茅台后复权历史行情数据

步骤 2　对定量变量进行描述性分析，示例代码如下：

```
data.describe()
```

代码运行结果如图 4-24 所示。

	开盘	收盘	最高	最低	成交量	成交额	振幅	涨跌幅	涨跌额	换手率
count	242.000000	242.000000	242.000000	242.000000	242.000000	2.420000e+02	242.000000	242.000000	242.000000	242.000000
mean	9669.041364	9660.152149	9740.418512	9586.994256	23254.338843	4.110261e+09	1.590041	0.016529	0.913967	0.185248
std	341.580573	336.767555	337.223388	332.974372	9600.038163	1.694437e+09	0.701537	1.186313	113.943854	0.076317
min	8834.530000	8889.300000	9074.310000	8834.530000	11121.000000	2.055272e+09	0.550000	-5.170000	-492.430000	0.090000
25%	9399.727500	9383.515000	9448.570000	9323.075000	17210.000000	3.043910e+09	1.090000	-0.660000	-63.980000	0.140000
50%	9655.635000	9679.075000	9739.900000	9577.070000	20781.500000	3.653176e+09	1.430000	-0.060000	-5.155000	0.170000
75%	9924.197500	9934.412500	10012.297500	9848.470000	27027.500000	4.797731e+09	1.907500	0.477500	45.705000	0.220000
max	10421.920000	10366.640000	10557.590000	10296.100000	93143.000000	1.674729e+10	4.120000	5.210000	484.440000	0.740000

图 4-24　贵州茅台后复权历史行情数据描述统计量

（2）计算变量之间的相关系数，并绘制相关系数热力图，分析变量之间的相关性。

步骤 1　计算相关系数，示例代码如下：

```
cor= data.corr().round(4)
cor
```

代码运行结果如图 4-25 所示。

	开盘	收盘	最高	最低	成交量	成交额	振幅	涨跌幅	涨跌额	换手率
开盘	1.0000	0.9490	0.9770	0.9797	-0.0363	0.0556	-0.0321	-0.0791	-0.0797	-0.0363
收盘	0.9490	1.0000	0.9818	0.9787	-0.0488	0.0465	-0.0000	0.1646	0.1652	-0.0486
最高	0.9770	0.9818	1.0000	0.9798	0.0287	0.1241	0.0836	0.0632	0.0631	0.0288
最低	0.9797	0.9787	0.9798	1.0000	-0.1254	-0.0314	-0.1174	0.0216	0.0220	-0.1252
成交量	-0.0363	-0.0488	0.0287	-0.1254	1.0000	0.9943	0.7732	0.2282	0.2250	0.9993
成交额	0.0556	0.0465	0.1241	-0.0314	0.9943	1.0000	0.7780	0.2505	0.2474	0.9934
振幅	-0.0321	-0.0000	0.0836	-0.1174	0.7732	0.7780	1.0000	0.2261	0.2233	0.7726
涨跌幅	-0.0791	0.1646	0.0632	0.0216	0.2282	0.2505	0.2261	1.0000	0.9995	0.2279
涨跌额	-0.0797	0.1652	0.0631	0.0220	0.2250	0.2474	0.2233	0.9995	1.0000	0.2246
换手率	-0.0363	-0.0486	0.0288	-0.1252	0.9993	0.9934	0.7726	0.2279	0.2246	1.0000

图 4-25　贵州茅台后复权历史行情数据的相关系数

步骤 2　为了更直观地观察相关性，绘制相关系数热力图，分析变量之间的相关性，示例代码如下：

```
plt.rcParams['font.sans-serif']=['SimHei']
import seaborn as sns
sns.heatmap(cor,
            cmap='YlGnBu',
            annot=True,
            fmt='.2f',
            annot_kws={'size':9})   #设置注释的字号
plt.show()
```

代码运行结果如图 4-26 所示，从图中可以看出，股票开盘价、收盘价、最高价、最低价两两变量间的线性相关性是强相关；成交量、成交额、振幅、换手率两两变量间的线性相关性也是强相关；涨跌幅、涨跌额是强相关。

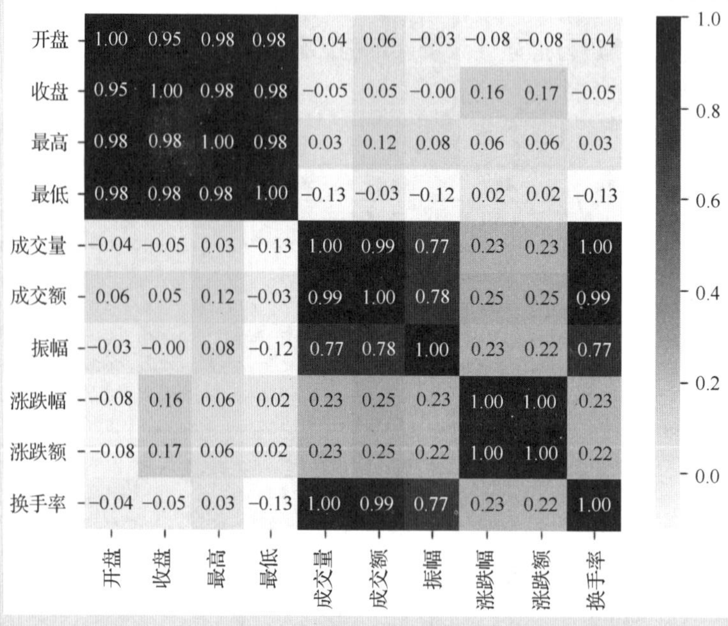

图 4-26　贵州茅台后复权历史行情数据的相关系数热力图

（3）绘制 2023 年全年的后复权收盘价时序图，示例代码如下：

```
plt.rcParams['font.sans-serif']=['SimHei']
plt.figure(figsize=(7,5))
plt.plot(data['日期'],data['收盘'])
plt.xlabel('日期')
plt.ylabel('收盘价（元）')
plt.show()
```

代码运行结果如图 4-27 所示，从图中可以看出，贵州茅台后复权收盘价在 2023 年 1 月到 2023 年 6 月宽幅振荡下跌，2023 年 6 月到 2023 年 8 月宽幅振荡上涨，2023 年 9 月到 2023 年 12 月振荡起伏。在 2023 年 6 月达到波谷，2023 年 8 月达到波峰。

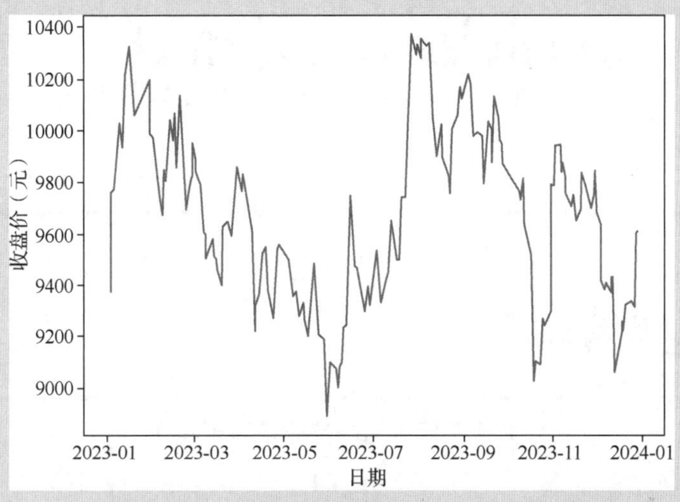

图 4-27　贵州茅台 2023 年股票后复权收盘价时序图

（4）绘制 2023 年 9 月到 2023 年 12 月的 K 线图，并对 K 线图进行分析。

步骤 1　K 线图的数据准备，示例代码如下：

```
data['日期']=pd.to_datetime(data['日期']) #将“日期”列转换为 datetime 类型
data=data.set_index('日期') #将“日期”列设置为 DataFrame 的索引
data.index.name='日期'
data_k=data[['开盘','最高','最低','收盘','成交量']] #选择包含开盘价、最高价、最低价、收盘价和成交量的列
data_k.columns=['Open','High','Low','Close','Volume'] #重命名 DataFrame 的列名
```

步骤 2　绘制 2023 年 9 月到 2023 年 12 月的 K 线图，示例代码如下：

```
start_date='2023-9-01'#指定绘图的起始日期
end_date='2023-12-31'#指定绘图的结束日期
mpf.plot(data_k.loc[start_date:end_date],type='candle',mav=(5,10),style='classic',volume=True,datetime_format='%Y-%m-%d')
```

代码运行结果如图 4-28 所示，2023 年 9 月到 12 月，贵州茅台股票的后复权收盘价呈现出波动性走势。在 2023 年 10 月中下旬，股票价格触及了这段时间的低点，随后迅速反弹。此外，2023 年 10 月的成交量相比其他月份明显增加，显示出投资者对该股票的强烈关注和交易活跃度。这些价格和成交量的变化可能反映了市场对贵州茅台业绩的预期、宏观经济因素的影响，或者行业的动态变化。

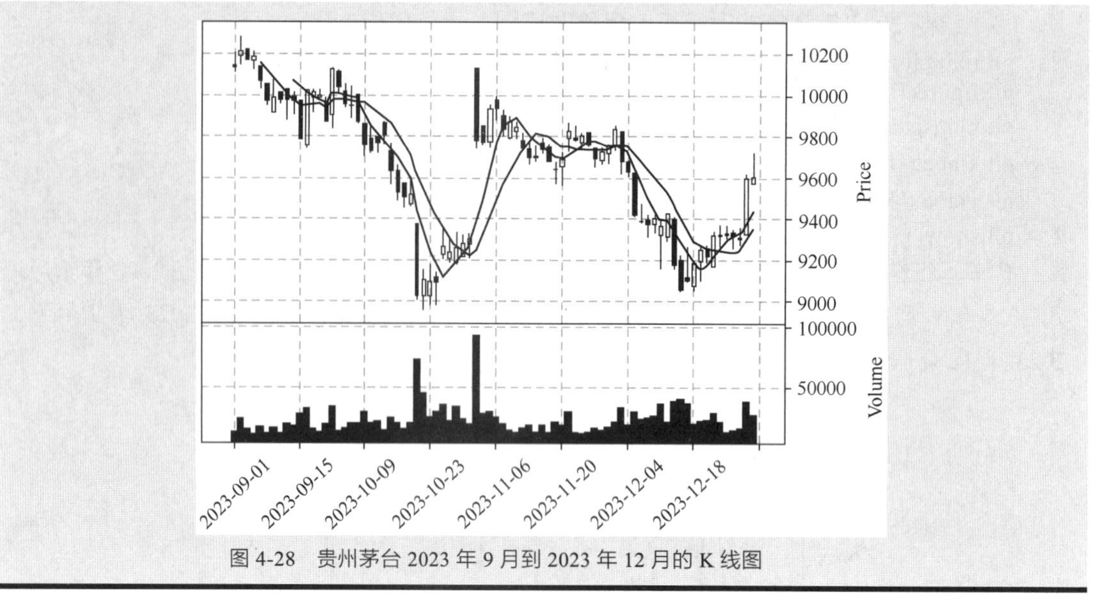

图 4-28　贵州茅台 2023 年 9 月到 2023 年 12 月的 K 线图

实战演练

比亚迪股票价格走势分析与可视化

一、案例介绍

比亚迪股份有限公司（股票代码：002594），作为我国新能源汽车行业的代表性企业之一，因其在技术创新和市场竞争力方面的卓越表现，赢得了广大投资者的密切关注。尽管股市的波动性给投资决策带来了诸多不确定性，但通过数据分析和可视化展示，投资者可以更深入地掌握比亚迪股票的市场动态。

二、实战目标

掌握股票数据分析和可视化工具的使用方法。

三、实战任务

（1）读取文件“比亚迪后复权历史行情数据.xlsx”，观察数据形状，输出数据前 5 行，并对定量变量进行描述性分析。

（2）计算变量之间的相关系数，并绘制相关系数热力图。

（3）绘制 2023 年全年的收盘价时序图。

（4）绘制 2023 年 4 月到 2023 年 6 月的 K 线图，并对 K 线图进行分析。

第5章

数据建模：有监督学习

学习导读

机器学习模型是挖掘数据内在规律的利器。在机器学习领域，现实问题大致可以分成有监督学习与无监督学习两类。本章将介绍常用的有监督学习算法，包括线性回归、逻辑回归、决策树和随机森林。通过学习本章内容，读者将了解每种算法的原理、应用场景和 Python 实现方法。熟练掌握这些算法，将有助于读者应对各种数据分析和预测问题，同时提升模型分析和决策的准确性和效率。

学习目标

➢ 理解有监督学习的基本概念，能区分回归问题与分类问题。

➢ 理解模型性能度量的意义，掌握性能度量的常用指标，培养对数据分析结果的正确解读和评估能力。

➢ 理解线性回归的应用场景与相关概念，掌握运用线性回归模型进行数据分析和预测的流程与 Python 实现方法。

➢ 理解逻辑回归的应用场景和基本原理，掌握运用逻辑回归模型进行分类和预测的流程与 Python 实现方法。

➢ 理解决策树的基本原理与相关概念，掌握运用决策树进行分类和预测的流程与 Python 实现方法。

➢ 了解随机森林的工作原理和优势，掌握运用随机森林进行分类和预测的流程与 Python 实现方法。

思维导图

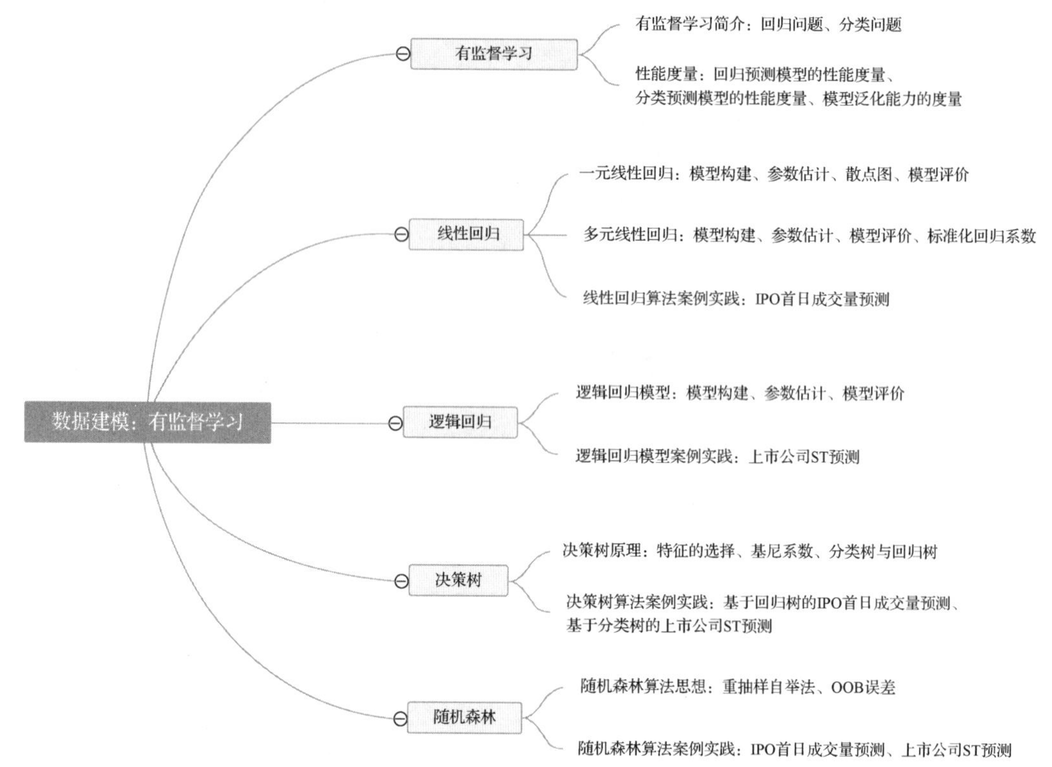

5.1 有监督学习

对数据进行描述分析与可视化呈现，可以让我们对数据有直观的认识。然而，这种认识是表面的。我们需要更深刻的方法与技术来挖掘数据的内在规律，对数据的未来发展做出更准确的预测，而机器学习模型正是解决这一问题的利器。本章先介绍有监督学习，无监督学习将在第 6 章介绍。

5.1.1 有监督学习简介

为了理解什么是有监督学习，我们先来看两个案例，这两个案例也将伴随本章的讲解，帮助我们理解不同算法的原理与 Python 实现方法。

【案例 5-1】IPO 首日成交量预测

IPO 是首次公开发行（Initial Public Offering）的缩写，指的是一家公司首次向公众发行股票。通过 IPO，公司能够吸引投资者购买其股票，从而筹集资金用于扩大业务、进行投资或其他用途。在股票市场中，投资者通常会密切关注一家公司的 IPO，特别是其在首日交易时的表现，这有助于投资者评估市场热度、衡量公司的市场表现，是投资者和市场参与者的重要参考。

哪些因素对 IPO 首日交易时的表现有显著影响？能否通过 IPO 的发行信息对 IPO 上市首日表现进行有效的预测？这便是本章需要解决的问题。IPO 上市首日表现包含其开盘价、收盘价、首日交易股数、首日交易金额、首日市盈率等信息。我们将以首日交易股数作为首日成交量的度量，以其预测为目标来说明问题。

我们搜集了 5124 家上市公司的 IPO 相关数据，如图 5-1 所示（仅展示部分数据），具体数据见文件“IPO 数据.xlsx”。表中的“首日交易股数”是我们关注的目标变量，我们希望通过 IPO 的发行价格、每股面值等信息对首日交易股数进行预测，并探索这些信息中哪些对 IPO 的首日成交量起着重要的作用。这些“影响因素”，我们称之为输入变量或自变量，也称为特征；而目标变量，也被称为输出变量、因变量或响应变量。机器学习的目的就是要从历史数据中发掘输入变量与输出变量的关系或规则，然后利用这种关系或规则对未来进行预测。这种关系或规则的发现过程，称为模型训练。

	首日交易股数(股)	发行价格(元)	每股面值(元)	总发行规模(股)	公开招股数量(股)	招股价格(元)	发行前每股净资产(元)	发行前每股收益(元)	实际发行总量(股)	每股发行费用(元)	公司招股时注册资本(元)
0	174,085,055.000	10.000	1.000	400,000,000.000	400,000,000.000	10.000	1.910	0.430	400,000,000.000	0.110	2,010,000,000.000
1	187,469,932.000	5.880	1.000	400,000,000.000	400,000,000.000	5.880	2.000	0.480	400,000,000.000	0.173	600,000,000.000
2	107,249,756.000	5.100	1.000	300,000,000.000	300,000,000.000	5.100	1.160	0.343	300,000,000.000	0.095	700,000,000.000
3	55,675,391.000	5.460	1.000	160,000,000.000	153,500,000.000	5.460	1.771	0.402	160,000,000.000	0.121	640,000,000.000
4	68,952,797.000	8.980	1.000	300,000,000.000	160,000,000.000	8.980	1.410	0.490	300,000,000.000	0.077	800,000,000.000

图 5-1　上市公司 IPO 的相关数据

在【案例 5-1】中，我们希望预测的 IPO 首日成交量与实际结果相近，也就是说，在训练模型时，存在一个指导标准，这样的模型训练过程，称为有监督学习。这个指导标准，通常称为标签。简单来说，如果一个问题明确区分了输入变量和输出变量，那么这种以输出变量的真实值为模型训练标准的学习过程就是有监督学习。

【案例 5-2】上市公司 ST 预测

ST 公司是指在我国 A 股市场中出现股票特别处理（Special Treatment）的公司，ST 通常是由公司存在财务困难、违规违法、信息披露不及时或其他严重问题导致的。处于 ST 状态的公司在交易时，股票名称前会标注 ST 字样，这类公司需要及时披露相关信息，并在特定时间内整改，否则可能会被暂停上市。预测公司是否处于 ST 状态，对于投资者、监管机构和公司本身都具有重要的意义，这可以帮助各方及时了解公司的风险情况，制定有效的投资策略，保护投资者的利益，维护市场秩序。

图 5-2 展示了上市公司 ST 及相关信息，其中变量 ST 表示公司是否处于 ST 状态，该变量取值 1 表示公司处于 ST 状态，取值 0 表示公司未处于 ST 状态，具体数据见文件“ST.xlsx”。让我们尝试用前面提到的术语来对上市公司 ST 预测问题进行阐释。这里，变量 ST 是输出变量，为预测目标；公司的净利润、非经常性损益等信息是输入变量。我们希望通过历史数据训练 ST 的预测模型，目标是尽可能地准确预测公司未来的 ST 状态，因而这也是有监督学习。

	净利润(元)	非经常性损益(元)	基本每股收益(元)	加权平均净资产收益率	每股净资产(元)	经营杠杆	应收账款周转率TTM	营业周期TTM(天)	ST
0	-213,854,711.720	41,599,666.810	-0.421	-15.090	2.079	1.000	0.201	1,832.909	1
1	-103,896,058.140	-8,219,335.190	-0.157	-5.880	2.725	1.000	16.763	99.430	1
2	-50,580,277.770	-41,083,857.050	-0.099	-186.265	0.007	1.000	1.597	344.228	1
3	-1,579,259,693.170	3,265,408,406.610	-0.490	992.070	1.649	1.304	19.820	136.891	1
4	-4,298,727,165.640	2,363,630,903.940	-7.372	34.610	-11.282	1.000	0.374	1,323.924	1

图 5-2　上市公司 ST 及相关信息

细心的读者可能已经发现，【案例 5-1】与【案例 5-2】的预测目标存在差异。前者的预测目标是 IPO 首日成交量，这是一个连续变量，这类预测问题称为回归问题，类似的问题还有利润预测、营收预测等。后者的预测目标是变量 ST，这是一个定性变量，预测的目标实际是要将预测对象划分到 ST 与非 ST 两个类别之一，这类预测问题称作分类问题。【案例 5-2】是一个二分类问题，实践中还存在多分类问题。比如，金融机构在尝试构建公司的风险评级模型时，风险等级的划分便是一个多分类问题。

诸多有监督学习模型中，有的仅能解决回归问题，比如线性回归模型；有的仅能解决分类问题，比如逻辑回归模型；有的能同时解决这两类问题，比如决策树与随机森林。读者需要仔细体会与区分各类模型的应用场景，以便针对现实问题选择更合适的模型。

5.1.2 性能度量

在【案例 5-1】中，我们选择了 IPO 的发行价格、每股面值等 10 个指标尝试对 IPO 首日成交量进行预测。然而实际中，影响 IPO 首日成交量的可能远不止这些因素。从不同的数据出发，可能训练出不同的模型。即便是基于同一批数据，也有可能选择不同的模型来预测。因此，我们需要一套标准来度量模型的应用效果，从诸多模型中挑选出最适合解决当前问题的模型，这便是模型性能度量。

（1）回归预测模型的性能度量

对于【案例 5-1】，也就是回归问题，由于目标变量是连续取值的，我们并不追求预测结果与真实结果完全一致，因为这很难办到，但我们希望预测结果与真实结果越接近越好。如果我们用 $y_i\left(i=1,2,\cdots,n\right)$ 表示第 i 家公司的 IPO 首日交易股数（真实结果），用 $\hat{y}_i\left(i=1,2,\cdots,n\right)$ 表示基于第 i 家公司的发行价格、每股面值等预测的 IPO 首日交易股数（预测结果），则

$$y_i-\hat{y}_i \triangleq e_i\left(i=1,2,\cdots,n\right)$$

是真实结果与预测结果差异的度量，我们将 e_i 称作残差。很自然地，

$$\sum_{i=1}^{n}\left|e_i\right|$$

可以作为真实结果与预测结果整体差异的度量，我们希望该值越小越好。围绕这一想法，对于回归问题，我们可以构建如下模型性能的度量指标。

① 平均绝对误差

$$\text{MAE}=\frac{1}{n}\sum_{i=1}^{n}\left|e_i\right|$$

② 均方误差

$$\text{MSE}=\frac{1}{n}\sum_{i=1}^{n}e_i^2$$

③ 均方根误差

$$\text{RMSE}=\sqrt{\frac{1}{n}\sum_{i=1}^{n}e_i^2}$$

以上指标基于相同的思想，其值越小说明模型性能越好，但在应用上可能存在微妙的差别。MAE 最符合我们对误差的理解，但绝对值函数在零点处不可导，这使得它在某些数学处理场合不方便使用。MSE 有优良的数学性质，但因为平方函数放大了误差，它对异常值可能更加敏感。RMSE 从本质上看与 MSE 并无区别，但其量纲与原始变量保持一致，其结果更易于理解，另外，这 3 个指标有一个共同缺陷，它们的大小并不能直观反映模型的预测效果。比如，我们采用某个模型预测 IPO 首日成交量，得到的 MAE 为 6.242×10^{15}，这个值很大，是否意味着模型预测效果不佳？考

虑到样本量和量纲的影响，我们并不能简单地界定多小的 MAE 才符合要求。因此，我们希望构建一些更直观的、不受量纲影响的指标来度量模型的预测效果，而 R 方便是这样的一个指标。

④ R 方

$$R^2 = 1 - \frac{\sum_{i=1}^{n} e_i^2}{\sum_{i=1}^{n} (y_i - \bar{y})^2} = 1 - \frac{\text{SSE}}{\text{SST}}$$

在以上表达式中，SSE 与 SST 分别称作残差平方和与总平方和。其中，$\bar{y} = \frac{1}{n}\sum_{i=1}^{n} y_i$ 。前者用于度量预测结果与真实结果的整体差异，后者用于度量真实结果的整体波动。如果相对于数据的整体波动而言，SSE 较小，说明模型的预测效果较好，模型将会有较大的 R 方值。另外，因 SSE 不应超过 SST（否则说明模型完全不能解释数据的波动），R^2 的取值范围为 0～1，且是一个没有量纲的量。例如，使用某个预测模型得到的 R 方值为 0.83，我们可以直观地感受到，这个模型的预测效果尚可。

（2）分类预测模型的性能度量

对于【案例 5-2】，也就是分类问题，因为目标变量是定性变量，我们关心的是预测类别与实际类别是否一致。统计实际值与预测值，我们可以得到表 5-1 所示的二分类预测模型的混淆矩阵。

表 5-1　　二分类预测模型的混淆矩阵

实际值	预测值	
	0	1
0	TN	FP
1	FN	TP

我们把取值为 1 的类别称为“正类”，取值为 0 的类别称为“负类”。其中 TN、TP 分别表示正确预测为负类、正类的数量，FN、FP 分别表示错误预测为负类、正类的数量。混淆矩阵可以直观呈现模型的分类预测效果，基于该矩阵，我们可以计算分类预测模型的多个性能度量指标。

① 正确率

$$\text{Accuracy} = \frac{\text{TN} + \text{TP}}{\text{TN} + \text{TP} + \text{FN} + \text{FP}}$$

正确率（Accuracy）用于度量模型整体的预测效果，含义非常直观。但需要注意的是，这个指标并不一定总能符合我们的实际需求。例如，我们获取的 5124 家上市公司中，ST 公司仅占约 2.1%。假设一个模型将这些 ST 公司全部预测错误，但将非 ST 公司全部预测正确，模型整体的正确率将达到 97.9%，这是一个很高的正确率。然而，就研究目的而言，这样的结果可能很不理想。因为我们期望找出有 ST 风险的公司，而模型未能达成这个目标。

② 敏感性（R）

$$\text{TPR} = \frac{\text{TP}}{\text{TP} + \text{FN}}$$

与正确率关注两个类别的整体预测效果不同，敏感性（Sensitivity）侧重于正类的预测效果。以【案例 5-2】为例，敏感性度量的是模型能在多大程度上将所有 ST 公司识别出来。基于这样的含义，敏感性又称作查全率或召回率（Recall），记作 TPR（True Positive Ratio，真阳性率），也记作 R（即 Recall 的首字母）。

③ 特异性

$$\mathrm{TNR}=\frac{\mathrm{TN}}{\mathrm{TN}+\mathrm{FP}}$$

与敏感性相对，特异性（Specificity）侧重关注负类的预测效果，记作 TNR（True Negative Ratio，真阴性率）。注意，提升模型的特异性，往往会损失模型的敏感性，反之亦然。例如，我们将【案例 5-2】的全部公司预测为非 ST，模型的特异性将达到 100%，但敏感性降为 0%；如果我们将全部公司预测为 ST，敏感性将达到 100%，而特异性降为 0%。

④ 查准率（P）

$$\mathrm{P}=\frac{\mathrm{TP}}{\mathrm{TP}+\mathrm{FP}}$$

查准率（Precision）关注做出正类预测时，预测的准确率。比如当我们将【案例 5-2】的全部公司预测为 ST 公司时，这种预测方案的敏感性高达 100%。但其查准率等于实际 ST 公司在全部样本的占比，为 2.1%。提升查准率与提升敏感性往往是矛盾的，因此，我们希望有一个指标能综合反映二者的效果，这便是 F_1 分数提出的前提。

⑤ F_1 分数

$$F_1=\frac{2\times\mathrm{P}\times\mathrm{R}}{\mathrm{P}+\mathrm{R}}$$

F_1 分数是查准率与敏感性的调和平均，是综合考虑敏感性与查准率的指标。实际应用中，如果我们对查准率与敏感性有不同的要求，还可以对二者赋予不同的权重，计算加权的调和平均，这就是 F_β 分数：

$$\mathrm{F}_\beta=\frac{\left(1+\beta^2\right)\times\mathrm{P}\times\mathrm{R}}{\beta^2\times\mathrm{P}+\mathrm{R}}$$

F_1 分数可以看作 F_β 分数在 $\beta=1$ 时的特例。

（3）模型泛化能力的度量

5-1 模型泛化能力的度量

用历史数据训练模型的目的是对未来情况进行预测。实践中，我们不仅关心模型能否解释现有数据，更关心模型面对新数据时的表现，也就是模型的泛化能力，或者说外推能力。例如，从当前数据得到的模型能否对新公司的 IPO 表现进行准确预测？由于未来数据无法提前获取，模型真实的泛化能力只能在获取新公司的 IPO 表现之后得到验证。为了提前了解模型的泛化能力，我们需要采取合理的方法对其进行估计。

为了估计模型的泛化能力，一个常用的做法是对数据集进行划分。一部分数据用于模型训练，称作训练集；另一部分数据被看作新数据，用于验证模型的泛化能力，称作测试集。基于训练集得到的模型，在测试集上计算出来的模型性能度量指标就可以看作模型泛化能力的度量。

常用的数据集划分方法有两种。第一种是留出（Hold Out）法，即按照一定的比例随机将数据集划分为两个部分，这种方法适用于样本量比较大的情况。第二种是 K 折交叉验证（K-fold Cross-Validation）法，即将数据集随机近似等分为 K 份，每次留出一份作为测试集，其余 $K-1$ 份作为训练集。K 折交叉验证法共建立 K 个模型，以这些模型在测试集上的性能度量指标的平均值作为模型泛化能力的度量。

模型泛化能力的度量是有监督学习的一个重要环节。如果模型在训练集上表现优秀，在测试集上表现很差，这种现象称为过拟合。过拟合通常因为模型过于复杂或样本量过小而产生，是模型泛化能力差的一种表现。在后续模型构建中，我们需要习惯先对数据集进行划分，不仅关注模型在训练集上的表现，更要关注模型在测试集上的表现，注重提升模型的泛化能力。

5.2 线性回归

有监督学习的目的是发现输入变量与输出变量之间的关系或规则。线性关系是一种非常简单的关系，如果假定输入变量与输出变量间存在线性关系，这样的模型就是线性回归模型。

5.2.1 一元线性回归

实际应用中，如果我们希望基于某个最主要的因素对目标变量进行预测，便可采用一元线性回归。一元线性回归是最简单的线性回归模型，仅考虑一个自变量（x）与因变量（y）的关系，其公式为：

$$y = \beta_0 + \beta_1 x + \varepsilon$$

其中，β_0 称作截距项或回归常数，β_1 称作回归系数，ε 为随机扰动项，一般假定 $E(\varepsilon)=0$。对上述公式两边取数学期望，得到

$$E(y) = \beta_0 + \beta_1 x$$

因而，回归系数 β_1 表示自变量 x 的单位变化引起的 y 的均值的变化。回归系数为正时，表明 x 对 y 产生正影响；回归系数为负时，表明 x 对 y 产生负影响。

确定模型的形式需要估计参数 β_0 与 β_1，我们希望参数能使模型的性能达到最优，如果以 MSE 为目标，参数估计问题转化为如下最小值问题

$$\min_{\beta_0,\beta_1} \sum_{i=1}^{n} \left(y_i - \beta_0 - \beta_1 x_i\right)^2$$

的求解，其中 $(x_i, y_i)(i=1,2,\cdots,n)$ 为输入变量与输出变量的 n 个样本。该问题的解为：

$$\begin{cases} \hat{\beta}_1 = \dfrac{\sum_{i=1}^{n}(x_i - \bar{x})(y_i - \bar{y})}{\sum_{i=1}^{n}(x_i - \bar{x})^2} \\ \hat{\beta}_0 = \bar{y} - \hat{\beta}_1 \bar{x} \end{cases}$$

其中，$\bar{x} = \frac{1}{n}\sum_{i=1}^{n} x_i, \bar{y} = \frac{1}{n}\sum_{i=1}^{n} y_i$，这种参数估计方法称作最小二乘法。得到 β_0 与 β_1 的估计值 $\hat{\beta}_0$ 与 $\hat{\beta}_1$ 之后，可以基于观测值 x_i，依据

$$\hat{y}_i = \hat{\beta}_0 + \hat{\beta}_1 x_i$$

对 y_i 进行预测。

例如，基于上市公司的营业成本与营业收入数据，建立一个营业收入的预测模型。数据示例如表 5-2 所示。

表 5-2 上市公司营业成本与营业收入数据示例

变量	序号					
	1	2	3	4	5	6
营业成本（百万元）	3672.784	8742.790	1660.074	9294.286	9222.978	48116.820
营业收入（百万元）	4607.372	9167.268	3953.762	14131.200	11047.020	53582.500

建立一元线性回归模型之前，我们可以通过散点图观察输入变量与输出变量的关系。如图 5-3 左图所示，营业收入与营业成本大致呈现线性关系，建立二者的一元线性回归模型是合适的。

按照 8：2 的比例划分训练集与测试集，在训练集上训练模型并估计模型的参数，得到模型表达式形如

$$营业收入=423.439+1.621\times营业成本$$

该直线的拟合效果如图 5-3 右图所示。从图 5-3 来看，一元线性回归模型能很好地反映营业成本与营业收入的关系。进一步，我们可以计算模型的 MSE 与 R 方。如表 5-3 所示，模型在训练集与测试集上的 R 方都接近 1，表明模型能很好地解释历史数据，同时具有比较理想的泛化能力。

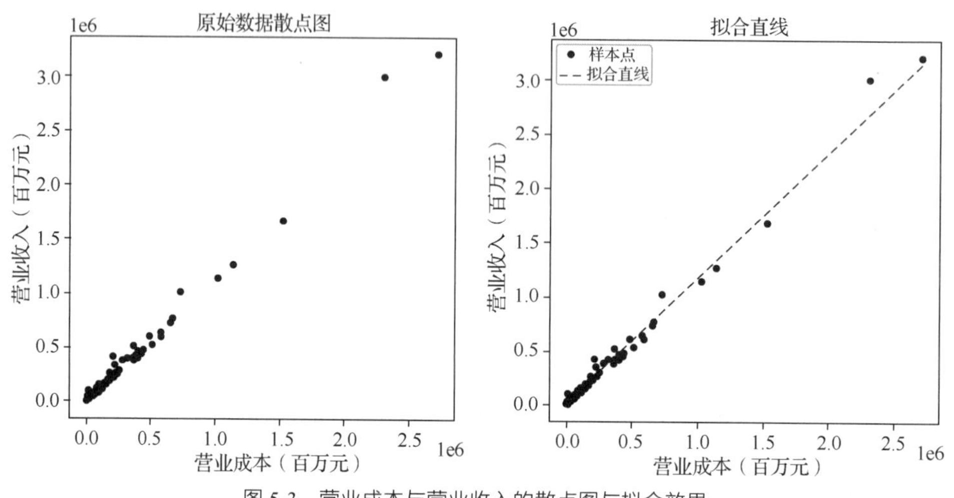

图 5-3　营业成本与营业收入的散点图与拟合效果

表 5-3　一元线性回归模型的性能度量

评价指标	训练集	测试集
MSE	30064511.738	160135868.409
R 方	0.994	0.986

5.2.2 多元线性回归

当输出变量受到多个因素的影响，我们不确定哪个因素起主导作用时，可以将多个因素同时纳入模型，建立多元线性回归模型来研究。多元线性回归模型形如

$$y=\beta_0+\beta_1x_1+\beta_2x_2+\cdots+\beta_px_p+\varepsilon$$

与一元线性回归类似，我们称 β_0 为截距项或回归常数，$\beta_i\left(i=1,2,\cdots,p\right)$ 称作回归系数，ε 为随机扰动项，且 $E\left(\varepsilon\right)=0$。对于多元线性回归模型，有

$$E\left(y\right)=\beta_0+\beta_1x_1+\beta_2x_2+\cdots+\beta_px_p$$

以及

$$\frac{\partial E\left(y\right)}{\partial x_i}=\beta_i$$

根据偏导数的意义，β_i 表示其余自变量保持不变时，x_i 的单位变化引起的 y 的均值的变化。我们依然可以用最小二乘法来估计模型参数，即求解优化问题

$$\min_{\beta_0,\beta_1,\cdots,\beta_p}\sum_{i=1}^{n}\left(y_i-\beta_0-\beta_1x_{1i}-\beta_2x_{2i}-\ldots-\beta_px_{pi}\right)^2$$

以获取参数的估计值 $\hat{\beta}_0,\hat{\beta}_1,\cdots,\hat{\beta}_p$，并依据

$$\hat{y}=\hat{\beta}_0+\hat{\beta}_1x_1+\hat{\beta}_2x_2+\cdots+\hat{\beta}_px_p$$

来进行预测。

例如，基于上市公司的营业成本、资产总计、负债合计与营业收入数据，建立一个营业收入的预测模型。数据示例如表 5-4 所示。

表 5-4　　上市公司营业收入相关数据示例

变量名	序号					
	1	2	3	4	5	6
营业收入（百万元）	4607.372	9167.268	3953.762	14131.200	11047.020	53582.500
营业成本（百万元）	3672.784	8742.790	1660.074	9294.286	9222.978	48116.820
资产总计（百万元）	26765.300	18491.370	12881.140	107272.200	69480.530	153551.800
负债合计（百万元）	9079.184	10053.710	3177.151	67010.860	27453.960	92004.620

以 8：2 的比例划分训练集与测试集，建立以营业成本、资产总计、负债合计为自变量，营业收入为因变量的多元线性回归模型，通过训练集得到的模型表达式为：

营业收入=−182.309+1.111×营业成本+0.197×资产总计−0.249×负债合计

计算模型在训练集与测试集上的 MSE 与 R 方，结果如表 5-5 所示。可以看到，对于上市公司的营业收入预测问题，多元线性回归模型的表现更好。

表 5-5　　多元线性回归模型的性能度量

评价指标	训练集	测试集
MSE	12976737.662	51266843.001
R 方	0.998	0.996

细心的读者可能已经发现，多元线性回归模型中营业成本的回归系数与一元线性回归模型中的存在差异。那么，哪个回归系数更为准确地反映了营业成本对营业收入的影响呢？注意，回归系数 1.111 的含义是资产总计与负债合计保持不变时，营业成本每增加一个单位引起的营业收入的平均增加值。而一元线性回归的系数 1.621 并不限制资产总计与负债合计的变化，该系数可能还包含公司负债合计、资产总计变动带来的影响，因为营业成本的变化可能导致公司负债合计与资产总计变化。也就是说，多元线性回归模型能排除一定的其他因素的干扰，能更准确地度量自变量本身的影响。

另外，因为营业成本的回归系数绝对值最大，资产总计的回归系数绝对值最小，是否可以认为营业成本对营业收入的影响最大，其次是负债合计，最后是资产总计？答案是否定的，因为不同自变量的单位或者数量级存在差异，回归系数不可直接比较。如果希望通过回归系数比较自变量影响的大小，需要先对数据进行标准化处理。标准化数据经过中心平移，截距项 β_0 将变为 0。营业收入的标准化回归模型表达式形如：

营业收入=69239.564×营业成本+20252.438×资产总计−17498.748×负债合计

通过标准化回归系数，3 个自变量对营业收入的影响程度从大到小依次为营业成本、资产总计与负债合计。这个排序与非标准化回归系数并不相同，它排除了数据量级与量纲的影响，更准确地反映了自变量的影响程度。

5.2.3 线性回归算法案例实践

本章与第 6 章主要用到 Python 的 scikit-learn（sklearn）库。这是一个机器学习库，提供了各种用于机器学习和数据挖掘的工具。首次使用该库需要安装，后续只需要导入该库即可。

本节将通过【案例 5-1】来演示线性回归的建模流程与 Python 实现方法，读者可以回到【案例 5-1】回顾案例背景。具体的实践目标是基于上市公司历史数据，建立公司 IPO 首日成交量的线性回归模型，评价模型的性能，度量各个变量对于预测 IPO 首日成交量的重要性程度。实践目标的达成可以划分为以下步骤。

步骤 1 数据读入与预处理。

以下代码展示了数据的读入、预览与预处理的过程。IPO 数据前 5 行预览结果如图 5-4 所示，我们计划通过发行价格、每股面值等因素对 IPO 首日交易股数（即首日成交量）进行预测。通过数据预览可以查看数据是否正确读入，也能了解数据的大致状况。

```
#读入数据
data = pd.read_excel('IPO 数据.xlsx')
pd.options.display.float_format = '{:,.3f}'.format#设置显示的小数位数
data.head()#预览数据前 5 行
# 查看各列缺失值情况
missing_values = data.isnull().sum()
print(missing_values)
#缺失值处理
data_cleaned = data.dropna(thresh=len(data)-300, axis=1)
data_cleaned = data_cleaned.dropna()
print(data_cleaned.shape)#查看数据维度
print(data_cleaned.columns)#查看变量名
# 将数据分为特征和标签
X = data_cleaned.drop(columns=['首日交易股数（股）'])
y = data_cleaned['首日交易股数（股）']
#数据标准化
scaler = StandardScaler()
X_scaled = scaler.fit_transform(X)
#数据集划分
X_train, X_test, y_train, y_test = train_test_split(X_scaled, y, test_size=0.2, random_state=1234)
```

	首日交易股数(股)	发行价格(元)	每股面值(元)	总发行规模(股)	公开招股数量(股)	招股价格(元)	发行前每股净资产(元)	发行前每股收益(元)	实际发行总量(股)	每股发行费用(元)	公司招股时注册资本(元)
0	174,085,055.000	10.000	1.000	400,000,000.000	400,000,000.000	10.000	1.910	0.430	400,000,000.000	0.110	2,010,000,000.000
1	187,469,932.000	5.880	1.000	400,000,000.000	400,000,000.000	5.880	2.000	0.480	400,000,000.000	0.173	600,000,000.000
2	107,249,756.000	5.100	1.000	300,000,000.000	300,000,000.000	5.100	1.160	0.343	300,000,000.000	0.095	700,000,000.000
3	55,675,391.000	5.460	1.000	160,000,000.000	153,500,000.000	5.460	1.771	0.402	160,000,000.000	0.121	640,000,000.000
4	68,952,797.000	8.980	1.000	300,000,000.000	160,000,000.000	8.980	1.410	0.490	300,000,000.000	0.077	800,000,000.000

图 5-4 IPO 数据前 5 行预览结果

读入数据后，查看各列的缺失值并确定处理方式，如表 5-6 所示，可以发现部分输入变量存在较多的缺失值。缺失值较多的变量无法提供足够的信息用于解释输出变量，因此将其删除。我们先将缺失值数量超过 300 的列删除，再将剩余变量中有缺失值的行删除，最终得到 4899 条记录、9 个变量。

表 5-6　缺失值统计情况与处理方式

变量名	缺失值数量	处理方式	变量名	缺失值数量	处理方式
首日交易股数	1	删除缺失行	发行前每股净资产	132	删除缺失行
发行价格	0	—	发行前每股收益	329	删除该列
每股面值	3	删除缺失行	实际发行总量	5	删除缺失行
总发行规模	6	删除缺失行	每股发行费用	201	删除缺失行
公开招股数量	19	删除缺失行	公司招股时注册资本	22	删除缺失行
招股价格	2853	删除该列			

我们从 Excel 文件读入的数据为 DataFrame 的格式，Python 的 sklearn 在实现有监督学习时，需要区分输入变量（特征）与输出变量（标签）。如上述代码所示，我们从缺失值处理后的 data_cleaned 中提取了全部输入变量并命名为 X，提取“首日交易股数”作为输出变量并命名为 y。随后，我们对 X 进行了数据标准化处理，这可以方便后期通过标准化回归系数来比较变量的重要性程度。为了给出模型泛化能力的度量，我们采用留出法，按照 8 : 2 的比例对数据集进行了划分，这也是有监督学习模型训练前的常规操作。

步骤 2　线性回归模型训练。

以下代码展示了 Python 实现线性回归模型的过程，同时以保留 3 位小数的格式输出了回归系数。

```
#线性回归模型训练
lr = LinearRegression()
lr.fit(X_train, y_train)
print('标准化回归系数：')
for i, coef in enumerate(lr.coef_):
    print(f'{X.columns[i]}: {coef:.3f}')
```

步骤 3　模型性能度量。

利用训练好的模型，我们分别在训练集与测试集上得到了预测结果。基于预测结果与真实结果的差异，分别计算了训练集、测试集上的 MSE 与 R 方，并输出相应结果。训练集上的 MSE 与 R 方能说明模型解释历史数据的性能，测试集上的 MSE 与 R 方能反映模型的泛化能力。我们得到训练集与测试集上的 R 方分别为 0.812 和 0.719。说明模型解释历史数据的能力尚可，但泛化能力不够理想。示例代码如下：

```
#预测
pred_train = lr.predict(X_train)
pred_test = lr.predict(X_test)
#模型性能度量
mse_train = mean_squared_error(y_train, pred_train)
r2_train = r2_score(y_train, pred_train)
mse_test = mean_squared_error(y_test, pred_test)
r2_test = r2_score(y_test, pred_test)
# 存储结果到列表并输出
results = [mse_train, mse_test, r2_train, r2_test]
labels = ['训练集 MSE', '测试集 MSE', '训练集 R 方', '测试集 R 方']
formatted_results = ['{}: {:.3f}'.format(label, result)
                     for label, result in zip(labels, results)]
for result in formatted_results:
    print(result)
```

步骤 4 变量重要性度量。

依据标准化回归系数的绝对值大小，可以对变量的重要性进行度量与排序。下列代码将变量重要性通过条形图来呈现，条形图能更方便地展示变量的重要性强弱。

```
# 根据标准化回归系数的绝对值对变量进行排序
abs_coef = np.abs(lr.coef_)
sorted_indices = abs_coef.argsort()[::-1]
sorted_columns = X.columns[sorted_indices]
sorted_coef = abs_coef[sorted_indices]
# 绘制条形图
plt.figure(figsize=(10, 6))
plt.barh(sorted_columns, sorted_coef, color='skyblue')
plt.xlabel('变量重要性度量（基于标准化回归系数绝对值）')
plt.grid(axis='x')
plt.show()
```

代码运行结果如图 5-5 所示，对 IPO 首日成交量影响最大的是实际发行总量，其次是公开招股数量与总发行规模。

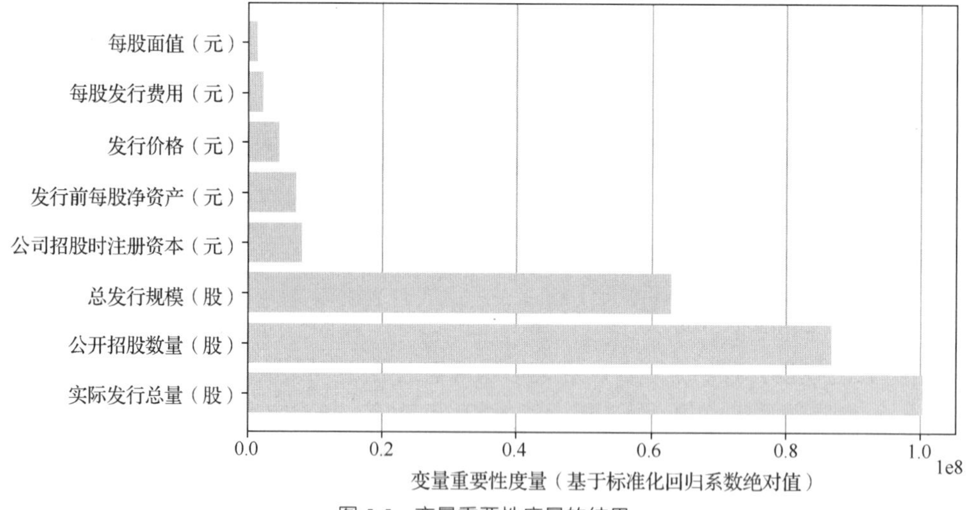

图 5-5 变量重要性度量的结果

我们对线性回归模型在【案例 5-1】上的应用过程与结果进行总结。首先，我们读入数据并进行了简单的预处理，包括缺失值处理、数据集划分以及数据标准化处理。然后，我们在训练集上训练了线性回归模型，进一步验证了模型在测试集上的性能。最后，根据标准化回归系数的绝对值，对变量的重要性进行了度量。结果表明，以发行价格、总发行规模等作为自变量的线性回归模型，预测 IPO 首日交易股数的泛化能力一般（测试集 R 方为 0.719）。在该模型下，实际发行总量对 IPO 首日成交量的预测最为重要。为了提升预测效果，可能需要尝试更多的模型。

5.3 逻辑回归

实际应用中，除了对营业收入、IPO 首日成交量这类连续变量进行预测，我们有时候也需要预测目标所属类别，比如鉴别贷款用户是否违约、判断公司是否有退市风险等。逻辑回归模型是解决这类问题的常用模型之一。本节首先介绍逻辑回归模型的结构与参数估计的大致思想，然后介绍逻辑回归模型的性能度量，最后通过【案例 5-2】来介绍 Python 实现逻辑回归的全流程。

5.3.1 逻辑回归模型

此时，我们关注的输出变量 y 是一个二分类变量，对其进行独热编码，用 $y=1$ 表示变量为某个类别（比如违约），用 $y=0$ 表示变量为另一个类别（比如非违约）。我们希望通过输入变量 $x_1,x_2,\cdots,x_p$ 对 y 进行预测，实际上是希望建立二者的函数关系

$$E(y)=f(x_1,x_2,\cdots,x_p)$$

其中，对 y 取期望是为了排除随机扰动的影响。由于 y 是 0-1 变量，有 $E(y)=p$，p 是 y 取 1 的概率，函数 $f(\cdot)$ 应在 $[0,1]$ 上取值。此外，这个函数最好单调上升，便于解释输入变量的影响方式，且有优良的数学性质便于数学处理。Logistic 函数

$$g(x)=\frac{1}{1+\exp(-x)}$$

便是符合这一要求的函数，以其作为连接函数建立输入变量 $x_1,x_2,\cdots,x_p$ 与输出变量 y 取 1 的概率 p 之间的模型，即逻辑回归模型。逻辑回归模型表达式形如

$$p=\frac{1}{1+\exp(-\boldsymbol{X}'\boldsymbol{\beta})},$$

其中，$\boldsymbol{X}'=(1,x_1,x_2,\cdots,x_p),\boldsymbol{\beta}=(\beta_0,\beta_1,\cdots,\beta_p)'$。等价地，逻辑回归模型也可写成

$$\log\left(\frac{p}{1-p}\right)=\beta_0+\beta_1x_1+\beta_2x_2+\cdots+\beta_px_p$$

其中，$\log\left(\frac{p}{1-p}\right)$ 称作对数优势比，用于反映输出变量 y 取 1 与取 0 的概率的差异程度。也就是说，逻辑回归模型建立的是输入变量与输出变量的对数优势比之间的线性回归模型。这是逻辑回归解决分类问题，但名称中含有“回归”二字的原因。

为了估计逻辑回归模型的参数 $\beta_0,\beta_1,\cdots,\beta_p$，最小二乘法不再适用，因为对每一个样本 $x_{1i},x_{2i},\cdots,x_{pi}$，我们很难获取实际的概率 $P(y_i=1)$。我们采用的是另一种具有广泛应用背景的方法：极大似然估计。极大似然估计的基本思想是使样本出现的“可能性”达到最大，这样，模型才能更好地解释样本。逻辑回归模型的参数估计在这一思想下变成如下优化问题

$$\max_{\boldsymbol{\beta}}\prod_{i=1}^{n}\left[\frac{1}{1+\exp(-\boldsymbol{X}_i'\boldsymbol{\beta})}\right]^{y_i}\left[\frac{1}{1+\exp(\boldsymbol{X}_i'\boldsymbol{\beta})}\right]^{1-y_i}$$

其中，$\boldsymbol{X}_i'=(1,x_{1i},x_{2i},\cdots,x_{pi})$，表示输入变量的第 i 个样本。实际运用中，我们通常对以上问题的目标函数取对数以便求解，该目标函数称作对数似然函数，记作 $L(\boldsymbol{\beta})$，即

$$L(\boldsymbol{\beta})=\sum_{i=1}^{n}\left\{y_i\log\left[\frac{1}{1+\exp(-\boldsymbol{X}_i'\boldsymbol{\beta})}\right]+(1-y_i)\log\left[\frac{1}{1+\exp(\boldsymbol{X}_i'\boldsymbol{\beta})}\right]\right\}$$

注意，利用逻辑回归模型，我们并不能直接得到输出变量 y 的预测值 0 或 1，而是得到对数优势比的预测值。虽然根据对数优势比，我们不难得到 y 取 1 的概率，但如何依据 y 取 1 的概率对 y 取 0 或 1 进行预测，依然是我们需要解决的问题。例如，我们预测了某个贷款用户的

违约概率为 0.3，是否应批准其贷款申请？我们需要确定一个阈值，当预测概率高于该阈值时，判定用户违约（即 y 取 1），拒绝其贷款申请；当预测概率低于该阈值时，判定用户没有违约（即 y 取 0），批准其贷款申请。

很明显，阈值的选择会影响预测正确率。研究表明，综合来看，以错判率最低为目标，最优的阈值为 0.5，这也是很多机器学习分类算法默认的阈值。依据该阈值，我们应当批准违约概率为 0.3 的用户的贷款申请。但实践中，我们可能更倾向于拒绝该用户的贷款申请。这是因为，对于贷款审批问题而言，将违约用户错判为没有违约的风险高于将没有违约用户判为违约的风险。也就是说，对于两种错判，实践中可能希望赋予不同的权重。如果以加权错判率最低为目标，最优的阈值将不再等于 0.5。

因为逻辑回归模型的预测结果受到阈值的影响，我们希望有一个指标在评价模型性能时能不受阈值影响。这个指标就是 AUC（Area Under Curve，曲线下面积）值，而 AUC 值是基于 ROC（Receiver Operating Characteristic，受试者操作特征）曲线计算的。

ROC 曲线是一种用于评估二分类模型性能的常用工具，它是以 TPR（或召回率）为纵轴，FPR（False Positive Rate，假正率）为横轴，连接不同阈值下的点（FPR,TPR）得到的曲线。

ROC 曲线越接近左上角，代表模型性能越好，因为对应的模型有较低的 FPR 与较高的 TPR。如图 5-6 所示，从 ROC 曲线来看，模型 2 优于模型 1。注意，连接点(0,0)与(1,1)的直线（即对角线）代表随机分类的结果。比如，以概率 p 随机将样本预测为 1，对于任意阈值 α，都有 $\text{TPR}=P(\hat{y}=1|y=1)=P(\hat{y}=1)=p$，同时 $\text{FPR}=P(\hat{y}=1|y=0)=P(\hat{y}=1)=p$，因而，ROC 曲线呈现为直线，即 $\text{TPR}=\text{FPR}$。一般来说，模型的 ROC 曲线应在对角线上方，否则模型效果不如随机分类效果，说明其性能很差。

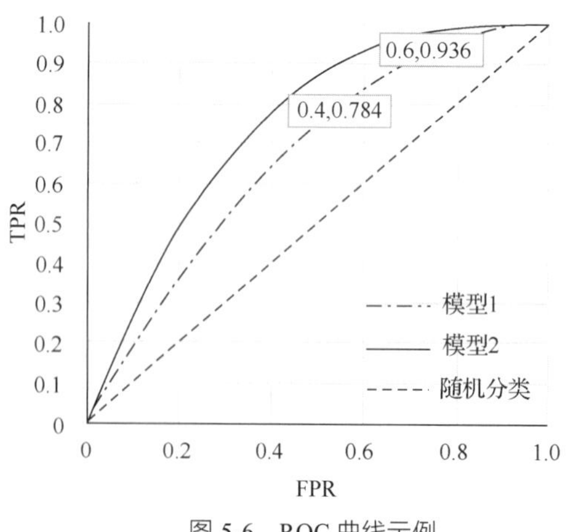

图 5-6　ROC 曲线示例

AUC 值越接近 1，代表模型性能越好。ROC 曲线与 AUC 值反映了模型在不同阈值下 TPR 和 FPR 的综合效果。此外，ROC 曲线可以帮助我们选择最佳的阈值。例如，参照图 5-6，希望控制 FPR 不超过 0.4 时，我们可以选择点(0.4,0.784)对应的阈值，此时 TPR 可以达到 0.784。而点(0.6,0.936)所对应的阈值可能不太好，因为使用该阈值虽然能得到较高的 TPR，但也导致了较高的 FPR。一般来说，我们希望在得到较高的 TPR 时，FPR 也能得到适当的控制。

5.3.2 逻辑回归模型案例实践

我们通过【案例 5-2】来介绍逻辑回归模型的实现过程，读者可以回到【案例 5-2】回顾案例背景。具体的实践目标是基于上市公司历史数据，建立公司 ST 的逻辑回归预测模型，并评价模型的性能，度量各个变量对于预测公司 ST 的重要性程度。

为达成以上目标，我们首先读入数据，对数据进行缺失值处理、数据集划分与标准化处理，然后训练模型并评价模型性能，最后，我们依然通过标准化回归系数来对变量的重要性进行度量。以下是具体步骤、相应的 Python 代码及必要的输出结果。

步骤 1 数据的读入与预处理。

读入数据后进行缺失值统计，发现并无缺失值，因此直接将数据分为输入变量与输出变量，并将输入变量进行标准化处理，以便后续通过标准化回归系数度量变量的重要性。随后，按照 8：2 的比例将数据划分为训练集与测试集。示例代码如下：

```
#读入数据
data = pd.read_excel('ST.xlsx')
data.head()#数据预览
print(data.shape)#查看数据结构
# 查看各列缺失值情况
missing_values = data.isnull().sum()
print(missing_values)
# 将数据分为输入变量与输出变量
X = data.drop(columns = ['ST'])
y = data['ST']
#数据标准化
scaler = StandardScaler()
X_scaled = scaler.fit_transform(X)
#数据集划分
X_train, X_test, y_train, y_test = train_test_split(X_scaled, y, test_size=0.2, random_state=1234)
```

步骤 2 模型训练与标准化回归系数输出。

```
# 创建并训练逻辑回归模型
LR = LogisticRegression()
LR.fit(X_train, y_train)
#输出标准化回归系数
print('标准化回归系数：')
for i, coef in enumerate(LR.coef_[0]):
    print(f"{X.columns[i]}: {coef:.3f}")
```

在训练集上训练逻辑回归模型，得到模型的标准化回归系数如表 5-7 所示，可以通过标准化回归系数的绝对值大小来度量变量的重要性。

表 5-7　逻辑回归模型的标准化回归系数

变量名	标准化回归系数	变量名	标准化回归系数
净利润	0.053	每股净资产	−1.796
非经常性损益	−0.853	经营杠杆	−0.249
基本每股收益	−2.220	应收账款周转率 TTM	−0.644
加权平均净资产收益率	−0.024	营业周期 TTM	−0.112

步骤 3 模型性能度量。

```
#模型性能度量
LR_pred = LR.predict(X_test)#对测试集进行预测
report_LR = classification_report(y_test, LR_pred,digits = 3)
cfmatrix_LR = confusion_matrix(y_test, LR_pred)
print('预测效果报告：\n',report_LR)#输出预测效果报告
print('混淆矩阵：\n',cfmatrix_LR)#输出混淆矩阵
```

通过 predict()函数可以得到模型对测试集的预测结果。需要注意的是，Python 默认的阈值为 0.5。以上代码输出的预测效果报告与混淆矩阵如图 5-7 所示，其中，分别给出了负类 0 与正类 1 的查准率（precision）、查全率（recall）、F_1 分数（f1-score）与样本数量（support）。此外，预测效果报告还给出了模型的预测正确率（accuracy）、各个指标的平均值（macro avg）与加权平均值（weighted avg）。例如，模型预测 0 和 1 的平均查准率为 0.717，加权平均查准率为 0.764（以样本量占比为权重），模型对测试集的预测正确率为 0.775。

```
预测效果报告：
              precision    recall  f1-score   support

           0      0.823     0.879     0.850        58
           1      0.611     0.500     0.550        22

    accuracy                          0.775        80
   macro avg      0.717     0.690     0.700        80
weighted avg      0.764     0.775     0.768        80

混淆矩阵：
 [[51  7]
 [11 11]]
```

图 5-7 阈值为 0.5 时的预测效果报告与混淆矩阵

可以看到，采用 0.5 为阈值时，模型预测 1 的效果不理想，22 个取值为 1 的样本仅有一半得以成功识别。为选择合适的预测阈值，进一步查看模型的 ROC 曲线及 AUC 值，代码如下：

```
#模型性能度量：ROC 曲线与 AUC 值
#得到测试集的预测概率
LR_predp = LR.predict_proba(X_test)[:,1]
# 计算 ROC 曲线的参数
fpr, tpr, thresholds = roc_curve(y_test, LR_predp)
roc_auc = auc(fpr, tpr)
# 绘制 ROC 曲线
plt.figure(figsize=(5, 5))
plt.plot(fpr, tpr, color='darkorange', lw=2, label='ROC 曲线 (AUC 值：  %0.3f)' % roc_auc)
plt.plot([0, 1], [0, 1], color='navy', lw=2, linestyle='--')
plt.xlim([0.0, 1.0])
plt.ylim([0.0, 1.05])
plt.xlabel('FPR')
plt.ylabel('TPR')
plt.legend(loc='lower right')
plt.show()
```

其中，与函数 predict()不同的是，predict_proba()函数得到的是基于逻辑回归模型的预测概率，即预测的公司 ST 的概率。根据该概率绘制 ROC 曲线，如图 5-8 所示，AUC 值为 0.825。

根据 ROC 曲线，我们希望在 FPR 小于 0.2 的前提下，使 TPR 尽可能高，如下代码可以帮助我们找到符合条件的阈值。运行代码得到：阈值为 0.4768 时符合要求，这时 FPR 为 0.1207，TPR 为 0.6364。

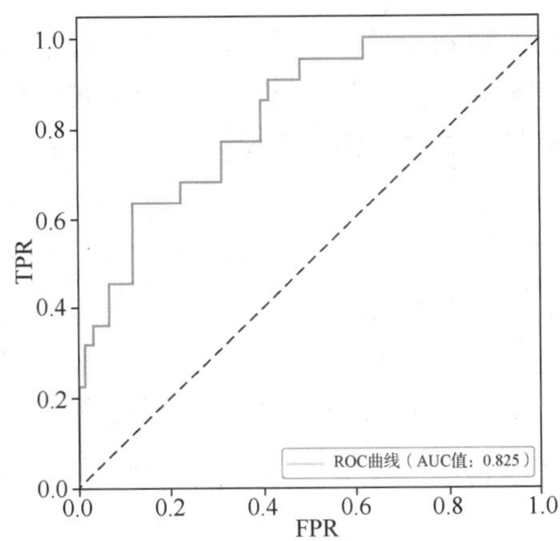

图 5-8　上市公司 ST 预测逻辑回归模型的 ROC 曲线

```
# 找到使 fpr<0.2 的情况下 tpr 尽可能大的阈值
idx = np.where(fpr < 0.2)
if len(idx) > 0:
    max_tpr_idx = np.argmax(tpr[idx])
    threshold = thresholds[idx][max_tpr_idx]
    tpr_value = tpr[idx][max_tpr_idx]
    fpr_value = fpr[idx][max_tpr_idx]
    print('满足条件的阈值: {:.4f}'.format(threshold))
    print('对应的 TPR: {:.4f}'.format(tpr_value))
    print('对应的 FPR: {:.4f}'.format(fpr_value))
else:
    print('未找到满足条件的阈值')
```

我们以阈值 0.4768 重新进行预测并评价模型效果，代码如下。如图 5-9 所示，模型整体预测正确率与预测正类的效果都得到了提升。

```
#模型性能度量：以阈值 0.4768 进行预测
threshold = 0.4768
LR_pred = (LR_predp > threshold).astype(int)
report_LR = classification_report(y_test, LR_pred,digits = 3)
cfmatrix = confusion_matrix(y_test, LR_pred)
# 输出模型性能报告
print('预测效果报告：\n',report_LR)#输出预测效果报告
print('混淆矩阵：\n',cfmatrix)#输出混淆矩阵
```

```
预测效果报告：
              precision    recall  f1-score   support

           0      0.850     0.879     0.864        58
           1      0.650     0.591     0.619        22

    accuracy                          0.800        80
   macro avg      0.750     0.735     0.742        80
weighted avg      0.795     0.800     0.797        80

混淆矩阵：
 [[51  7]
 [ 9 13]]
```

图 5-9　阈值为 0.4768 时的预测效果报告与混淆矩阵

步骤 4 变量重要性度量。

基于于标准化回归系数的绝对值，我们进行变量重要性的度量，并将结果可视化，代码如下。根据该结果，可以对公司 ST 的预测提出现实建议。

```
# 根据标准化回归系数的绝对值对变量进行排序
abs_coef = np.abs(LR.coef_[0])
sorted_indices = abs_coef.argsort()[::-1]
sorted_columns = X.columns[sorted_indices]
sorted_coef = abs_coef[sorted_indices]
# 绘制条形图
plt.figure(figsize=(10, 6))
plt.barh(sorted_columns, sorted_coef, color='skyblue')
plt.xlabel('变量重要性度量(基于标准化回归系数绝对值)')
plt.grid(axis='x')
plt.show()
```

代码运行结果如图 5-10 所示，基于当前建立的逻辑回归模型，对于公司 ST 预测而言，基本每股收益最为重要，其次依次为每股净资产、非经常性损益、应收账款周转率 TTM。在预测公司 ST 时，这些因素可以着重考虑。

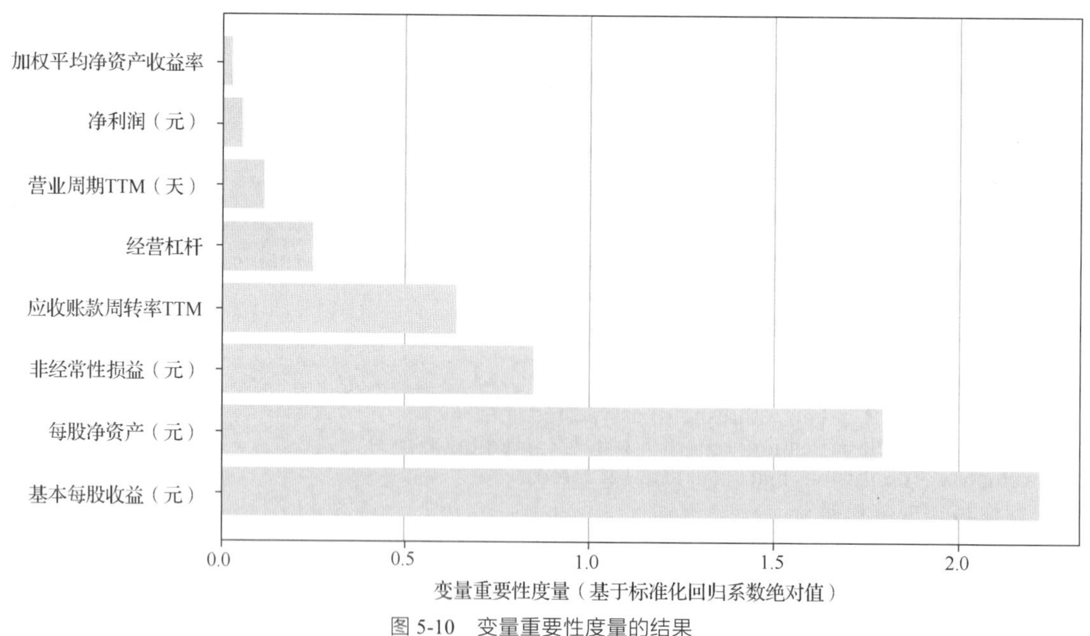

图 5-10 变量重要性度量的结果

5.4 决策树

决策树是一种常见且基础的机器学习算法，该算法模拟人类在做决策时常用的思维过程，它通过一系列的条件判断从数据中提取出规则和模式。比如，人们在筛选投资项目时，可能会考虑预期收益、投资风险、投资期限等因素。假如我们有表 5-8 所示的 34 个投资项目的历史数据，依据该数据可绘制图 5-11 所示的图形。这样的图形形如倒置的树，因此将该方法称为决策树。

表 5-8　　投资项目的历史数据

序号	投资期限	预期收益	投资风险	盈利	序号	投资期限	预期收益	投资风险	盈利
1	长	高	低	是	18	短	低	低	是
2	长	高	低	是	19	短	低	高	是
3	长	高	低	是	20	长	低	高	否
4	长	低	低	是	21	长	低	低	否
5	长	高	低	是	22	长	低	低	否
6	长	低	低	是	23	长	低	低	否
7	长	高	高	是	24	长	低	高	否
8	短	高	低	是	25	长	高	高	否
9	短	高	高	是	26	短	低	低	否
10	短	高	低	是	27	短	低	低	否
11	短	高	低	是	28	长	低	高	否
12	短	高	低	是	29	长	低	高	否
13	短	高	低	是	30	短	低	高	否
14	长	高	低	否	31	长	高	高	否
15	短	低	低	是	32	短	低	低	否
16	短	低	低	是	33	短	低	高	否
17	短	低	低	是	34	短	低	高	否

图 5-11 中的圆角矩形框称作节点，连接各层节点的有向箭头称为分支。一个分支中，下层节点称作上层节点的子节点，上层节点称作下层节点的父节点。最上层的节点称作根节点，它的特点是没有父节点；最下层的节点称作叶节点，它的特点是没有子节点；既非根节点、也非叶节点的节点称作中间节点，这类节点既有父节点，也有子节点。

树深度为根节点到叶节点的最大层数。如果每个节点有至多两个子节点，这样的树称为二叉树；如果任意一个节点下有多于两个子节点，这样的结构树称为多叉树，其中，二叉树最为常见。

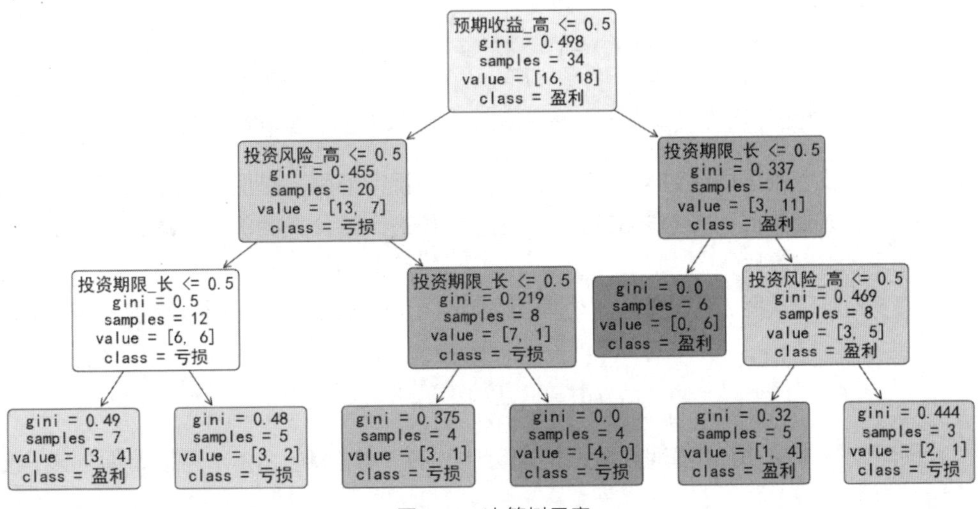

图 5-11　决策树示意

图 5-11 所示为树深度为 3 的决策树，其中“预期收益”这个因素位于根节点，根据预期收

益高低形成两个分支。“投资风险”与“投资期限”位于中间节点，根据这两个因素的分支情况，最终形成关于投资项目“盈利”或“亏损”的预测，即叶节点。

图 5-11 所对应的问题实际是对输出变量“是否盈利”进行预测的问题。这是一个分类预测，我们考虑 3 个因素的影响：预期收益、投资风险与投资期限。可以看到，决策树处理问题的思路与前面的线性回归或逻辑回归模型存在很大的不同。它不再寻找特征（即输入变量，在决策树模型中更习惯称为特征）与输出变量之间的函数关系（比如线性关系），而是寻找一种推理规则。决策树的每个节点及其分支对应了一条推理规则。例如，图 5-11 所示最左侧分支对应的推理规则是：如果预期收益低、投资风险低且投资期限短，则预测项目会盈利，选择投资。最右侧分支对应的推理规则是：如果预期收益高、投资期限长且投资风险高，预测项目会亏损，选择放弃投资。

5.4.1 决策树原理

决策树的形成过程，实际是决定各层节点选择哪个特征、如何进行分支的过程。我们结合图 5-11 的绘制过程来介绍决策树的原理。

首先，我们需要考虑在根节点处选择哪个特征。优先选择的特征应当能更好地区分输出变量。也就是说，依据该特征进行分支时，各个分支中所包含的样本的异质性应该较低，或者说纯度应该较高。为此，我们需要引入一些指标来度量节点的异质性。

最早的决策树算法以熵（Entropy）来度量节点的异质性。节点 t 处的熵定义为：

$$\text{Entropy}(t) = -\sum_{i=1}^{K} p_i \log_2(p_i)$$

其中，p_i 表示样本属于类别 i 的概率，样本共有 K 个类别。熵为非负数，用于度量信息的不确定性。当 $p_i = \frac{1}{K}$，即不确定性最高时，熵取最大值 $\log_2(K)$；当 $p_i = 1, p_j = 0(j \neq i)$，即样本都属于类别 i，无不确定性时，熵取最小值 0。引入新的特征后，应使不确定性下降，这种不确定性的变化称为信息增益（Information Gain）。在每个节点处，应选择信息增益最大的特征。

在 Python 的 sklearn 库中，决策树算法默认使用基尼系数（Gini Coefficient）来进行特征选择和节点划分。基尼系数定义为：

$$G(t) = 1 - \sum_{i=1}^{K} p_i^2 = \sum_{i=1}^{K} p_i (1 - p_i)$$

当 $p_i = \frac{1}{K}$，基尼系数取最大值 $1 - \frac{1}{K}$；当 $p_i = 1, p_j = 0(j \neq i)$ 时，基尼系数取最小值 0。也就是说，基尼系数越大，节点的异质性越高。与熵类似，引入新特征后，基尼系数应当下降。若以基尼系数为指标，应选择使其下降最多的特征。基尼系数的计算公式简单，计算速度较快，在应用效果上与熵没有明显差异。

对于表 5-8 所示数据，因为有 18 个项目盈利，16 个项目亏损，所以得到根节点处的基尼系数为：

$$G(0) = 2 \times \frac{18}{34} \times \frac{16}{34} \approx 0.498$$

如果引入预期收益，在 20 个预期收益低的项目中，有 7 个盈利，13 个亏损，得到该分支的基尼系数为：

$$G(1_{\text{left}}) = 2 \times \frac{7}{20} \times \frac{13}{20} = 0.455$$

在 14 个预期收益高的项目中，有 11 个盈利，3 个亏损，该分支的基尼系数为：

$$G\left(1_{\text{right}}\right)=2\times\frac{11}{14}\times\frac{3}{14}\approx 0.337$$

将这两个分支的基尼系数以样本量为权重取加权平均，得到引入预期收益的基尼系数为：

$$G(1)=\frac{20}{34}\times 0.455+\frac{14}{34}\times 0.337\approx 0.406$$

类似可以计算引入投资风险、投资期限的基尼系数分别约为 0.413、0.471。可见，3 个特征中，引入预期收益后引起的基尼系数的变化

$$\Delta G(1)=G(0)-G(1)=0.092$$

最大。因此，如图 5-11 所示，在根节点处选择了预期收益作为特征。

对于预期收益低的分支，从投资期限与投资风险中选择哪个特征作为子节点，其思想与根节点处的特征选择是一致的。此时，我们仅考虑预期收益低的 20 个样本。引入投资期限时，对于投资期限短的分支有

$$G\left(2_{\text{left}}\right)=2\times\frac{6}{11}\times\frac{5}{11}\approx 0.496$$

对于投资期限长的分支有

$$G\left(2_{\text{right}}\right)=2\times\frac{2}{9}\times\frac{7}{9}\approx 0.346$$

因此，该处选择投资期限作为子节点的基尼系数为：

$$G(2)=\frac{11}{20}\times 0.496+\frac{9}{20}\times 0.346\approx 0.429$$

类似可得到选择投资风险作为子节点的基尼系数约为 0.388，该特征带来基尼系数的变化大于投资期限，因此，在预期收益低的分支下，选择了投资风险作为子节点。

如此选择，形如图 5-11 所示的决策树便得以产生。可以看到，有些分支生长直至 3 个特征都被考虑到，而有些分支生长直至基尼系数为最小值 0。最后，依据叶节点处输出变量不同类别样本的分布情况进行分类预测。例如，在最左侧的叶节点处，亏损与盈利的样本分别为 3 个、4 个，有更多的盈利样本，因此预测该分支下的投资项目盈利。

实际应用中，情况可能比表 5-8 所示的模拟例子要复杂得多。首先，实践中用于决策的特征个数可能远大于 3，如果我们允许决策树生长到所有特征都被考虑到，可能会使模型过于复杂而导致过拟合。为了避免出现这一问题，我们需要对决策树生长到什么程度进行控制。例如，可以设置最大树深度或子节点需要的最小样本量等参数来限制树的生长。

其次，实践中各个特征的取值也可能远比表 5-8 所示的 0-1 变量复杂。比如，我们可能用预期收益率来度量预期收益，这是一个连续变量。在这样的背景下，我们不仅要考虑各个节点选择哪个特征，还要考虑特征在哪个值处分裂为两支（或更多支）。解决这一问题同样可以借助异质性的度量，基本思想是选择的分裂点应使节点处的异质性降低最多，这也是 Python 的 sklearn 库中，决策树算法默认的分裂策略。另一种分裂策略是随机选择分裂点，这样处理能减少计算成本与过拟合风险，但相应的代价是模型的准确性与稳定性可能会降低。

需要注意的是，决策树也能解决回归预测问题。比如，当我们关心的不是项目盈利与否，而是项目的实际收益率时，利用决策树模型也可对其进行预测。此时的决策树称作回归树，相应地，用于分类预测的树称作分类树。

回归树主要在两个问题上与分类树存在差异：首先是节点异质性的度量问题，其次是如何依据叶节点的样本分布状态进行预测的问题。对于前一个问题，显然采用熵或基尼系数不再合适，我们可以用 MSE 来度量连续型输出变量的异质性。MSE 越大，说明变量的取值越分散，异质性越高。在各个节点处引入特征时，应选择使 MSE 下降最多的特征。对于后一个问题，一个自然的做法是以叶节点处包含的样本点的均值作为该分支下输出变量的预测值。

5.4.2 决策树算法案例实践

在本节中，我们将通过【案例 5-1】和【案例 5-2】学习如何利用 Python 实现回归树和分类树。

（1）基于回归树的 IPO 首日成交量预测

具体实践目标为基于上市公司历史数据，建立公司 IPO 首日成交量的决策树模型，并评价该模型的性能，度量各个变量对于预测 IPO 首日成交量的重要性程度。

实践目标的达成依然可以划分为 5.2.3 节所介绍的 4 个步骤。该案例是一个回归预测问题，为了应用回归树模型，数据读入与预处理与 5.2.3 节一致，我们不再重复展示相关代码。本节基于 5.2.3 节处理后得到的数据，进行模型训练、性能度量和特征重要性度量。

在训练集上训练回归树模型的代码如下：

```
dtr = DecisionTreeRegressor(max_depth = 5,random_state=44)
dtr.fit(X_train, y_train)
```

可以看到，我们将决策树的最大树深度限制为 5。如果不加限制，决策树的最大树深度将达到 8，即包含的所有特征的个数。实践中，存在多个特征时，可以先对特征进行筛选以提升决策树的生成速度，也可以通过交叉验证的方式对最大树深度这一参数进行调优。限于篇幅，本书对相关内容不进行深入讨论。

如果希望得到图 5-11 所示的决策树，可以通过如下代码来实现。本例的决策树较为复杂，这里不进行呈现。

```
plt.figure(figsize=(15,10))
plot_tree(dtr, filled=True, rounded=True,
          class_names=y.unique().astype(str).tolist(),
          feature_names=X.columns.tolist(),fontsize=9,precision=3)
plt.show()
```

回归树模型的性能度量代码与 5.2.3 节中线性回归模型的性能度量代码类似，只需将其中的模型名改为此处的名称“dtr”即可。最大树深度为 5 的回归树模型在测试集与训练集上的 R 方分别为 0.959 和 0.782，该模型效果优于线性回归模型。

我们进行变量重要性度量并将结果可视化（见图 5-12），代码如下：

```
# 获取变量重要性度量
importances = dtr.feature_importances_
sorted_indices = importances.argsort()[::-1]
sorted_columns = X.columns[sorted_indices]
sorted_imp = importances[sorted_indices]
# 绘制条形图
plt.figure(figsize=(10, 6))
plt.barh(sorted_columns, sorted_imp, color='skyblue')
plt.xlabel('变量重要性度量')
plt.grid(axis='x')
plt.show()
```

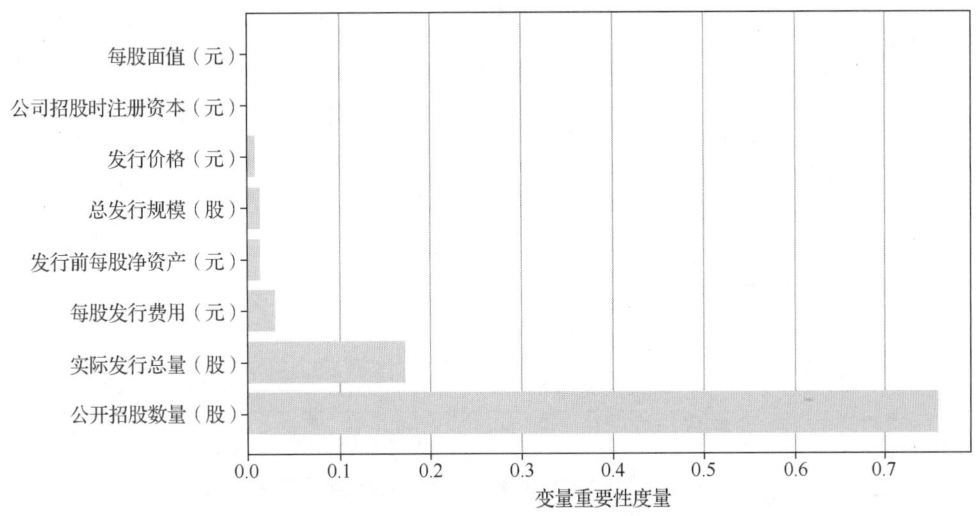

图 5-12　基于回归树模型的变量重要性度量结果

决策树模型可以通过 feature_importances_ 函数输出变量重要性的度量指标。该指标基于每个特征降低异质性的贡献程度来计算。因为采用了不同的思路与指标来度量变量的重要性，回归树模型得到的结果与线性回归模型得到的结果存在较大的差异。依据线性回归模型，重要性排在前 3 位的变量分别是实际发行总量、公开招股数量与总发行规模；依据回归树模型，重要性排在前 3 位的变量分别是公开招股数量、实际发行总量与每股发行费用。

（2）基于分类树的上市公司 ST 预测

具体实践目标为基于上市公司历史数据，建立公司 ST 的决策树模型，并评价该模型的性能，度量各个变量对于预测公司 ST 的重要性程度。

基于 5.3.2 节得到的训练集，拟合分类树模型的代码如下，我们依然限制决策树的最大树深度为 5。分类树模型的性能度量（测试集上的预测效果）代码与 5.3.2 节中逻辑回归模型的性能度量代码类似，只需要将其中的模型名称改为“dtc”即可。

```
dtc = DecisionTreeClassifier(max_depth=5,random_state=123)
dtc.fit(X_train, y_train)
```

分类树模型的预测效果报告与混淆矩阵如图 5-13 所示。可以看到，当前设置下，分类树模型与逻辑回归模型性能相近。

```
预测效果报告：
              precision    recall  f1-score   support

           0      0.845     0.845     0.845        58
           1      0.591     0.591     0.591        22

    accuracy                          0.775        80
   macro avg      0.718     0.718     0.718        80
weighted avg      0.775     0.775     0.775        80

混淆矩阵：
 [[49  9]
 [ 9 13]]
```

图 5-13　分类树模型的预测效果报告与混淆矩阵

分类树模型变量重要性度量代码与回归树模型的类似，这里不赘述。图 5-14 直观展示了相应结果。分类树模型对变量重要性的度量与逻辑回归模型存在差异，其认为重要性排在前 3 位的变量依次为每股净资产、基本每股收益与净利润。

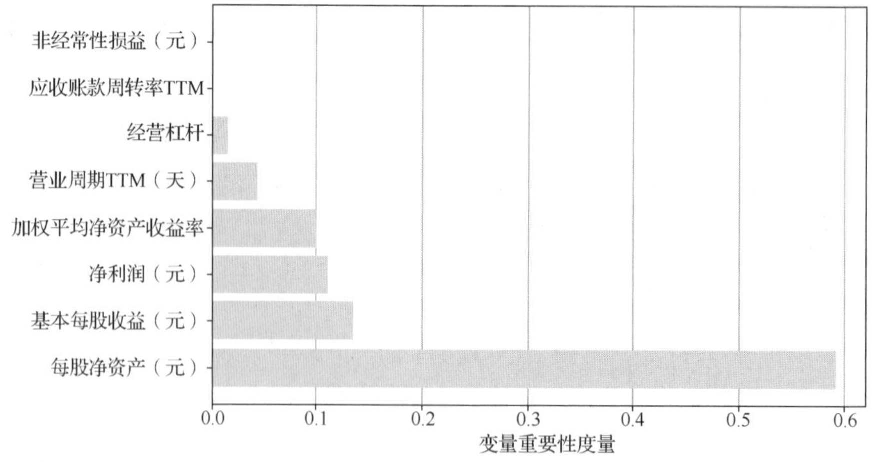

图 5-14 基于分类树模型的变量重要性度量结果

5.5 随机森林

相较于线性回归模型，决策树能够反映变量间的非线性关系，但它的预测结果不够稳定，往往具有高方差的特征。为了让读者对这种特征有更直观的体会，我们在建立【案例 5-1】的决策树模型时不设置种子值，进行 100 次模型训练，记录每次训练得到的模型在测试集上的 R 方，并绘制其箱线图。如图 5-15 所示，100 次训练得到的 R 方很不稳定，其最小值不足 0.3，与最大值差距明显。产生这一现象的原因主要在于，为了提升训练效率，决策树模型在进行特征选择与节点划分时选择的是局部最优值，预测结果具有随机性。决策树的高方差性在特征较多、树深度较大时表现得更为明显。

如何解决决策树的高方差问题呢？一个直观的想法是集成多棵树的结果进行预测。假设单棵树预测的方差为 σ^2，树预测结果两两间的相关系数为 ρ，当我们用 m 棵树的平均值进行预测时，其方差为

$$\rho\sigma^2 + \frac{(1-\rho)\sigma^2}{m}$$

当每棵树相互独立，即 $\rho = 0$ 时，随着树数目的增多，预测的方差能有效降低。这种组合多个基础模型提升预测效果的做法，代表了机器学习算法的一大分支，即集成学习。随机森林是集成学习中综合性能较好、较为常用的一种算法。

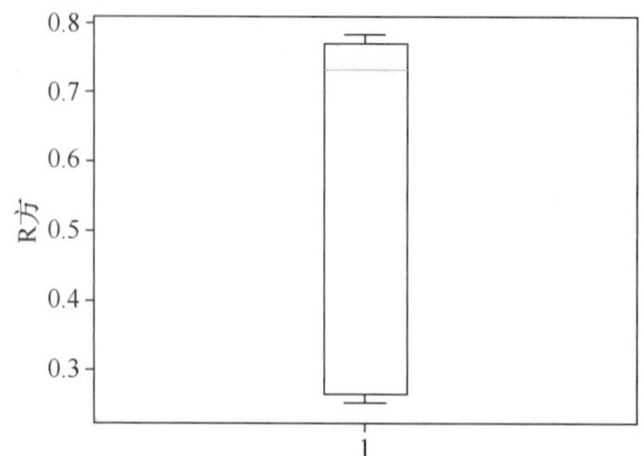

图 5-15 决策树模型 100 次训练得到的 R 方

5.5.1 随机森林算法思想

作为集成学习的一个重要代表，随机森林算法的思想相对简单。为了得到多个基础模型，首先需要生成多个数据集，其常用策略为使用重抽样自举法（Bootstrap）。所谓重抽样自举法，指的是从样本量为 N 的原始数据集中进行有放回的随机抽样，得到一个样本量为 N 的样本，如此进行 m 次，得到 m 个数据集，用于构建 m 个基础模型。这样得到的 m 个数据集虽然样本量为 N，但其中可能存在重复样本，这些数据集通常与原始数据集存在差异，且彼此互不相同。因为抽样存在随机性，这样得到的 m 个数据集可以认为是相互独立的。

随机森林基于重抽样自举法得到 m 个数据集，在每个数据集上训练一个决策树模型。

依据式（5-1），当模型间存在较高的相关性时，随着基础模型个数的增加，集成模型的方差将始终维持在 $\rho\sigma^2$ 之上，不能有效减小。随机森林算法为了降低基础模型之间的相关性，使每棵决策树都随机选择一部分特征进入基础模型，这样便得到一个由 m 棵树构成的“森林”。

在进行预测时，对于分类问题，随机森林通过投票机制来确定最终的类别，即预测结果为 m 棵树中得票数最高的类别；对于回归问题，随机森林通过取平均值来得到最终的预测值。

基于重抽样自举法，每条数据进入数据集的概率为 $1-\left(1-\frac{1}{N}\right)^N$，当 N 超过 24 后，该值便稳定为 0.63～0.64。也就是说，当 N 足够大时，对于随机森林的每棵树，有约 37%的个体不会用于模型训练，这些个体称作袋外（Out-Of-Bag，OOB）观测。因为 OOB 的存在，计算随机森林模型的测试误差时无须划分数据集，直接依据模型在 OOB 上的预测结果与真实结果的差异来计算测试误差。

随机森林模型在度量变量的重要性时，也借助了 OOB。直观来看，如果某个变量对结果预测有显著影响，其值变动时，也将带来 OOB 误差的显著变化。因此，在每棵树的训练过程中，随机森林会对 OOB 样本进行预测，并计算模型在这些样本上的误差。然后，通过打乱每个变量的值来破坏其与目标变量之间的关系，再次对 OOB 样本进行预测并计算误差。两次误差的变动越大，说明对应变量的影响越大。计算每个变量在多棵树中引起的误差变动的平均值，就是对变量重要性的度量。该值越大，表明变量的重要性越大。

需要注意的是，虽然从理论上讲，树的数目越多越有利于提升模型的稳定性，但过多的树也会带来过拟合问题。此外，为了提升随机森林模型的训练效率，建议每棵树的最大树深度取较小的值。实践表明，即便每棵树采用简单结构，多棵树的集成也能带来比较理想的预测效果。随机森林建模之前，可以通过交叉验证对树的数目、每棵树的最大树深度等参数进行优选，以提升模型的预测效果。

5.5.2 随机森林算法案例实践

本节应用随机森林模型来解决【案例 5-1】与【案例 5-2】的问题。针对【案例 5-1】，基于 5.2.3 节处理后的数据，随机森林模型的构建、OOB 的 R 方的计算、变量重要性的度量与可视化的代码如下。其中，设置每棵树的最大树深度为 2，通过“oob_score=True”设置需要计算 OOB 的 R 方。

```
#随机森林模型的构建：无须划分数据集
rfr = RandomForestRegressor(max_depth = 2,random_state=44,oob_score=True)
rfr.fit(X_scaled, y)
#OOB 的 R 方的计算
```

```
oob_R2 = rfr.oob_score_
print('OOB 的 R 方为:', oob_R2)
# 获取变量重要性度量
imp_rfr = rfr.feature_importances_
sorted_indices = imp_rfr.argsort()[::-1]
sorted_columns = X.columns[sorted_indices]
sorted_imp = imp_rfr[sorted_indices]
# 绘制条形图
plt.figure(figsize=(10, 6))
plt.barh(sorted_columns, sorted_imp, color='skyblue')
plt.xlabel('变量重要性度量')
plt.grid(axis='x')
plt.show()
```

运行以上代码得到 OOB 的 R 方为 0.759，该值可以作为随机森林模型泛化能力的度量。变量重要性度量的可视化结果如图 5-16 所示。可以看到，该结果与线性回归模型的结果较为接近，与决策树的结果差异较大。因为我们选择了较小的树深度，部分变量未进入模型，其变量重要性的度量也变为 0。

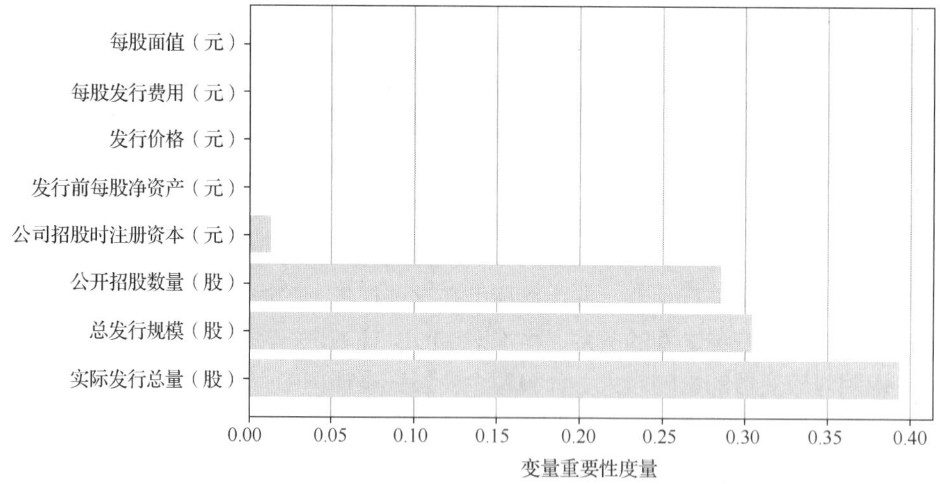

图 5-16　基于随机森林模型的变量重要性度量可视化结果

尽管评价随机森林模型的性能无须划分数据集，但如果希望比较随机森林模型与决策树模型的性能差异，基于同样的数据集划分结果会更有说服力。基于 5.2.3 节划分的测试集与训练集重新训练随机森林模型（代码与前面类似，不再重复展示），得到训练集与测试集的 R 方分别为 0.853、0.788。可以看到，随机森林模型虽然采用了非常简单的树结构（最大树深度为 2），但集成多棵树（RandomForestRegressor()函数默认为 100 棵）仍然取得了优于最大树深度为 5 的单棵决策树的泛化能力。

对于【案例 5-2】，基于 5.3.2 节划分后的数据集进行随机森林模型训练的代码如下：

```
rfc = RandomForestClassifier(max_depth=1,random_state=123,n_estimators = 50)
rfc.fit(X_train, y_train)
```

以上代码设置了单棵树的最大树深度为 1、树的数目为 50。要进行随机森林模型的性能度量与变量重要性度量，只需要将相应代码中的模型名称改为 rfc 即可，这里不赘述，仅给出运行结果，如图 5-17 所示。

```
预测效果报告：
              precision    recall  f1-score   support

           0      0.815     0.914     0.862        58
           1      0.667     0.455     0.541        22

    accuracy                          0.787        80
   macro avg      0.741     0.684     0.701        80
weighted avg      0.774     0.787     0.773        80

混淆矩阵：
 [[53  5]
 [12 10]]
```

图 5-17　随机森林模型的预测效果报告与混淆矩阵

由图 5-17 可见，最大树深度为 1，50 棵树构成的随机森林对 ST 的预测在测试集上的正确率为 0.787，略高于最大树深度为 5 的单棵决策树。与决策树相比，随机森林模型的查全率有所下降，但查准率有所提升。

基于随机森林模型得到的变量重要性度量与决策树的存在差异。如图 5-18 所示，在随机森林模型中，经营杠杆未被模型选中，其重要性度量为 0。而在决策树中，应收账款周转率 TTM 与非经常性损益未被模型选中。

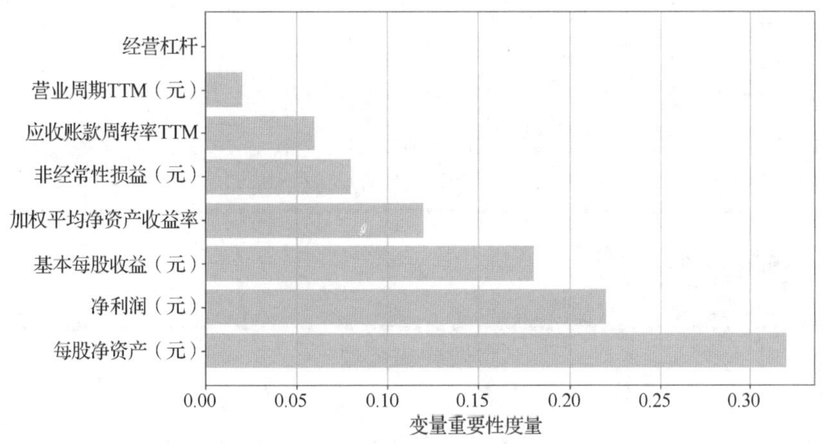

图 5-18　基于随机森林的变量重要性度量可视化结果

课后习题

一、单项选择题

1. 以下哪个指标可用于评价回归预测模型的性能？（　　）

   A. AUC 值　　B. 正确率　　C. R 方　　D. 查准率

2. 以下哪个指标可用于评价分类预测模型的性能？（　　）

   A. RMSE　　B. MAE　　C. R 方　　D. 正确率

3. 关于各类有监督学习模型，下列说法正确的是（　　）。

   A. 线性回归模型既能解决回归问题，也能解决分类问题

   B. 决策树模型既能解决回归问题，也能解决分类问题

   C. 随机森林模型只能解决分类问题

   D. 逻辑回归只能解决回归问题

4. 在 Python 中，使用 sklearn 库实现决策树时，若想查看决策树的结构，可以使用以下哪个函数？（　　）

A. plot_tree()　　B. print_tree()　　C. view_tree()　　D. tree_to_dot()

5. 关于随机森林算法，下列说法错误的是（　　）。

A. 随机森林是一种集成学习算法

B. 随机森林采用重抽样自举法获得多个训练集

C. 随机森林的每棵树随机选择部分特征进入模型

D. 随机森林的树的数目越多越好

6. 某个逻辑回归模型对于测试集的 100 条数据进行 0-1 预测，其中 80 条取 0 的数据有 72 条预测为 0，20 条取 1 的数据有 16 条预测为 1，则模型的正确率与敏感性分别为（　　）。

A. 0.88、0.8　　B. 0.88、0.9　　C. 0.8、0.9　　D. 0.8、2/3

二、判断题

1. 逻辑回归模型用于解决回归问题。（　　）
2. 线性回归模型不能解决分类问题。（　　）
3. 决策树模型具有高方差的特征。（　　）
4. 在决策树模型中度量节点的异质性可以使用 AUC 值。（　　）
5. 测试误差可以作为模型泛化能力的度量。（　　）
6. 在随机森林算法中，每棵树都是使用完整的数据集进行训练的。（　　）

本章实训

贷款利率预测

一、案例介绍

在金融领域，贷款利率是一个非常重要的指标，对经济活动的总体健康和金融市场的稳定有着重要的影响。通过分析多个因素与贷款利率的关系，可以帮助金融机构更准确地预测未来贷款利率的走势，从而制定更合理的贷款策略。

5-2　常用有监督学习模型的选择

二、实训目标

建立贷款利率预测模型，评价模型的性能，探索影响贷款利率的关键因素。

三、实训任务

（1）指标设计，数据收集与整理。

（2）建立贷款利率预测模型并评价模型性能，应用线性回归与随机森林。

（3）确定最终的预测模型，探索影响贷款利率的关键因素。

四、实训步骤

（1）指标设计

收集 2021 年 5 月到 2023 年 5 月各月一年期实际贷款利率，将其作为目标变量，选取对应月份经济、财政、金融等方面的一些指标作为特征，形成表 5-9 所示的贷款利率预测指标设计列表，具体数据见文件“贷款利率数据.xlsx”。

表 5-9　　贷款利率预测指标设计

变量名	说明	变量名	说明
贷款利率	一年期实际贷款利率	进口金额	当月值，单位：千美元
美元兑人民币汇率	平均汇率	出口金额	当月值，单位：千美元
欧元兑人民币汇率	平均汇率	财政预算收入	当月值，单位：亿元
工业增加值	当月同比	财政预算支出	当月值，单位：亿元
第一产业投资额	固定资产投资完成额累计值，单位：亿元	社会融资增量	当月值，单位：亿元
第二产业投资额	固定资产投资完成额累计值，单位：亿元	存款余额	金融机构人民币余额，单位：亿元
第三产业投资额	固定资产投资完成额累计值，单位：亿元	贷款余额	金融机构人民币余额，单位：亿元

（2）建立贷款利率预测模型并评价模型性能，应用线性回归与随机森林。

步骤 1　读取整理好的数据，将其划分为测试集、训练集。示例代码如下：

```
data = pd.read_excel('贷款利率数据.xlsx')
X = data.iloc[:,2:]
y = data['贷款利率']
X_train, X_test, y_train, y_test = train_test_split(X, y, test_size=0.2, random_state=1234)
```

步骤 2　训练线性回归、随机森林模型，输出模型在测试集上的 R 方。

```
#线性回归模型
lr = LinearRegression(fit_intercept=True)
lr.fit(X_train, y_train)
lr_pred = lr.predict(X_test)
lr_r2 = r2_score(y_test, lr_pred)
# 随机森林模型
rf = RandomForestRegressor(max_depth = 5,random_state=123)
rf.fit(X_train, y_train)
rf_pred = rf.predict(X_test)
rf_r2 = r2_score(y_test, rf_pred)
print('线性回归模型 R 方：  {:.3f}'.format(lr_r2))
print('随机森林模型 R 方：  {:.3f}'.format(rf_r2))
```

（3）确定最终的预测模型，探索影响贷款利率的关键因素。

以上代码输出两个模型的 R 方分别为 0.574、0.764，随机森林模型更优，用随机森林模型作为贷款利率预测的最终模型。基于随机森林模型对变量重要性进行度量并绘制条形图的代码如下：

```
# 获取特征重要性度量
imp_rfr = rf.feature_importances_
sorted_indices = imp_rfr.argsort()[::-1]
sorted_columns = X.columns[sorted_indices]
sorted_imp = imp_rfr[sorted_indices]
# 绘制条形图
plt.figure(figsize=(10, 6))
plt.barh(sorted_columns, sorted_imp, color='skyblue')
plt.xlabel('变量重要性度量')
plt.grid(axis='x')
plt.show()
```

运行以上代码，得到变量重要性度量可视化结果，如图 5-19 所示。根据该图可知，美元兑人民币汇率对贷款利率的影响最大，其次为工业增加值。此外，贷款余额和存款余额也对贷款利率有较大影响。实践中，可以多关注这些因素，以掌握贷款利率的变化趋势。

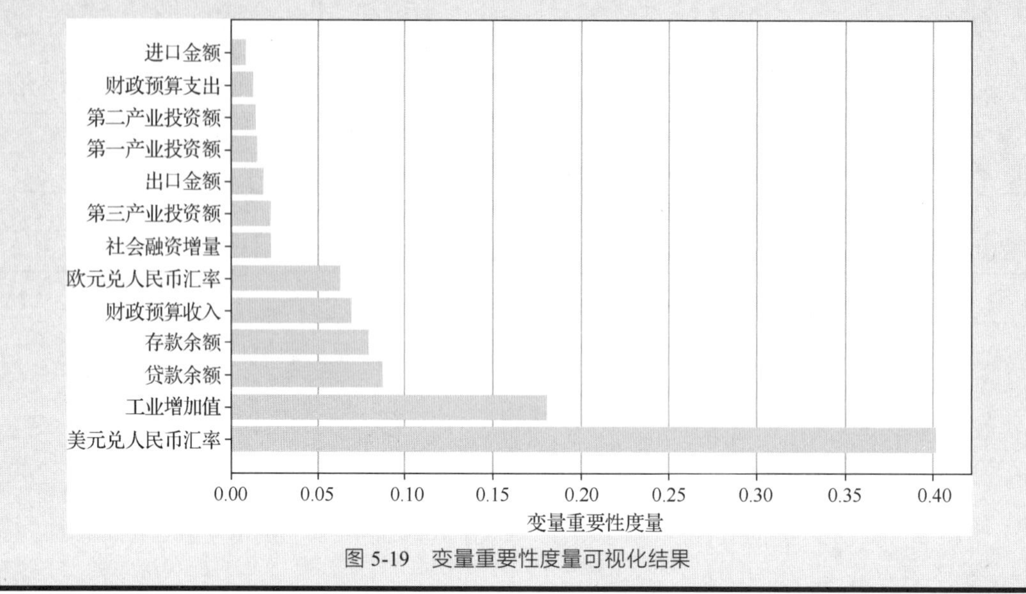

图 5-19　变量重要性度量可视化结果

实战演练

上市公司营收预测

一、案例介绍

在金融领域，上市公司营收预测是非常重要的，因为它直接反映了公司的运营情况和未来发展趋势。投资者和金融数据分析师通常会关注上市公司营收预测，以评估上市公司的业绩表现和投资潜力。

二、实战目标

建立上市公司营收预测模型，评价模型的性能，探索影响上市公司营收的关键因素。

三、实战任务

（1）设计指标，收集与整理数据。

（2）建立不少于两种模型来预测上市公司的营收，评价模型性能。

（3）确定最终的预测模型，探索影响上市公司营收的关键因素。

（4）撰写涵盖以上内容的实战报告。

第 6 章

数据建模：无监督学习

学习导读

在本章中，我们将介绍无监督学习算法，包括主成分分析、因子分析和 K 均值聚类。无监督学习是机器学习的一个重要分支，通过使用未标注的训练数据来训练模型，从而发现数据中的潜在结构和模式。通过学习本章内容，读者将了解这些算法的原理、应用场景和如何用 Python 实现它们。这些算法提供了数据降维的手段，同时从不同的角度揭示了数据中蕴含的规律。

学习目标

➢ 掌握无监督学习的基本概念和特点，了解无监督学习的应用场景和意义。

➢ 了解主成分分析的基本思想，掌握其在数据降维和特征提取中的应用。

➢ 了解因子分析的基本概念，掌握因子分析在发现数据潜在结构上的应用。

➢ 了解 K 均值聚类的基本原理，掌握其 Python 实现流程，理解质心的含义并能够对聚类结果进行正确解读。

思维导图

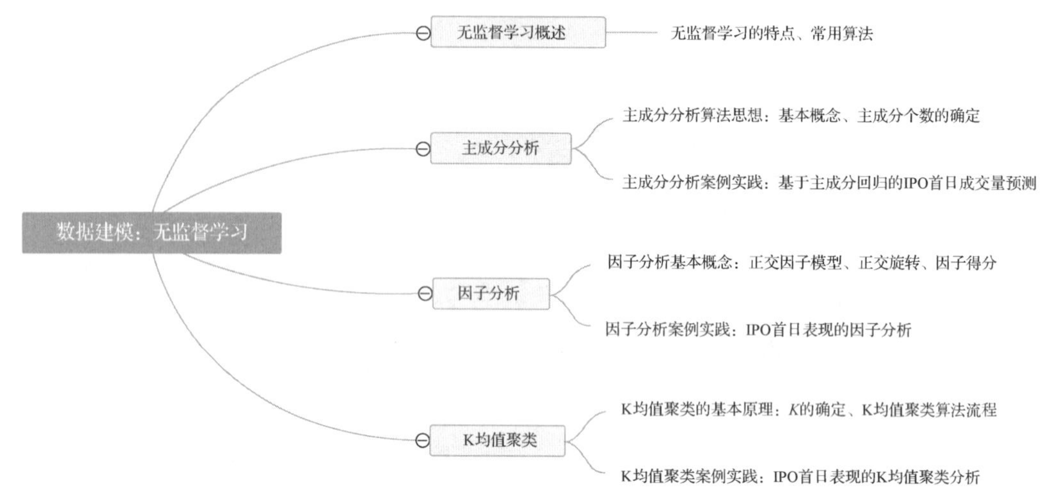

6.1 无监督学习概述

在第 5 章，我们介绍了上市公司 IPO 首日成交量预测的案例，并采用不同的有监督学习算法对成交量进行了预测。本章将从一个新的角度来分析上市公司 IPO 相关问题。

【案例 6-1】上市公司 IPO 首日表现分析

如图 6-1 所示，上市公司 IPO 首日表现可以通过首日开盘价、首日收盘价、首日交易股数、首日交易金额等数据来反映。这些数据能给我们何种启示？从横向看，我们可能希望对 7 个指标反映的信息进行归纳和概括，挖掘其中具有共性的东西（方便起见，称作目标 1）；从纵向看，我们可能希望按照 IPO 首日表现，对上市公司进行分类（目标 2），为后续的投资决策提供参考。

	首日开盘价(元)	首日收盘价(元)	首日交易股数(股)	首日交易金额(元)	首日个股回报率	首日换手率	首日的市场回报率
0	29.50	27.75	174085055	4.859102e+09	177.5000	54.0	-9.6237
1	7.72	8.75	187469932	1.512258e+09	48.8095	47.0	-4.8196
2	7.27	6.70	107249756	7.344126e+08	31.3725	43.0	-5.8192
3	6.00	5.85	55675391	3.292603e+08	7.1429	36.0	1.1369
4	18.00	17.42	68952797	1.180499e+09	93.9866	57.0	-1.0714

图 6-1　上市公司 IPO 首日表现数据示例

为达成以上两个目标，有监督学习算法已经不再适用，因为我们没有事先已知的标准可供参考。而无监督学习提供了多种算法，可以达成以上两个目标。

与有监督学习不同，无监督学习不需要人工标注的训练数据来指导模型进行学习。在无监督学习中，模型需要从数据中习得隐藏的模式、结构或规律。

无监督学习常用的技术包括降维分析、聚类分析、异常检测和关联规则挖掘等方法。其中，降维分析用于减少数据的维度，保留数据中重要的信息，常用的降维分析包括主成分分析（Principal Component Analysis，PCA）和 t 分布随机邻域嵌入（t-Distributed Stochastic Neighbor Embedding，t-SNE）等。数据降维一方面有利于实现高维数据的可视化，另一方面也能提取数据的重要特征，减少冗余信息。此外，降维后的数据用于机器学习模型构建时，也有利于提升模型训练效率。

聚类分析用于将数据点划分为不同的组或簇，通常要求组内或簇内差异尽可能小而组间或簇间差异尽可能大。常用的聚类算法包括 K 均值聚类、层次聚类和密度聚类等。不同于分类问题，聚类问题没有现成的类别标签，通常需要探索数据的潜在结构。聚类算法在图像压缩、市场细分上有广泛的应用。

异常检测用于识别数据集中的异常值或离群点，常用的异常检测算法包括孤立森林和 LOF（Local Outlier Factor，局部离群因子）等。异常检测算法可以用于检测网络攻击、信用卡欺诈等异常行为。

关联规则挖掘用于从大规模数据集中发现行为之间（如购买商品 A 与购买商品 B）的相关性。通过分析数据集中的交易记录或者事件序列，关联规则挖掘可以揭示行为的频繁出现模式，为决策提供支持。

限于篇幅，本书对异常检测与关联规则挖掘不做详细讨论，仅介绍降维和聚类的常用算法，包括主成分分析、因子分析和 K 均值聚类。这些算法在金融分析、经济研究和市场调研等领域有着非常广泛的应用。例如，通过因子分析可以达成【案例 6-1】的目标 1，通过 K 均值聚类可以达成【案例 6-1】的目标 2。通过学习这些算法，我们可以从数据中挖掘出有价值的信息，提高数据分析和决策的效率。

6.2 主成分分析

主成分分析是一种常用的数据降维算法，该算法通过坐标变换来寻找数据的主要结构，从而实现数据的压缩和简化。本节对主成分分析算法的思想及其实践进行介绍。

6.2.1 主成分分析算法思想

我们通过一个简单的二维数据的例子，来说明主成分分析算法的思想。如图 6-2 所示，二维随机向量(x_1,x_2)的若干样本点呈线性关系，在原始坐标系中，这些样本点在X_1轴与X_2轴方向都有较大的波动，因此这两个维度的信息都无法忽略。然而，当我们以Z_1、Z_2为坐标轴进行空间变换时，一方面，变换后的数据(z_1,z_2)不再具备线性关系，另一方面，样本点在Z_2轴方向的波动减小，此时用一个变量z_1已经足够表示数据信息。

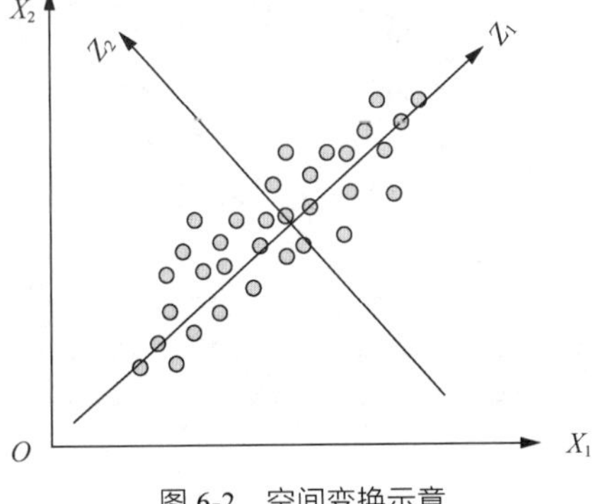

图 6-2 空间变换示意

将以上想法推广到多维数据，主成分分析算法的思想是构造如下线性变换：

$$\begin{cases} Z_1 = a_{11}X_1 + a_{21}X_2 + \cdots + a_{p1}X_p = \boldsymbol{A}_1'\boldsymbol{X} \\ Z_2 = a_{12}X_1 + a_{22}X_2 + \cdots + a_{p2}X_p = \boldsymbol{A}_2'\boldsymbol{X} \\ \qquad\vdots \\ Z_p = a_{1p}X_1 + a_{2p}X_2 + \cdots + a_{pp}X_p = \boldsymbol{A}_p'\boldsymbol{X} \end{cases}$$

其中，$\boldsymbol{A}_i' = (a_{1i}, a_{2i}, \cdots, a_{pi})$，$\boldsymbol{X}' = (X_1, X_2, \cdots, X_p)$。

希望运用$Z_1,Z_2,\cdots,Z_p$中的少数几个变量就能反映原始数据的绝大部分变异信息，且希望$Z_1,Z_2,\cdots,Z_p$彼此不相关。如果我们希望用Z_1来替代原始变量，可以通过最大化Z_1的方差

$\mathrm{var}(Z_1)=A_1'\boldsymbol{\Sigma}A_1$ 来达到目的，其中 $\boldsymbol{\Sigma}=\mathrm{var}(\boldsymbol{X})$ 是 $\boldsymbol{X}$ 的协方差矩阵。这样的线性变换并不唯一，为避免 Z_1 的方差趋近无穷，我们限制 $A_1'A_1=1$。这样得到的 Z_1 称为第一主成分。如果得到的 Z_1 不足以替代原始变量，我们再考虑 Z_2。同样，我们希望 Z_2 的方差尽可能大，且限制 $A_2'A_2=1$。Z_2 应反映与 Z_1 不相关的新信息，因而要求 $\mathrm{cov}(Z_1,Z_2)=A_1'\boldsymbol{\Sigma}A_2=0$。这样求得的 Z_2 称为第二主成分。类似可以求得第三主成分、第四主成分等。

如果设 $\lambda_1,\lambda_2,\cdots,\lambda_p$ 为协方差矩阵 $\boldsymbol{\Sigma}$ 的 p 个从大到小排列的特征值，$\boldsymbol{a}_1,\boldsymbol{a}_2,\cdots,\boldsymbol{a}_p$ 为对应的特征向量，我们可以证明，第 i 个主成分 Z_i 满足 $Z_i=\boldsymbol{a}_i'\boldsymbol{X}$ 且 $\mathrm{var}(Z_i)=\lambda_i$。也就是说，我们可以通过求协方差矩阵 $\boldsymbol{\Sigma}$ 的特征值与特征向量来求得主成分，同时得到主成分的方差。我们称 $\frac{\lambda_i}{\sum_{j=1}^{p}\lambda_j}$ 为主成分 Z_i 的贡献率，$\frac{\sum_{i=1}^{m}\lambda_j}{\sum_{j=1}^{p}\lambda_j}(m\leqslant p)$ 为主成分 $Z_1,Z_2,\cdots,Z_m$ 的累计贡献率。当累计贡献率达到 70%时，主成分已经可以覆盖大部分数据的信息；当累计贡献率达到 80%时，主成分已经可以保留较多的关键信息；当累计贡献率达到 90%时，主成分已经可以较为完整地保留数据的信息。实践中可以结合具体情况，依据累计贡献率来确定需要保留的主成分数量。

6.2.2 主成分分析案例实践

在 5.2.3 节，我们建立了线性回归模型对 IPO 首日成交量进行预测，得到的标准化回归系数如表 6-1 所示。细心的读者可能已经发现，线性回归模型得到的回归系数不太合理。比如发行价格的系数为正，这意味着发行价格的增加会使 IPO 首日成交量上升。这种违背现实的回归系数通常因变量间的强相关性而产生。变量间存在相关性这一现象称作多重共线性，在金融领域很常见。当变量间存在严重多重共线性时，回归系数的最小二乘估计方差很大，这使估计值很不稳定，甚至超出合理范围，产生违背现实的系数。本节将对【案例 5-1】的输入变量进行主成分分析，基于提取的主成分重新建立线性回归模型，由此带领读者体验主成分分析的流程及其效果。

表 6-1　两种模型回归系数对比

输入变量	线性回归系数	主成分回归系数
发行价格（元）	4658595.673	−1543051.301
每股面值（元）	−1302762.332	−526375.285
总发行规模（股）	−62901471.918	33834382.072
公开招股数量（股）	86728576.315	32945612.762
发行前每股净资产（元）	−7161439.711	−1610453.395
实际发行总量（股）	100379250.827	33935023.500
每股发行费用（元）	−2284877.141	−2668329.679
公司招股时注册资本（元）	7960273.718	31698332.872

以【案例 5-1】上市公司 IPO 首日表现分析为例，对上市公司 IPO 相关数据进行主成分分析，提取合适数量的主成分。以提取的主成分为输入变量建立 IPO 首日成交量的线性回归模型（即主成分回归模型），评价模型的性能并与线性回归模型进行对比。

为应用 Python 的主成分分析模块，在 5.2.3 节的代码基础上还需使用如下代码导入库：

```
from sklearn.decomposition import PCA
```

下面，我们基于 5.2.3 节读入并处理好的 IPO 数据，对 8 个输入变量进行主成分分析。参考代码如下：

```
# 主成分分析
pca = PCA()
pca_result = pca.fit_transform(X_train)
vr = pca.explained_variance_ratio_# 获取主成分贡献率
print('主成分贡献率:')
print(np.around(vr, decimals=3)) #输出贡献率
cvr = np.cumsum(vr) # 计算累计贡献率
print('主成分累计贡献率:')
print(np.around(cvr, decimals=3)) #输出累计贡献率
```

```
主成分贡献率:
[0.469 0.265 0.141 0.057 0.043 0.02  0.004 0.   ]
主成分累计贡献率:
[0.469 0.734 0.876 0.932 0.975 0.996 1.    1.   ]
```

图 6-3 【案例 5-1】的主成分贡献率情况

其中，我们通过函数 PCA()构建主成分回归模型，调用 pca.fit_transform()来实现数据从训练集到主成分 pca_result 的转换。为了确定需要提取的主成分数量，我们获取了各个主成分的贡献率与累计贡献率。如图 6-3 所示，第一主成分的贡献率为 0.469，前两个主成分的累计贡献率已经超过 70%，表示选择两个主成分已经可以反映原始数据的大部分信息。

主成分分析的一个重要作用是降维。原始输入变量包含 8 个变量，我们很难直观感受到数据的分布情况。提取 2 个主成分后，这一问题可以得到解决。通过如下代码，我们绘制两个主成分的散点图，如图 6-4 所示，数据的分布情况得以直观呈现。

```
# 绘制散点图
plt.scatter(pca_result[:,0],pca_result[:,1],edgecolor='black',facecolor='grey')
plt.xlabel('第一主成分')
plt.ylabel('第二主成分')
plt.show()
```

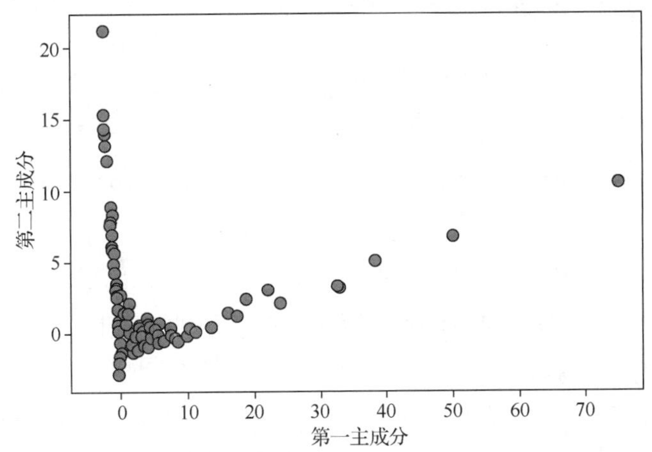

图 6-4 【案例 5-1】输入变量中的两个主成分的散点图

因为主成分彼此不相关，以主成分为输入变量建立线性回归模型可以有效地解决多重共线性问题。以下代码用于实现主成分回归，得到主成分回归系数，最后输出主成分回归模型的测试集 R 方，以便与线性回归模型进行对比。这里，主成分回归系数是根据主成分与原始变量的关系，将主成分作为输入变量得到的线性回归模型系数还原为原始变量系数的结果。

```
# 主成分回归
pca = PCA(n_components=2) #提取两个主成分
X_pca = pca.fit_transform(X_train)
reg = LinearRegression()
reg.fit(X_pca, y_train) #以主成分为输入变量建立线性回归模型
coef_pca = reg.coef_
coef_original = np.dot(pca.components_.T, coef_pca) # 还原回归系数
feature_names = data_cleaned.iloc[:,1:].columns
for i, (coef, name) in enumerate(zip(coef_original, feature_names)):
    print(f'{name}: {coef:.3f}') # 输出原始变量系数及对应的变量名
# 使用训练好的 PCA 模型将测试集数据进行降维
X_pca_test = pca.transform(X_test)
# 使用训练好的线性回归模型对降维后的测试集数据进行预测
y_pred = reg.predict(X_pca_test)
# 计算并输出 R 方值
r2 = r2_score(y_test, y_pred)
print(f'测试集 R 方: {r2:.3f}')
```

通过以上代码得到的主成分回归系数如表 6-1 所示。可以看到，发行价格与总发行规模的不合理的系数得到了矫正。此外，主成分回归模型的测试集 R 方为 0.748，与线性回归模型相比也略有提升。

6.3 因子分析

因子分析是主成分分析的推广与发展。受主成分分析的启发，因子分析希望能将复杂的数据综合为几个潜在因子。与主成分分析不同的是，因子分析不是对变量进行线性变换，而是要构建因子模型，并对潜在因子的含义进行解释。

6.3.1 因子分析基本概念

设 $\boldsymbol{X}=\left(X_1,X_2,\cdots,X_p\right)'$ 是 p 维可观测随机向量，且 $E\left(\boldsymbol{X}\right)=\mu,\mathrm{var}\left(\boldsymbol{X}\right)=\boldsymbol{\Sigma}$。$\boldsymbol{F}=\left(F_1,F_2,\cdots,F_m\right)'$ $(m<p)$ 是不可观测的随机向量，且 $E\left(\boldsymbol{F}\right)=0,\mathrm{var}\left(\boldsymbol{F}\right)=\boldsymbol{I}_m$，其中 $\boldsymbol{I}_m$ 是 m 阶单位矩阵。又设 $\boldsymbol{\varepsilon}=\left(\varepsilon_1,\varepsilon_2,\cdots,\varepsilon_p\right)'$，与 $\boldsymbol{F}$ 不相关且满足 $E\left(\boldsymbol{\varepsilon}\right)=0,\mathrm{var}\left(\boldsymbol{\varepsilon}\right)=\mathrm{diag}\left(\sigma_1^2,\sigma_2^2,\cdots,\sigma_p^2\right)\triangleq\boldsymbol{D}$，则称模型

$$\boldsymbol{X}=\mu+\boldsymbol{AF}+\boldsymbol{\varepsilon}$$

为正交因子模型。其中，$\boldsymbol{F}$ 对所有的 X_i 都起作用，称为 $\boldsymbol{X}$ 的公因子；ε_i 仅对 X_i 起作用，称为 $\boldsymbol{X}$ 的特殊因子。$\boldsymbol{A}=\left(a_{ij}\right)_{p\times m}$ 是待估计的系数矩阵，称作因子载荷矩阵。a_{ij} 为第 i 个变量在第 j 个因子上的载荷，称为因子载荷。

注意，以上模型包含 3 个关键假设。首先，由 $\mathrm{var}\left(\boldsymbol{F}\right)=\boldsymbol{I}_m$ 可知，各个公因子的方差为 1 且两两不相关；其次，由 $D\left(\boldsymbol{\varepsilon}\right)=\mathrm{diag}\left(\sigma_1^2,\sigma_2^2,\cdots,\sigma_p^2\right)$ 可知，特殊因子两两不相关；最后，要求公因子与特殊因子不相关。在这样的假设下，可以得到 $\boldsymbol{\Sigma}=\boldsymbol{AA}'+\boldsymbol{D}$，以及 $\mathrm{cov}\left(\boldsymbol{X},\boldsymbol{F}\right)=\boldsymbol{A}$，这两个关系称作正交因子模型的协方差结构。

实践中，我们可以通过 $\boldsymbol{X}$ 的样本观测数据来计算样本协方差矩阵 $\boldsymbol{S}$，以之作为 $\boldsymbol{\Sigma}$ 的估计。为估计 $\boldsymbol{A}$ 和 $\boldsymbol{D}$，可以采用如下的主成分分析法。

设样本协方差矩阵 $\boldsymbol{S}=\left(s_{ij}\right)_{p\times p}$ 的特征值为 $\lambda_1\geqslant\lambda_2\geqslant\cdots\geqslant\lambda_p$，相应的单位正交特征向量为 $\boldsymbol{l}_1,\boldsymbol{l}_2,\cdots,\boldsymbol{l}_p$，则有 $\boldsymbol{S}=\sum_{i=1}^{p}\lambda_i\boldsymbol{l}_i\boldsymbol{l}_i'$。当后面 $p-m$ 个特征值较小时，$\boldsymbol{S}$ 可以近似表达为

$$\boldsymbol{S}\approx\sum_{i=1}^{m}\lambda_i\boldsymbol{l}_i\boldsymbol{l}_i'+\boldsymbol{D}=\boldsymbol{A}\boldsymbol{A}'+\boldsymbol{D}$$

其中

$$\boldsymbol{A}=\left(\sqrt{\lambda_1}\boldsymbol{l}_1,\sqrt{\lambda_2}\boldsymbol{l}_2,\cdots,\sqrt{\lambda_m}\boldsymbol{l}_m\right)\triangleq\left(a_{ij}\right)_{p\times m},$$

$$\boldsymbol{D}=\operatorname{diag}\left(\sigma_1^2,\sigma_2^2,\cdots,\sigma_p^2\right),\sigma_i^2=s_{ii}-\sum_{t=1}^{m}a_{it}^2,i=1,2,\cdots,p$$

这样得到的 $\boldsymbol{A}$ 和 $\boldsymbol{D}$ 就是因子模型的一个解。公因子的个数 m 也可以按照主成分个数的确定原则进行确定，即选择 m，使

$$\frac{\sum_{i=1}^{m}\lambda_i}{\sum_{j=1}^{p}\lambda_j}\geqslant P_0$$

其中，P_0 为事先给定的值，通常其取值范围为 0.7～0.9。

求得因子载荷矩阵后，我们可以依据每个变量在公因子上的载荷来解释公因子的含义。如果某几个变量在因子 F_1 上有较大的载荷，在其他因子上载荷较小，这几个变量的共性就可以用于解释因子 F_1 的含义。然而，求出的因子载荷并不唯一，其间的差别可能并不明显，这就给公因子的解释设置了障碍。因此，需要对因子载荷矩阵进行旋转变换，使其每一列的各个元素尽可能分散，以便用于因子含义的解释。

首先，我们可以证明，若 $\boldsymbol{F}$ 是正交因子模型的公因子向量，对于任一正交矩阵 $\boldsymbol{T}$，有 $\boldsymbol{T}'\boldsymbol{F}\triangleq\boldsymbol{Z}$，$\boldsymbol{Z}$ 也是公因子向量。相应地，$\boldsymbol{AT}$ 是 $\boldsymbol{Z}$ 的因子载荷矩阵。这意味着我们可以通过多次正交变换，逐步使因子载荷矩阵的每一列元素趋于分散。这种变换因子载荷矩阵的方法，称为正交旋转。

我们定义因子载荷矩阵 $\boldsymbol{A}$ 第 j 列数据的方差为：

$$V_j=\frac{1}{p}\sum_{i=1}^{p}\left(d_{ij}^2-\bar{d}_j^2\right)^2$$

其中

$$d_{ij}^2=\frac{a_{ij}^2}{\sum_{j=1}^{m}a_{ij}^2},\bar{d}_j^2=\frac{1}{p}\sum_{t=1}^{p}d_{tj}^2$$

因子载荷矩阵 $\boldsymbol{A}$ 的方差定义为 $V=\sum_{j=1}^{m}V_j$。这样定义的方差用于度量因子载荷的分散程度，我们进行的每一次正交旋转都是为了寻找使方差最大的变换，这种旋转方法称为方差最大旋转。具体而言，我们可以先求取未经旋转的初始因子载荷矩阵，然后以方差最大化为目标求解正交旋转后的因子载荷矩阵。如果旋转结果不理想，再进行第二轮、第三轮旋转，直到 $\boldsymbol{V}$ 不再增大。经过这样的迭代，因子结构能更加简单、更易于解释。

前面我们提到 $F_1,F_2,\cdots,F_m$ 作为潜在因子，是不可观测的。而依据因子模型，我们可以对每一个样本计算公因子的估计值，这样得到的值称作因子得分。在使用主成分分析法估计因子载

荷矩阵的前提下，可以通过最小二乘法来估计因子得分。即极小化

$$\sum_{i=1}^{p}\varepsilon_i^2=(X-\mu-AF)'(X-\mu-AF)$$

可以证明，该极小化问题的解为

$$\hat{F}=(A'A)^{-1}A'(X-\mu)$$

因子得分反映了数据的潜在结构，可以用作进一步分析的原始数据。

6.3.2 因子分析案例实践

本节通过因子分析来达成【案例 6-1】的目标 1。实践目标为对上市公司 IPO 首日表现数据提取潜在公因子，并解释公因子的含义。

使用 Python 进行因子分析时，需要从 factor_analyzer 库中导入 FactorAnalyzer 模块。我们首先对数据进行标准化处理，然后按如下步骤达成实践目标。

步骤 1 公因子个数的确定。

我们按照式（6-1）来确定公因子的个数，方便起见，我们依然将特征值的占比称作贡献率，参考代码如下：

```
#因子分析：确定公因子个数
# 因子模型拟合
fa = FactorAnalyzer(rotation= None)
fa.fit(data_scaled)
# 获取特征值
eigenvalues = fa.get_eigenvalues()[0]
# 获取累计贡献率
cvr = np.cumsum(eigenvalues/np.sum(eigenvalues))
print(np.around(cvr, decimals=3))
```

运行以上代码，得到第一公因子的贡献率为 0.326，前两个公因子的累计贡献率为 0.551，前 3 个公因子的累计贡献率为 0.721，表示前 3 个公因子已经可以反映数据的大部分信息。

步骤 2 根据确定的公因子数重新拟合因子模型，输出因子载荷矩阵。

根据步骤 1 的结果，提取 3 个公因子是合适的，通过如下代码可以完成步骤 2。注意，在下列代码中，我们通过设置参数 rotation='varimax'来实现方差最大的正交旋转，这样得到的因子载荷矩阵更利于解释公因子的含义。此外，我们通过 fa.transform(data_scaled)来计算因子得分。输出的因子载荷矩阵如图 6-5 所示。

	0	1	2
首日开盘价(元)	0.998467	0.031833	-0.014024
首日收盘价(元)	0.982591	0.020329	0.015169
首日交易股数(股)	-0.084594	0.678684	-0.030062
首日交易金额(元)	0.208975	0.919667	-0.005959
首日个股回报率	0.141182	0.048309	0.987307
首日换手率	0.237001	0.205467	0.160441
首日的市场回报率	-0.015200	-0.012369	0.193017

图 6-5 因子载荷矩阵

```
# 进行因子分析
fa = FactorAnalyzer(rotation= 'varimax',n_factors=3)
fa.fit(data_scaled)
# 输出因子载荷矩阵
feature_names = data.columns
loadings = pd.DataFrame(fa.loadings_,index = feature_names)
print('因子载荷矩阵：')
print(loadings)
# 计算因子得分
factors_scores = fa.transform(data_scaled)
```

步骤 3 依据因子载荷矩阵，解释公因子含义。

依据 Python 输出的因子载荷矩阵，我们可以对 3 个公因子的含义进行解释。如图 6-5 所示，首日开盘价、首日收盘价在第一公因子上有较大的载荷，这些变量与“价格”相关，可以归纳为价格因子；首日交易股数、首日交易金额在第二公因子上有较大的载荷，这些变量与“交易规模”相关，可以归纳为规模因子；首日个股回报率、首日的市场回报率在第三公因子上有相对较大的载荷，可以归纳为回报率因子。根据因子分析的结论，我们认为，上市公司 IPO 首日表现可以从价格、交易规模、回报率 3 方面来度量。这使我们对 IPO 数据有了更清晰的认识。

6.4 K 均值聚类

6-1 聚类与分类

为了达成【案例 6-1】的目标 2，我们需要用到聚类算法。注意，对上市公司依据 IPO 首日表现进行分类，虽然结果呈现为一个分类问题，但它与有监督学习处理的分类问题有很大的不同。例如，对于第 5 章介绍的上市公司 ST 预测问题，我们明确知道公司需要被分成两类，且两个类别的含义也是已知的、清晰的。而依据 IPO 首日表现对公司分类时，需要将公司分为几类、各类有何特点我们事先并不清楚，这需要从数据中发现与挖掘。这样的问题称作聚类问题。

用于聚类的指标，如【案例 6-1】中的首日开盘价、首日收盘价、首日的市场回报率等，称作聚类变量。相应的聚类结果，比如最终将公司分成 3 类，我们应得到每个公司的类别标签，这样的结果称作聚类解。注意，图 6-1 所示的数据全部是聚类变量，但并没有一个所谓“正确”的类别标签可用于检验聚类解的效果，这正是无监督学习的特点。

聚类分析需要解决两大问题：一是依据何种策略进行类别划分，二是如何评价聚类效果。前一个问题对应各种不同的聚类算法，如 K 均值聚类、系统聚类、基于密度的带有噪声的空间聚类应用（Density-Based Spatial Clustering of Applications with Noise，DBSCAN）等。这些聚类算法各有特点，适用于不同规模的数据、不同的聚类需求。其中，K 均值聚类简单直观、易于实现，且对各种类型数据的适应性良好，是本章介绍的重点内容。

对于后一个问题，有两种评价思路。一种是内部度量法，即根据聚类解自身来设计度量指标；另一种是外部度量法，通过聚类解与某种外部指标的一致性来评价聚类效果。外部度量法并不常用，主要用在新聚类算法的开发场景中。内部度量法有多种评价指标，限于篇幅，本书仅介绍轮廓系数（Silhouette Coefficient）法，该指标综合考虑了类内差异与类间差异，且结果易于解释，是最常用的聚类效果度量指标之一。对于每一个样本点 X_i，假设聚类算法将其归为类 C_j，则样本 X_i 的轮廓系数定义为：

$$s(X_i)=\frac{b(X_i)-a(X_i)}{\max\{a(X_i),b(X_i)\}},$$

其中，$a(X_i)$ 为 X_i 与类 C_j 中其余样本点的距离的平均值，该值越小，说明类 C_j 的类内差异越小；$b(X_i)$ 为 X_i 与类 $C_k\ (k\neq j,k=1,2,\cdots,K)$ 中样本点的距离平均值的最小值，该值越大，说明类间差异越大。显然，$s(X_i)\in[-1,1]$，其值越接近 1，说明将 X_i 归为类 C_j 的效果越好；其值越接近-1，说明将 X_i 归为类 C_j 的效果越差。整体的轮廓系数定义为：

$$\overline{s}(X)=\frac{1}{n}\sum_{i=1}^{n}s(X_i)$$

即各个样本点轮廓系数的平均值。同样地，$\bar{s}(X)\in[-1,1]$，该值越接近 1，说明聚类效果越好，该值越接近-1，说明聚类效果越差。

6.4.1 K 均值聚类的基本原理

K 均值聚类的基本原理非常简单直观，它根据样本点的空间距离来划分类别，认为距离近的样本点应归为同一类别。

K 均值聚类算法流程如图 6-6 所示。

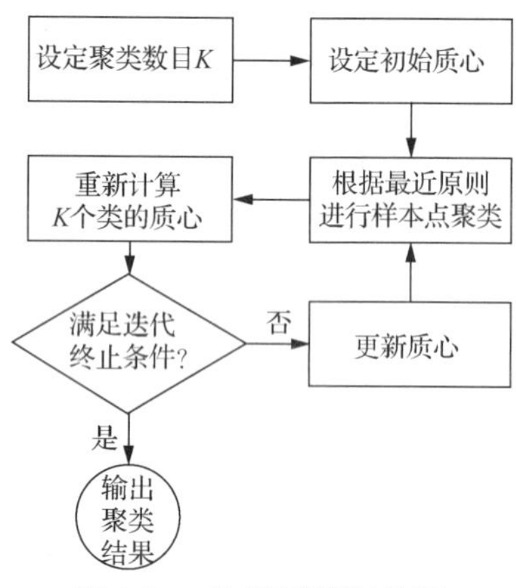

图 6-6 K 均值聚类算法流程

执行 K 均值聚类算法首先需要设定聚类数目 K，即计划将样本划分为 K 个类别。一般来说，聚类数目不宜过大，也不宜过小，需要平衡数据的聚类结构和对聚类结果的解释性。常见的做法是在一定数值范围内尝试不同的聚类数目，然后选择使聚类解的性能指标（例如轮廓系数）达到较优的聚类数目。

在确定 K 之后，需设定 K 个初始质心，即聚类中心。初始质心的选择影响算法的收敛速度，设置不合适的初始质心有可能使聚类陷入局部最优解。常用的初始质心选择方法包括随机选择、根据经验指定等。此外，Python 的 sklearn 库用于 K 均值聚类的函数 KMeans()提供了一种初始质心选择方法，该方法通过多次迭代选择尽可能分散且有代表性的质心。在 6.4.2 节中，我们将介绍该方法如何实现。

接下来，计算各个样本点与初始质心的距离，根据最近原则进行样本点聚类。比如，对于样本点 X_i，计算其与 K 个质心的距离分别为 $d_1,d_2,\cdots,d_K$，得到 $d_j=\min\{d_1,d_2,\cdots,d_K\}$，则样本点 X_i 被归为第 j 个质心所代表的第 j 类。

到此，第一轮聚类结束。根据样本点的分配情况，可以重新计算 K 个类的质心，即各个类别所包含样本点的平均值。随后，需要检验事先设定的迭代终止条件是否能满足，如果条件满足则终止迭代，输出聚类结果。如果条件不满足，则以新计算的质心为准，重新计算各个样本点到质心的距离，重新分类。如此重复，直到迭代终止条件满足。

一般情况下，可以通过迭代次数或两次迭代间质心的偏移程度来控制迭代进程。例如，设置 1000 次迭代后终止进程，或者设置两次迭代质心的偏移程度小于给定阈值时终止进程。

获取聚类解后，建议从以下 3 个方面解读聚类结果。第一，对聚类标签进行解读。聚类解提供了类别标签，我们可以由此知道哪些样本属于哪个类别，了解样本之间的亲疏关系。第二，对质心进行解读。质心反映了类的平均情况，分析不同类别质心的差异，有助于深入理解各个类的特征。第三，对聚类效果进行解读。计算聚类效果评价指标，或将聚类结果进行可视化呈现，直观地呈现聚类的效果。

6.4.2 K 均值聚类案例实践

6-2 K 均值聚类案例实践

本节以【案例 6-1】目标 2 的达成为例，介绍利用 Python 实现 K 均值聚类的流程。

实践目标为以上市公司 IPO 首日表现的 7 个指标为聚类变量，将公司划分为合适的小类，对聚类结果进行解读。

为应用 K 均值聚类，需要先从 sklearn.cluster 库中导入 KMeans 模块。此外，我们还需要从 sklearn.metrics 库中导入 silhouette_score 模块，用于轮廓系数的计算。为消除量纲的影响，我们事先对数据进行了标准化处理。实践目标可以通过如下步骤来完成。

步骤 1 确定聚类数目 *K*。

因为聚类数目过大或过小都不合适，我们设置 *K* 的取值范围为 3～10，对每个 *K* 执行 K 均值聚类，获取轮廓系数，以轮廓系数最大的 *K* 为最终聚类数目。达成该目标的参考代码如下。我们通过循环语句来执行多次聚类并记录轮廓系数，绘制轮廓系数随聚类数目 *K* 变化的折线图，由此确定聚类数目。

```
# 确定聚类数目
silhouette_scores = []
for n_clusters in range(3, 11):
    kmeans = KMeans(n_clusters=n_clusters,n_init=10)
    cluster_labels = kmeans.fit_predict(data_scaled)
    silhouette_avg = silhouette_score(data_scaled, cluster_labels)
    silhouette_scores.append(silhouette_avg)
# 绘制轮廓系数随聚类数目变化的折线图
plt.plot(range(3, 11), silhouette_scores, marker='o')
plt.xlabel('K')
plt.ylabel('轮廓系数')
plt.show()
```

以上代码中，n_clusters 用于控制聚类数目 *K*，我们通过循环语句令其在 3～10 变化。n_init 用于控制聚类算法运行的次数。运行以上代码，得到轮廓系数随聚类数目变化的折线图如图 6-7 所示。可以看到，当 *K* 取 3 时，轮廓系数最大，由此确定聚类数目为 3。

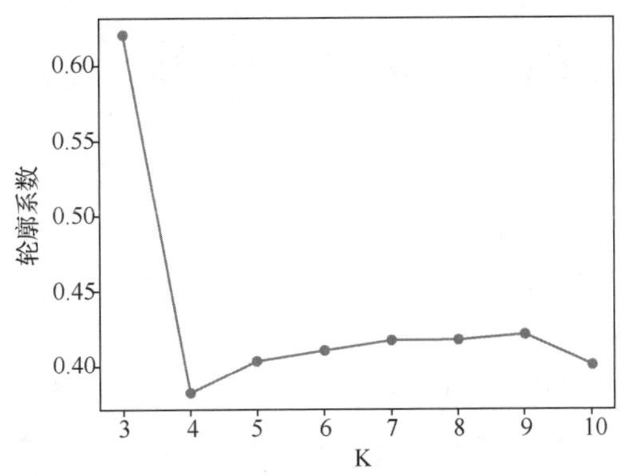

图 6-7 轮廓系数随聚类数目变化的执行图

步骤 2 执行 K 均值聚类，输出聚类标签与质心。

```
# 执行 K 均值聚类
kmeans = KMeans(n_clusters=3,random_state=123,n_init=10,init='k-means++')
cluster_labels = kmeans.fit_predict(data_scaled)
cluster_centers = kmeans.cluster_centers_
# 将聚类中心转化为 DataFrame
cluster_centers_df = pd.DataFrame(cluster_centers, columns=data.columns)
cluster_centers_df.index = ['类别 0', '类别 1', '类别 2']
print(cluster_centers_df)
cluster_counts = pd.Series(cluster_labels).value_counts().reset_index()
print(cluster_counts)
```

以上代码中，init 参数用于设置初始质心的选择方法，其中“k-means++”表示 6.4.1 节提到的通过多次迭代获取初始质心的方法，同时也是 init 参数的默认值。需要注意的是，因为初始质心取值的随机性，多次运行以上代码时，不同的类别可能会被赋予不同的编号。为了避免混淆，我们通过 random_state=123 来设定种子值，这样可以避免聚类标签编号在多次运行代码的过程中发生变化。以上代码中，分别用变量 cluster_labels、cluster_centers、cluster_counts 来存储聚类标签、质心、不同类别包含的样本点个数。

步骤 3 绘制聚类效果图，解读聚类结果。

所谓聚类效果图指的是直观呈现各个类别样本分布情况的图。因为聚类变量包含 7 个指标，我们无法直接对样本点绘图。为解决这一问题，可以先对数据进行降维，然后绘图。以下代码通过主成分分析法将数据压缩到二维，随后绘制不同类别的样本点在二维平面的分布情况。

```
# 提取主成分
pca = PCA(n_components=2)
data_pca = pca.fit_transform(data_scaled)
# 绘制聚类效果图
# 定义不同形状
markers = ['o', '^', 's']
# 绘制散点图
for i, marker in zip(range(len(markers)), markers):
    plt.scatter(data_pca[cluster_labels==i, 0], data_pca[cluster_labels==i, 1],
                marker=marker, label=f'类别 {i}',
                edgecolor='black')
plt.legend()
plt.show()
```

下面我们从 3 方面解读聚类结果。首先，我们通过变量 cluster_labels 可以查看各个上市公司的分类情况。出于隐私考虑，我们的数据隐去了公司信息，实践中，可以看到每个公司属于哪个类别，为决策提供参考。

其次，我们可以通过质心来描述各个类别的特点。表 6-2 给出了 3 个类别的质心，我们可以结合因子分析的结果描述其差异。类别 0 的价格因子（首日开盘价、首日收盘价）处于 3 个类别的中等水平，规模因子（首日交易股数、首日交易金额）与回报率因子（首日个股回报率、首日的市场回报率）处于 3 个类别的中等水平，这类公司的 IPO 首日表现稳定，可以称为平稳型公司。类别 1 的价格因子、规模因子与回报率因子依次处于 3 个类别的最低、最高与最低水平，这类公司 IPO 首日交易活跃，可以称作热门型公司。类别 2 的规模因子在 3 个类别中不突出，但价格因子与回报率因子都处于 3 个类别的最高水平，这类公司 IPO 首日表现强劲，可以称作强势型公司。从 cluster_counts 值可知，属于类别 0、类别 1 和类别 2 的公司分别有 4708 家、31 家和 255 家，表明活跃与表现强劲的公司占少数，大部分公司表现稳定。投资者可能需要对热门型公司、强势型公司多加关注。

表 6-2　3 个类别的质心

类别标签	首日开盘价	首日收盘价	首日交易股数	首日交易金额	首日个股回报率	首日换手率	首日的市场回报率
0	−0.162	−0.161	−0.061	−0.098	−0.060	−0.042	−0.008
1	−0.442	−0.481	10.046	8.066	−0.184	0.434	−0.089
2	3.043	3.040	−0.097	0.831	1.136	0.727	0.152

最后，我们根据图 6-8 可以直观看到聚类效果。类别 0 的公司在第一主成分的得分处于较低水平，在第二主成分的得分处于中等水平，两个主成分的得分比较集中；类别 1 与类别 2 的公司在第二主成分的得分分别处于较高水平与较低水平，而在第一主成分的得分比较分散。3 类公司在两个主成分上有较为明显的区分，聚类效果较好。

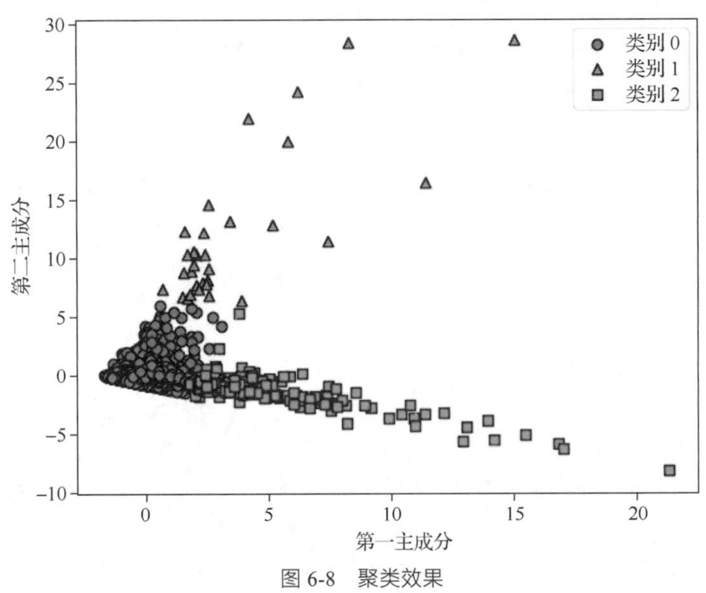

图 6-8　聚类效果

图 6-8（彩色）

课后习题

一、单项选择题

1. 关于主成分分析，下列说法错误的是（　　）。

   A. 第一主成分有最大的方差

   B. 主成分两两不相关

   C. 选取的主成分越多越好，这样才能更全面地反映数据信息

   D. 提取主成分可以实现数据降维

2. 对 6 个变量进行主成分分析，得到 6 个主成分的累计贡献率依次为 0.657、0.844、0.997、0.999、1、1，则至少应提取（　　）主成分。

   A. 1 个　　B. 2 个　　C. 3 个　　D. 4 个

3. 关于因子分析，下列说法正确的是（　　）。

   A. 公因子是不可观测的潜在变量

   B. 特殊因子对所有原始变量都起作用

   C. 部分公因子之间可能存在相关性

   D. 正交旋转的目的是降低因子间的相关性

4. 样本协方差矩阵的特征值按从大到小顺序排列依次为 4、1、0.9、0.01、0.005、0.002，

则因子分析应提取（　　）公因子。

A. 1 个　　B. 2 个　　C. 3 个　　D. 4 个

5. 关于 K 均值聚类，下列说法正确的是（　　）。

A. K 均值聚类希望类间差异小，类内差异尽可能大

B. 初始质心可以随意选择，它不会影响聚类结果与效果

C. 当质心的偏差小于给定阈值时，可以认为聚类结果达到稳定状态，终止迭代进程

D. 聚类数目 K 无须事先指定

6. 下列指标可用于评价聚类效果的是（　　）。

A. AUC 值　　B. ROC 曲线　　C. 敏感性　　D. 轮廓系数

二、判断题

1. 希望根据上市公司的多个财务指标将公司分为若干类，这是一个分类问题，可以用有监督学习算法来实现。（　　）

2. 在因子模型中，因子得分即因子载荷矩阵。（　　）

3. 轮廓系数可用于度量因子模型的应用效果。（　　）

4. K 均值聚类的 K 指的是需要划分的类别数。（　　）

5. 无监督学习算法与有监督学习算法的区别在于，前者通常不区分输入变量与输出变量。（　　）

6. 因子分析的目标是通过分析变量之间的协方差矩阵或相关系数矩阵，推断出潜在因子的结构和权重。（　　）

本章实训

HKD_CNY 数据的聚类分析

一、案例介绍

HKD_CNY 数据是指港币（HKD）兑换人民币（CNY）的汇率数据。HKD_CNY 汇率的变动受多种因素的影响，包括经济数据、利率变动、政治事件、国际贸易等。投资者和交易者可以通过分析 HKD_CNY 数据，预测未来汇率走势，制定相应的投资或交易策略。

二、实训目标

对于 HKD_CNY 数据进行时间维度的聚类分析，对聚类结果进行解释。时间聚类可以帮助我们找出相似的市场行为和价格波动模式，从而揭示市场规律和特点。

三、实训任务

（1）数据收集与整理。

（2）对数据进行因子分析，为后续聚类结果的解释提供便利。

（3）对数据进行聚类分析，探索汇率在考察期内的发展规律。

四、实训步骤

（1）数据收集与整理。

收集 2024 年 1 月到 2024 年 5 月的 HKD_CNY 历史数据，该数据包含 110 天的记录，

以及 6 个变量——日期、收盘价、开盘价、最高价、最低价、涨跌幅。需要注意的是，原始数据中，涨跌幅作为字符串读入，需要去掉符号“%”并将数据转化为数值型。数据读入与预处理的参考代码如下：

```
#读入数据
data = pd.read_csv('HKD_CNY 历史数据.csv')
data.head()#数据预览
#数据预处理
data['涨跌幅'] = data['涨跌幅'].str.replace('%', '').astype(float)
# 将中文日期列转换为时间数据
data['日期'] = pd.to_datetime(data['日期'], format='%Y/%m/%d')
# 按时间升序排列
data = data.sort_values(by='日期', ascending=True)
#数据标准化
scaler = StandardScaler()
data_scaled = scaler.fit_transform(data.drop(columns=['日期']))
```

数据预览结果如图 6-9。

	日期	收盘	开盘	最高	最低	涨跌幅
0	2024/5/31	0.9261	0.9252	0.9268	0.9251	0.12%
1	2024/5/30	0.9251	0.9277	0.9280	0.9252	-0.28%
2	2024/5/29	0.9277	0.9275	0.9281	0.9272	0.03%
3	2024/5/28	0.9274	0.9279	0.9283	0.9274	-0.04%
4	2024/5/27	0.9278	0.9271	0.9281	0.9268	0.08%

图 6-9　HKD_CNY 数据预览

（2）对数据进行因子分析，为后续聚类结果的解释提供便利。

因子分析分成 3 个步骤。首先确定提取公因子的数目，然后进行模型拟合，最后输出因子载荷矩阵并计算因子得分，参考代码如下：

```
# 确定提取公因子的数目
fa = FactorAnalyzer()
fa.fit(data_scaled)
# 获取特征值
eigenvalues = fa.get_eigenvalues()[0]
# 获取累计贡献率
cvr = np.cumsum(eigenvalues/np.sum(eigenvalues))
print(np.around(cvr, decimals=3))
#因子模型拟合
fa = FactorAnalyzer(n_factors=2, rotation='varimax')
fa.fit(data_scaled)
print("因子载荷:")
print(fa.loadings_.round(3))
factors_scores = fa.transform(data_scaled)# 计算因子得分
```

运行以上代码，得到 5 个公因子的累计贡献率依次为 0.785、0.991、0.999、1、1。提取一个公因子已经能反映大部分数据信息。因子载荷矩阵显示，几个与价格相关的变量在第一公因子上有较高的载荷；而涨跌幅在第二公因子上有较大载荷。为了使聚类结果更易于解释，我们提取两个公因子。注意，两个公因子几乎代表了全部的数据信息。

（3）对数据进行聚类分析，探索汇率在考察期内的发展规律。

为达成目标，首先需要确定聚类数目，参考代码如下。通过代码的输出结果（见图 6-10）可知，聚类为 3 个类比较合适。

```
# 寻找最佳聚类数目
silhouette_scores = []
for n_clusters in range(3, 11):
    kmeans = KMeans(n_clusters=n_clusters,n_init=10,random_state=123)
    cluster_labels = kmeans.fit_predict(data_scaled)
    silhouette_avg = silhouette_score(data_scaled, cluster_labels)
    silhouette_scores.append(silhouette_avg)
# 绘制轮廓系数随聚类数目变化的折线图
plt.plot(range(3, 11), silhouette_scores, marker='o')
plt.xlabel('K')
plt.ylabel('轮廓系数')
plt.show()
```

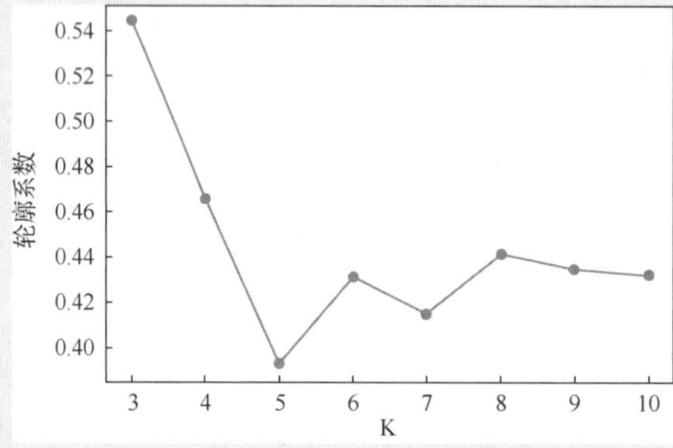

图 6-10　轮廓系数随聚类数目变化的折线图

然后，以聚类数目为 3 执行 K 均值聚类，输出聚类标签与质心，代码如下：

```
# 执行 K 均值聚类
kmeans = KMeans(n_clusters=3,random_state=123,n_init=10)
cluster_labels = kmeans.fit_predict(data_scaled)
cluster_centers = kmeans.cluster_centers_
# 将聚类中心转化为 DataFrame
cluster_centers_df = pd.DataFrame(cluster_centers, columns=data.drop(columns = '日期').columns)
cluster_centers_df.index = ['类别 0', '类别 1', '类别 2']
print(cluster_centers_df.round(3))
cluster_counts = pd.Series(cluster_labels).value_counts().reset_index()
print(cluster_counts)
```

相关输出结果如图 6-11 所示，其中“count”为各类别包含样本数的统计结果。

	收盘	开盘	最高	最低	涨跌幅
类别0	0.924	0.900	0.941	0.893	-0.038
类别1	-0.680	-0.599	-0.686	-0.610	-0.176
类别2	-1.680	-2.105	-1.760	-1.975	1.585

	index	count
0	1	52
1	0	51
2	2	7

图 6-11　质心与各类别包含的样本数

如图 6-11 所示，属于类别 0 的有 52 天，该类别具有最高的价格与中等涨跌幅，我们将其称为高价中涨跌状态；属于类别 1 的有 51 天，该类别具有中等价格与最低的涨跌幅，将其称为中价低涨跌状态；属于类别 2 的有 7 天，该类别具有最低的价格与最高的涨跌幅，将其称作低价高涨跌状态。

最后，我们通过以下代码来呈现聚类效果。因为是对时间进行聚类，我们希望反映聚类情况与时间的关系。为此，我们以时间为横轴，分别以第一公因子得分、第二公因子得分为纵轴，绘制两个因子得分随时间变化的散点图。同时，我们用不同的颜色与形状标注属于不同类别的样本点，以表示聚类情况。

```
# 创建一个图形对象，包含两个子图
fig, (ax1, ax2) = plt.subplots(1, 2, figsize=(16, 6))
markers = ['^', 'o', 's']
# 循环遍历每个样本点，根据类别使用不同的形状绘制第一公因子得分的散点图
for i, label in enumerate(set(cluster_labels)):
    ax1.scatter(data['日期'][cluster_labels == label],
                factors_scores[cluster_labels == label, 0],
                label=f'类别 {label}', marker=markers[i])
# 添加轴标签和图例
ax1.set_xlabel('日期')
ax1.set_ylabel('第一公因子得分')
ax1.legend()
# 循环遍历每个样本点，根据类别使用不同的形状绘制第二公因子得分的散点图
for i, label in enumerate(set(cluster_labels)):
    ax2.scatter(data['日期'][cluster_labels == label],
                factors_scores[cluster_labels == label, 1],
                label=f'类别 {label}', marker=markers[i])
# 添加轴标签和图例
ax2.set_xlabel('日期')
ax2.set_ylabel('第二公因子得分')
ax2.legend()
# 调整子图间距
plt.tight_layout()
# 展示图像
plt.show()
```

如图 6-12 所示，2024 年 1 月到 2024 年 5 月，港元对人民币汇率的变化可以划分为 3 个阶段。第一个阶段为 1 月内，这一阶段汇率频繁在中价低涨跌与低价高涨跌状态间切换，有较大的波动；第二阶段约为 2 月至 3 月，该阶段汇率处于中价低涨跌状态，市场较为平稳；第三阶段为 3 月至 5 月，该阶段汇率处于高价中涨跌状态，预计这种状态在未来还将持续。

图 6-12（彩色）

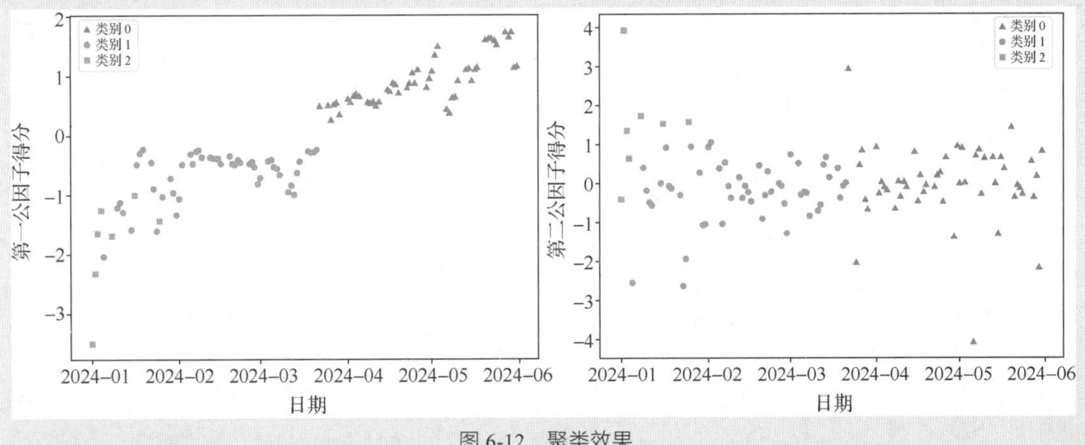

图 6-12　聚类效果

实战演练

美元期货指数聚类分析

一、案例介绍

美元期货指数是一种反映美元汇率走势的指数，通常由美元对一篮子其他外币的汇率加权平均得出。这种指数通常用于跟踪美元相对其他外币的整体表现，以便投资者和交易员可以更好地了解美元在国际市场上的表现和走势。

美元期货指数通常被用作风险管理、投资和交易决策的参考指标。投资者可以通过观察美元期货指数的走势来了解美元在国际市场上的强弱程度，从而调整自己的投资组合或交易策略。同时，美元期货指数也可以为国际贸易、外汇市场以及跨国公司的业务决策提供重要参考。

二、实战目标

对于美元期货指数进行时间维度的聚类分析，对聚类结果进行解释。美元期货指数按时间进行聚类后，可以帮助分析人员更好地理解美元在不同时间段内的价格走势和波动情况。

三、实战任务

（1）数据收集与整理。

（2）对数据进行因子分析，为后续聚类结果的解释提供便利。

（3）对数据进行聚类分析，探索美元期货指数的变动特征。

第三篇

综合应用篇

随着金融行业的快速发展，数据分析在金融决策中的重要性日益凸显。为满足金融行业对数据分析人才的迫切需求，本篇将前两篇所讲的 Python 基础知识、金融数据分析与挖掘技术，综合应用于金融领域的实际案例中。本篇旨在通过实践案例，使读者能够将理论与实践紧密结合，培养解决复杂金融问题的能力。

本篇共包含 4 章内容，围绕金融数据的获取、处理、分析及决策支持展开。各章以金融或经济案例为核心，从上市公司股票数据获取与可视化分析，到沪深 300 指数预测，再到基于 K 均值聚类的上市公司财务数据分析，以及投资组合下的收益率与波动率分析，内容层层递进，深入探讨金融数据分析的各个环节。通过这些案例，读者可以系统地学习并掌握金融数据分析的实用技能。

作为全书的综合应用篇，本篇不仅是对前两篇理论知识的实践应用，还为读者提供解决实际金融问题的思路和方法。通过对本篇的学习，读者能够更深入地理解金融数据分析的流程与技巧，提升在金融领域的竞争力，为未来的职业发展奠定坚实基础。

第 7 章

上市公司股票数据获取与可视化分析

在金融数据分析和投资决策过程中，对上市公司股票数据进行深入分析是至关重要的。本章将探讨如何获取和分析上市公司股票数据，以及如何利用可视化工具来揭示这些数据背后的意义。

7.1 上市公司及股票概述

上市公司，作为资本市场的重要成员，是指其股份在证券交易所公开交易的公司。它们通过公开发行股票，向广大投资者募集资金，以支持公司的发展和扩张。作为公众公司，上市公司必须遵守严格的证券法规，定期向市场披露财务报表、公司治理结构等关键信息，并接受监管机构的监督。

上市公司股票是企业在股票市场上公开发行的股份，这些股份在证券交易所（如上海证券交易所或深圳证券交易所等）交易平台上交易。这种股票有几个显著的特征：首先，它们具有高度的公开性和透明度，上市公司必须定期公布其财务状况和公司治理情况，接受监管机构的监督；其次，由于交易平台的存在，上市公司股票具有较好的流动性，投资者可以较容易地买卖这些股票；再次，上市公司股票具有较高的风险，因为股票价格会受到众多因素的影响，如市场情绪、公司业绩、行业动态和宏观经济状况等，导致价格波动较大；最后，尽管风险较高，上市公司股票仍然具有一定的投资价值，投资者通过投资有潜力的股票获得资本增值，而公司通过发行股票也能筹集资金以支持其业务发展和提升公司价值。

7.2 个股股票数据获取及可视化

在金融数据分析领域，对个股股票数据的获取和分析是投资者和金融数据分析师进行决策的重要依据。本节将介绍如何获取个股股票数据，并对数据进行预处理，以及如何利用描述性分析与可视化技术来展示数据。

7.2.1 个股股票数据获取

近年来，随着大数据和人工智能技术的不断发展，对股票市场数据进行量化分析成为可能。通过数据挖掘和可视化技术，可以揭示中国工商银行股份有限公司（以下简称工商银行）股票背后的规律，为投资者提供决策参考，也有助于监管机构和市场参与者更好地理解市场动态。通过对工商银行股票的历史数据进行挖掘和分析，可以为投资者提供更为科学的投资决策依据。通过实时监控和分析工商银行股票数据，可以及时发现市场异常行为，增强市场的监测和预警能力。

本节以工商银行（股票代码：601398）为例，通过第三方数据接口 AKShare 获取工商银行从 2023 年 1 月 1 日到 2023 年 12 月 31 日后复权历史行情数据。示例代码如下：

```
import pandas as pd
import akshare as ak
data=ak.stock_zh_a_hist(symbol='601398', period='daily', start_date='20230101', end_date=
'20231231', adjust='hfq')#后复权历史行情数据
data.tail()
```

代码运行结果如图 7-1 所示。

	日期	开盘	收盘	最高	最低	成交量	成交额	振幅	涨跌幅	涨跌额	换手率
237	2023-12-25	8.71	8.74	8.75	8.71	1094809	5.249893e+08	0.46	0.23	0.02	0.04
238	2023-12-26	8.74	8.76	8.76	8.73	1487372	7.155550e+08	0.34	0.23	0.02	0.06
239	2023-12-27	8.76	8.77	8.78	8.72	1843188	8.862157e+08	0.68	0.11	0.01	0.07
240	2023-12-28	8.77	8.71	8.79	8.71	3465162	1.664753e+09	0.91	-0.68	-0.06	0.13
241	2023-12-29	8.72	8.72	8.74	8.71	1800478	8.615642e+08	0.34	0.11	0.01	0.07

图 7-1　工商银行 2023 年后复权历史行情数据

7.2.2 数据预处理

（1）日期变量

在金融数据分析中，准确的时间序列数据处理和可视化对于理解市场动态和做出明智的投资决策至关重要。为了确保分析的准确性和有效性，首先需要对股票数据进行预处理，包括日期转换和索引设置。示例代码如下：

```
data['日期'] = pd.to_datetime(data['日期'])
data=data.set_index('日期')
data.index.name = '日期'
```

（2）日收益率

在金融领域，日收益率通常指的是投资或资产在一天内的收益率。日收益率可以通过以下公式得出：

$$日收益率=\frac{当日资产价值-前一日资产价值}{前一日资产价值}$$

可以用上述公式计算任何投资组合、股票、债券、基金或其他金融资产的日收益率。如果结果为正值，表示资产当日有盈利；如果结果为负值，表示资产当日有亏损。在实际应用中，投资者和金融数据分析师还会关注年化收益率，即将日收益率乘一年的交易日天数（通常是 252 天），将得出的结果转换为百分比。

在 Python 中计算日收益率，代码如下：

```
data['日收益率']=data['收盘'].pct_change()
```

注意

日收益率只是一个瞬时指标，它不考虑市场波动、资产风险或其他长期因素，因此单独使用日收益率来评估投资表现是不全面的。在进行投资决策时，应综合考虑多种因素，包括但不限于资产的波动性、风险水平、投资期限以及整体市场环境。

（3）累计收益率

累计收益率是指从投资开始至今，每一天的累计收益率。它可以帮助投资者了解其在一定时间范围内投资的总体表现。累计收益率的计算方式如下：

$$累计收益率=\frac{当前资产价值-初始资产价值}{初始资产价值}$$

累计收益率的计算代码如下：

```
data['累计收益率']=(data['日收益率']+1).cumprod()
```

累计收益率是一个动态指标，它可以随时计算，以反映投资者当前的投资表现。这个指标对于短期交易者来说可能特别有用，因为他们通常关注的是较短时间内的投资成果。然而，对于长期投资者来说，更重要的是考虑累计收益以及收益的稳定性和可持续性。

（4）均线

均线，又称为移动平均线，是股票、期货、外汇等金融市场分析中常用的一种技术分析工具。均线可以分为短期均线、中期均线和长期均线。短期（如 5 日、10 日）均线能够反映最近价格的动态，适合短期投资者。中期（如 20 日、30 日）均线可以捕捉中期趋势，适合中期投资者。长期（如 60 日、120 日、250 日）均线则更多地反映长期趋势，对于长期投资者更为重要。

Python 中的 talib 是一个金融市场数据技术分析库，支持 150 多个金融技术指标的计算。在此计算 20 日的简单移动平均线（SMA），示例代码如下：

```
import talib as tb #首次使用 talib 之前需要安装
sma=tb.SMA(data['收盘'],timeperiod=20)#20 日的简单移动平均线
data['sma']=sma
```

（5）RSI

RSI（Relative Strength Index，相对强弱指标）是由韦尔斯·维德（Wells Wider）发明的一种通过特定时期内股价的变动情况计算市场买卖力量对比，来判断股价内部本质强弱、推测价格未来的变动方向的技术指标。

RSI 的计算公式如下：

$$\mathrm{RSI}(n)=\frac{n\text{日内上涨总幅度之和}}{n\text{日内上涨总幅度和下跌总幅度之和}}\times 100$$

以 12 日为例，首先找到包括当天在内的连续 12 天的收盘价，用每一天的收盘价减去上一天的收盘价，我们会得到 12 个数字。这 12 个数字中有正数（比上一天高）也有负数（比上一天低）。记 A 为 12 个数字中正数之和，B 为 12 个数字中负数之和的相反数，即 A 和 B 都是正数，则 $\mathrm{RSI}(12)=100\times A/(A+B)$。从数学上看，$A$ 表示 12 天中股价向上波动的幅度；B 表示股价向下波动的幅度；$A+B$ 表示股价总波动幅度。RSI 表示股票价格向上波动的幅度占总的波动幅度的百分比。在一段时间内，上涨幅度代表买方力量，下跌幅度代表卖方力量。RSI 值的大小，代表了买方力量在买卖双方力量中的占比，也代表了行情的强弱势头。RSI 值越大，买方力量越强、卖方力量越弱；RSI 值越小，买方力量越弱、卖方力量越强。

在 Python 中，可以使用 talib 中的 RSI()函数计算 RSI，示例代码如下：

```
#计算 RSI，需要提供收盘价，以及指定的时间周期
rsi= tb.RSI(data['收盘'], timeperiod=12)
data['rsi']=rsi
```

注意

首次使用 talib 之前需要安装。打开 Anaconda Prompt 终端，以管理员身份使用命令“conda install -c conda-forge ta-lib”进行安装。

RSI 通过比较一定时期内的平均收盘价上涨和下跌的幅度，来衡量市场的强度和趋势。RSI 的取值范围为 0～100，一般认为 70 及以上的数值表示超买；30 及以下的数值表示超卖；30～70 的数值表示市场处于中性状态，没有明显的超买或超卖信号。

注意

在 talib 中，RSI 的计算公式进行了简化。

（6）MACD 指标

MACD（Moving Average Convergence Divergence）即指数平滑移动平均线，也称指数差离指标。它由杰拉尔德·阿佩尔（Gerald Appel）在 20 世纪 70 年代末期发明。MACD 指标是移动平均线概念的延伸，MACD 先计算出快速（一般选 12 日）移动平均值与慢速（一般选 26 日）

移动平均值，然后计算快速移动平均值与慢速移动平均值之间的差，即“差离值”（DIF）。DIF=EMA 快速−EMA 慢速。在持续上涨的趋势中，12 日 EMA 位于 26 日 EMA 之上，两者之间的正差离值（+DIF）会逐渐增大。相反，在下跌趋势中，差离值可能变为负（−DIF），并逐渐扩大。只有当正负差离值缩小到一定程度时，才真正标志着市场趋势的反转。

在 Python 中，可以通过 talib 库中的 MACD()函数计算 MACD 指标，示例代码如下：

```
macd,macdsignal,macdhist=tb.MACD(data['收盘'],
                                 fastperiod=12,  # 快速 EMA 的周期
                                 slowperiod=26,  # 慢速 EMA 的周期
                                 signalperiod=9)  # 信号 EMA 的周期
data['MACD 线']=macd
data['MACD 信号线']=macdsignal
data['MACD 柱状线']=macdhist
```

该函数返回 3 个值，第一个值为 MACD 线，这是短期移动平均线和长期移动平均线之间的差异。第二个值为信号线，这是 MACD 的移动平均线，用于平滑 MACD 线的波动。第三个值为柱状线，这是 MACD 线和信号线之间的差异的柱状线。

（7）KDJ 指标

KDJ 指标也叫随机指标，起源于期货市场，由乔治 • 莱恩（George Lane）首创。KDJ 指标由 3 条曲线组成：K 线、D 线和 J 线。K 线反映了价格在一定周期内的相对位置，是短期的随机波动指标。D 线是 K 线的平滑版本，减少了 K 线的随机波动，更稳定，通常被看作趋势线。J 线提供了 K 线和 D 线的动态差值，可以看作 KDJ 指标的“加速度”指标。J 线的快速变动可以帮助交易者捕捉市场的短期极端状态。当 K 线自下而上突破 D 线时，两者就形成了 KDJ 指标的黄金交叉形态。这种形态说明股价短期内的上涨动能有增强趋势，是看涨买入信号。当 KDJ 指标中的 K 线自上而下跌破 D 线时，两者就形成了死叉形态。这样的形态说明股价短期内的下跌趋势越来越强，未来股价将会持续下跌，是看跌卖出信号。

快速 K 线用于衡量当前价格在相对较短周期内价格波动区间的相对位置。

在 Python 中，可以使用 talib 中的 STOCH()函数计算 KDJ 指标，示例代码如下：

```
slowk,slowd=tb.STOCH(high=data['最高'], low=data['最低'], close=data['收盘'],
fastk_period=9, #快速 K 线的周期
slowk_period=3, #慢速 K 线的周期
slowk_matype=0, #慢速 K 线的计算方法
slowd_period=3, #慢速 D 线的周期
slowd_matype=0) #慢速 D 线的计算方法
slowj=3*slowk-2*slowd
data['slowk']=slowk
```

7.2.3 描述性分析与可视化

7-1 描述性分析与可视化

描述性分析与可视化是股票数据分析的重要方法，可以帮助投资者更好地理解股票市场的走势和规律。

（1）描述统计

计算股票数据的均值、分位数、标准差、最大值、最小值等统计量，以了解股票市场的整体趋势和波动情况，示例代码如下：

```
data.describe().T
```

代码运行结果如图 7-2 所示。

	count	mean	std	min	25%	50%	75%	max
开盘	242.0	8.426405e+00	3.028315e-01	7.880000e+00	8.130000e+00	8.520000e+00	8.677500e+00	9.020000e+00
收盘	242.0	8.429835e+00	3.021705e-01	7.880000e+00	8.132500e+00	8.530000e+00	8.670000e+00	8.940000e+00
最高	242.0	8.466364e+00	3.122439e-01	7.900000e+00	8.172500e+00	8.560000e+00	8.730000e+00	9.120000e+00
最低	242.0	8.394587e+00	2.941237e-01	7.880000e+00	8.102500e+00	8.490000e+00	8.620000e+00	8.860000e+00
成交量	242.0	2.465940e+06	1.235765e+06	9.375200e+05	1.764172e+06	2.190154e+06	2.773242e+06	1.048861e+07
成交额	242.0	1.161378e+09	6.305713e+08	4.041873e+08	8.223415e+08	1.025297e+09	1.320339e+09	5.490372e+09
振幅	242.0	8.451653e-01	5.601083e-01	2.300000e-01	4.700000e-01	7.100000e-01	1.057500e+00	4.290000e+00
涨跌幅	242.0	4.057851e-02	6.226783e-01	-2.810000e+00	-2.300000e-01	0.000000e+00	3.475000e-01	3.710000e+00
涨跌额	242.0	3.223140e-03	5.330122e-02	-2.500000e-01	-2.000000e-02	0.000000e+00	3.000000e-02	3.200000e-01
换手率	242.0	9.148760e-02	4.584225e-02	3.000000e-02	7.000000e-02	8.000000e-02	1.000000e-01	3.900000e-01
日收益率	241.0	4.238974e-04	6.231941e-03	-2.805836e-02	-2.314815e-03	0.000000e+00	3.460208e-03	3.712297e-02
累计收益率	241.0	1.065991e+00	3.804382e-02	9.962073e-01	1.029077e+00	1.078382e+00	1.096081e+00	1.130215e+00
MA20	223.0	8.438767e+00	2.776703e-01	7.897000e+00	8.227750e+00	8.548500e+00	8.611000e+00	8.729000e+00
rsi	230.0	5.462465e+01	1.030027e+01	3.548551e+01	4.667488e+01	5.336567e+01	6.048362e+01	8.952137e+01
macd	209.0	2.676092e-02	3.897693e-02	-3.251376e-02	2.754334e-04	1.622962e-02	4.626949e-02	1.653456e-01
macdsignal	209.0	2.641801e-02	3.536413e-02	-2.480441e-02	1.560451e-03	1.516166e-02	4.201357e-02	1.340747e-01
macdhist	209.0	3.429108e-04	1.520642e-02	-5.152139e-02	-7.898252e-03	1.592448e-03	9.210782e-03	5.448918e-02
slowj	230.0	5.097267e+01	3.012163e+01	-2.094017e+01	2.780021e+01	5.402864e+01	7.414696e+01	1.157407e+02

图 7-2　工商银行后复权历史行情数据描述统计

（2）趋势分析

通过绘制股票数据的移动平均线、趋势线等指标，可以了解股票市场的长期趋势和短期波动情况。首先提取工商银行股票 2023 年的开盘价、最高价、最低价、收盘价和成交量，绘制 2023 年的股票收盘价时序图，示例代码如下：

```
data_k=data[['开盘','最高','最低','收盘','成交量']]
data_k.columns=['Open','High','Low','Close','Volume']
mpf.plot(data_k,type='line',style='classic',datetime_format='%Y-%m-%d',xrotation=0)
```

代码运行结果如图 7-3 所示。

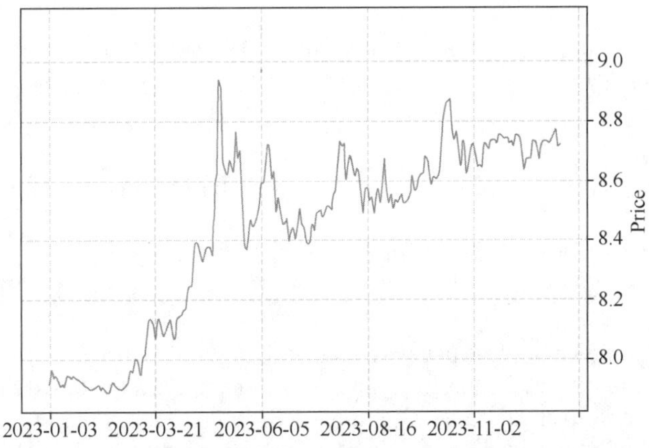

图 7-3　工商银行 2023 年股票收盘价时序图

通过图 7-3 可以看出，工商银行 2023 年股票收盘价在 1 月到 4 月呈上升趋势，在 5 月到 8 月有较大波动。

为了进一步分析 5 月到 8 月的价格变动情况，通过索引筛选出 2023 年 5 月 1 日到 2023 年 8 月 31 日的数据，绘制出 5 月到 8 月包含 5 日和 20 日移动平均线的 K 线图，并且显示成交量，示例代码如下：

```
candle_chart=data_k[(data_k.index>='2023-05-01') & (data_k.index<'2023-09-01')]
mpf.plot(candle_chart,type='candle',mav=(5,20),style='classic',volume=True,datetime_format='
%Y-%m-%d',xrotation=0)
```

代码运行结果如图 7-4 所示。

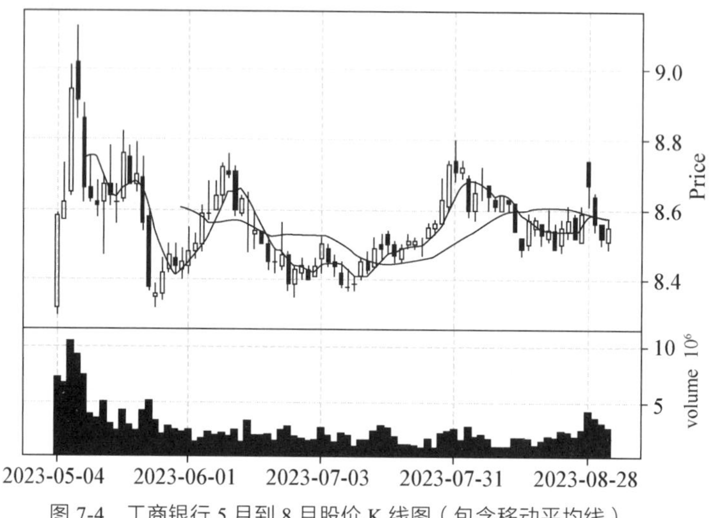

图 7-4　工商银行 5 月到 8 月股价 K 线图（包含移动平均线）

利用 mplfinance 不仅可以创建一个 K 线图，显示价格走势、展示成交量，还可以在其中加入 MACD、RSI、KDJ 等多个技术指标。利用 mplfinance 添加曲线时，需要调用函数 make_addplot() 设置附加图表数据，通过参数 panel 设置曲线所在区域，默认 K 线在 panel0、成交量图在 panel1、MACD 在 panel2、RSI 在 panel3、KDJ 在 panel4。“secondary_y=True”通常用于指定图表中的第二个 y 轴。在很多金融图表中，除了主要的资产价格走势之外，还会有一些指标或辅助信息需要展示，比如成交量、某些技术指标的值等，这些信息可以使用不同的颜色来标记。示例代码如下：

```
m=(data_k.index>='2023-05-01') & (data_k.index<'2023-09-01')
candle_chart=data_k[m]
#自定义图表风格
my_style
mpf.make_mpf_style(marketcolors=mpf.make_marketcolors(up='white',down='black',volume=
'inherit'))
#创建一个列表 add_plot，包含多个用于添加到图表中的图层
add_plot=[mpf.make_addplot(macdhist[m],type='bar',panel=2,ylabel='MACD',color='darkslateblue',
secondary_y=True),
    mpf.make_addplot(macd[m],panel=2,color='orangered'),
    mpf.make_addplot(macdsignal[m],panel=2,color='limegreen',linestyle='--'),
    mpf.make_addplot(rsi[m],panel=3,ylabel='RSI',secondary_y=True),
    mpf.make_addplot(slowk[m],panel=4,color='darkslateblue',ylabel='KDJ',secondary_y=True),
    mpf.make_addplot(slowd[m],panel=4,color='limegreen',linestyle='--'),
```

```
        mpf.make_addplot(slowj[m],panel=4,color='orangered',linestyle=':')
        ]
    #绘制最终的 K 线图
    mpf.plot(candle_chart,type='candle',mav=(5,20),style=my_style,addplot=add_plot,volume=True,
datetime_format='%Y-%m-%d',xrotation=0,ylabel="price")
```

代码运行结果如图 7-5 所示。

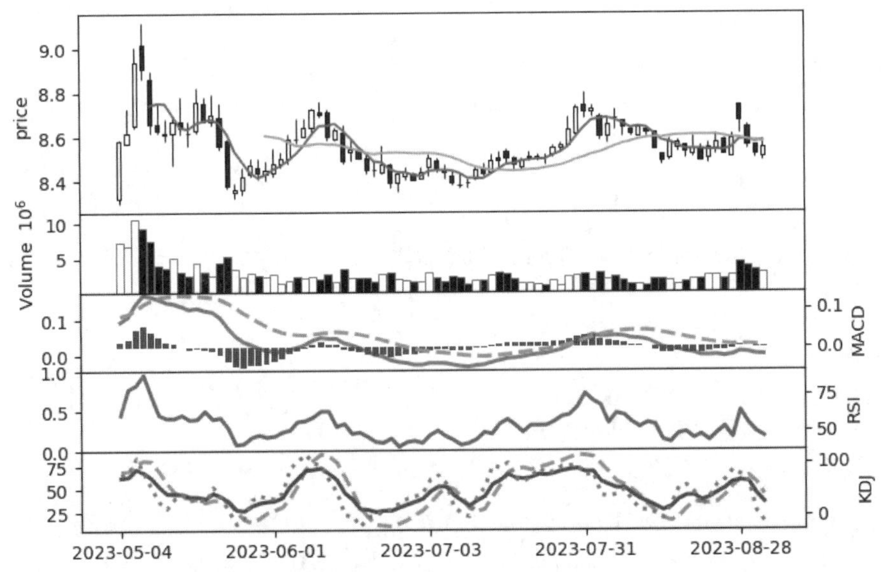

图 7-5　工商银行 5 月到 8 月股价 K 线图与不同技术指标

图 7-5（彩色）

7.3　多只股票数据获取及可视化

投资者通常需要对多只股票的历史价格、成交量以及其他相关指标进行综合分析，以便更好地理解市场动态和个别股票的表现。本节将介绍如何使用 Python 获取多只股票数据，并进行可视化分析。

7.3.1　多只股票数据获取与预处理

前文已经展示了如何获取个股股票数据，当获取多只股票数据时，可以编写一个循环来批量获取数据。本节以工商银行（股票代码为：601398）、中国平安（股票代码为：601318）、招商银行（股票代码为：600036）、中国人寿（股票代码为：601628）为例，演示如何进行多只股票数据的获取与纵向合并。

步骤 1　批量获取 4 只股票（工商银行、中国平安、招商银行、中国人寿）的后复权历史行情数据，并计算技术指标。

首先，使用 AKShare 获取从 2023 年 1 月 1 日到 2023 年 12 月 31 日后复权历史行情数据。然后，将获取到的日期对象转换为日期格式，并以日期为索引重新设置 DataFrame，以便后续处理。接下来，计算日收益率，并添加 20 日移动平均线、RSI、MACD、KDJ 等技术指标。最后，将处理后的数据添加到 multiple_data 列表中，以便后续分析和使用，示例代码如下：

```
#股票列表
stock_codes=['601398','601318','600036','601628']#工商银行、中国平安、招商银行、中国人寿
multiple_data=[]
#遍历股票代码，并获取后复权历史行情数据
for stock_code in stock_codes:
    stock_data= ak.stock_zh_a_hist(symbol=stock_code,period='daily',start_date='20230101',
end_date='20231231',adjust='hfq')
    # 将"日期"列的数据类型转换为 datetime 类型
    stock_data['日期']=pd.to_datetime( stock_data ['日期'] )
    # 用日期作为索引，避免因停牌等情况导致合并后的数据存在缺失
    stock_data.set_index('日期',inplace=True )
    stock_data['股票代码']=stock_code
    #日收益率
    stock_data['日收益率']=stock_data['收盘'].pct_change()
    #SMA
    sma=tb.SMA(stock_data['收盘'],timeperiod=20)#20 日移动平均线
    stock_data['SMA']=sma
    #RSI
    rsi=tb.RSI(stock_data['收盘'],timeperiod=12)#
    stock_data['RSI']=rsi
    #MACD
    macd,macdsignal,macdhist=tb.MACD(stock_data['收盘'],
                                     fastperiod=12,  # 快速 EMA 的周期
                                     slowperiod=26,  # 慢速 EMA 的周期
                                     signalperiod=9)  # 信号 EMA 的周期
    stock_data['MACD 线']=macd
    stock_data['MACD 信号线']=macdsignal
    stock_data['MACD 柱状线']=macdhist
    #KDJ
    slowk,slowd = tb.STOCH(stock_data['最高'], stock_data['最低'], stock_data['收盘'],
    fastk_period=9, # 快速 K 线的周期
    slowk_period=3, # 慢速 K 线的周期
    slowk_matype=0, # 慢速 K 线的计算方法，0 表示使用最高价和最低价，1 表示使用收盘价
    slowd_period=3, # 慢速 D 线的周期
    slowd_matype=0) # 慢速 D 线的计算方法，0 表示使用最高价和最低价，1 表示使用收盘价
    slowj=3*slowk-2 *slowd
    stock_data['K 线']=slowk
    stock_data['D 线']=slowd
    stock_data['J 线']=slowj
    multiple_data.append(stock_data)
```

步骤 2　数据纵向合并，并输出合并后的数据形状。

首先，使用 pd.concat()函数将这些股票的后复权历史行情数据纵向合并到一个新的 DataFrame 中，其中"multiple_data"是之前保存的包含每只股票后复权历史行情数据的列表，"axis=0"表示按行进行合并，即纵向合并。然后，输出合并后数据的形状，这有助于了解合并后数据的大小，示例代码如下：

```
merged_data=pd.concat(multiple_data,axis=0).reset_index()
print(merged_data.shape)
```

代码运行结果为“(968, 21)”。这表明进行纵向合并后的数据共有 968 行、21 列。

步骤 3 将数据保存为本地文件“多只股票后复权历史行情数据.xlsx”，方便后期使用。示例代码如下：

```
merged_data.to_excel('多只股票后复权历史行情数据.xlsx',index=False)
```

7.3.2 多只股票的描述性分析与可视化

在充满变数的股市中，投资者需要借助各种工具来分析股票市场，以便做出明智的投资决策。多只股票的可视化分析是一种重要的分析方法，它通过将股票市场的数据转化为图形和图表，使投资者能够直观地了解股票价格的趋势、评估风险。

7-2 多只股票的描述性分析与可视化

（1）分组描述统计

为了快速了解每只股票的关键统计信息，对多只股票后复权历史行情数据进行分组描述统计，即按照股票代码进行分组，计算每个分组在选定列上的最大值、平均值、最小值，并将结果重新索引以便于查看，示例代码如下：

```
merged_data[['收盘','成交量','涨跌幅','股票代码']].groupby('股票代码').agg(['max','mean',
'min']).reset_index()
```

代码运行结果如图 7-6 所示。

	股票代码	收盘			成交量			涨跌幅		
		max	mean	min	max	mean	min	max	mean	min
0	600036	195.94	165.561653	144.08	1559279	5.301681e+05	224087	4.41	-0.070868	-2.84
1	601318	138.71	125.535537	110.63	2570645	5.618068e+05	199146	7.60	-0.021901	-3.24
2	601398	8.94	8.429835	7.88	10488613	2.465940e+06	937520	3.71	0.040579	-2.81
3	601628	48.95	41.346322	33.99	518293	1.444058e+05	47510	7.84	-0.073760	-3.92

图 7-6 所选股票后复权历史行情数据的分组描述统计

（2）可视化分析

接下来，以收盘价为例，对不同股票的收盘价进行对比。通常绘制不同股票的收盘价多线图进行对比分析，示例代码如下：

```
plt.figure(figsize=(8,5))
plt.plot(merged_data.loc[merged_data['股票代码']=='601398']['日期'],merged_data.loc
[merged_data['股票代码']=='601398']['收盘'],'-')
plt.plot(merged_data.loc[merged_data['股票代码']=='601318']['日期'],merged_data.loc
[merged_data['股票代码']=='601318']['收盘'],'--')
plt.plot(merged_data.loc[merged_data['股票代码']=='600036']['日期'],merged_data.loc
[merged_data['股票代码']=='600036']['收盘'],'-.')
plt.plot(merged_data.loc[merged_data['股票代码']=='601628']['日期'],merged_data.loc
[merged_data['股票代码']=='601628']['收盘'],':')
plt.legend(['工商银行','中国平安','招商银行','中国人寿'],loc='best',prop={'size': 8})
plt.xlabel('日期')
plt.ylabel('收盘价（元）')
plt.show()
```

代码运行结果如图 7-7 所示。

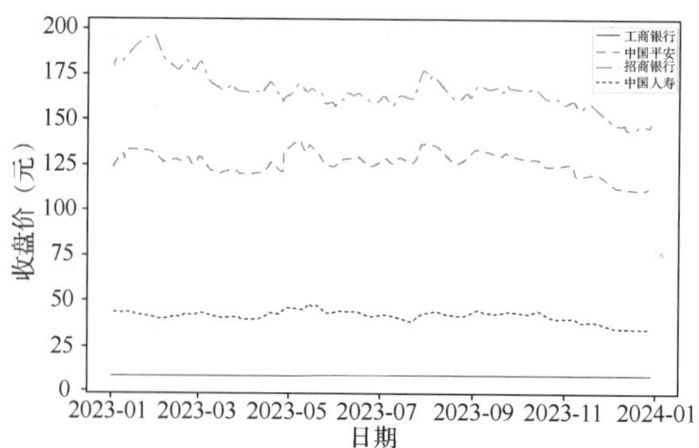

图 7-7　4 只股票的收盘价多线图

还可以子图的形式绘制不同股票的收盘价线图，示例代码如下：

```
fig,axs=plt.subplots(2,2,figsize=(9,6))
#遍历子图索引
for i, ax in enumerate(axs.flat):
    # 根据子图位置选择股票代码
    stock_code=['601398','601318','600036','601628'][i]
    # 在对应的子图中绘制股票的日收盘价
    ax.plot(merged_data.loc[merged_data['股票代码']==stock_code]['日期'], merged_data.loc
[merged_data['股票代码']==stock_code]['收盘'],label=stock_code)
    ax.set_title(stock_code)              # 设置子图标题
    ax.set_xlabel('日期')                 #设置 x 轴标签
    ax.set_ylabel('收盘价（元）')          # 设置 y 轴标签
plt.tight_layout()
plt.show()
```

代码运行结果如图 7-8 所示。

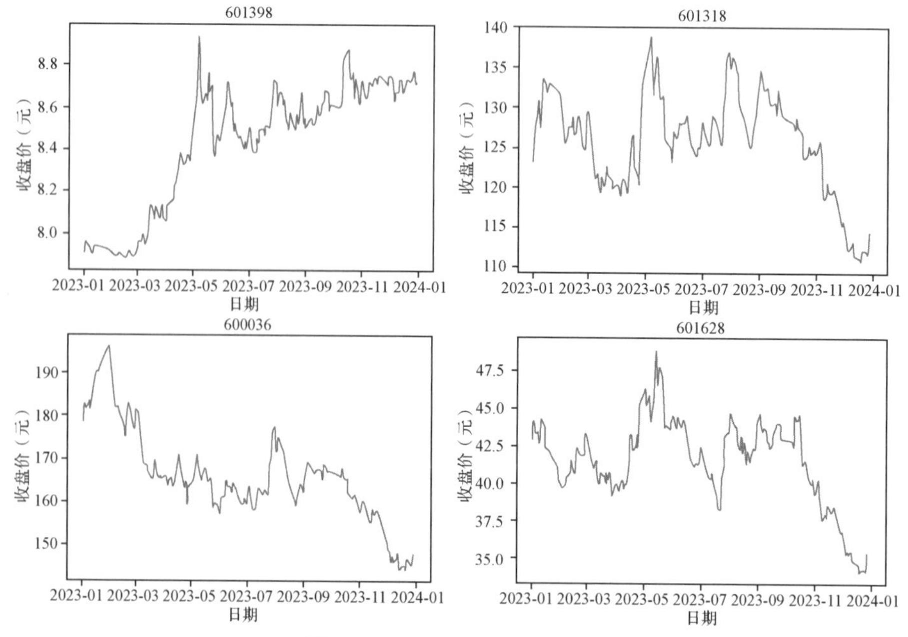

图 7-8　不同股票日收盘价子图

除了使用线图，还可以导入 seaborn，使用 seaborn 的 boxplot()函数绘制箱线图，示例代码如下：

```
import seaborn as sns
sns.boxplot(x=merged_data['股票代码'],y=merged_data['收盘'])
plt.ylabel('日收盘价（元）')
plt.show()
```

代码运行结果如图 7-9 所示。在这个箱线图中，x 轴表示“股票代码”，即不同股票；y 轴表示“收盘”，即日收盘价。通过这个箱线图，可以直观地观察到不同股票代码对应的日收盘价的分布情况。

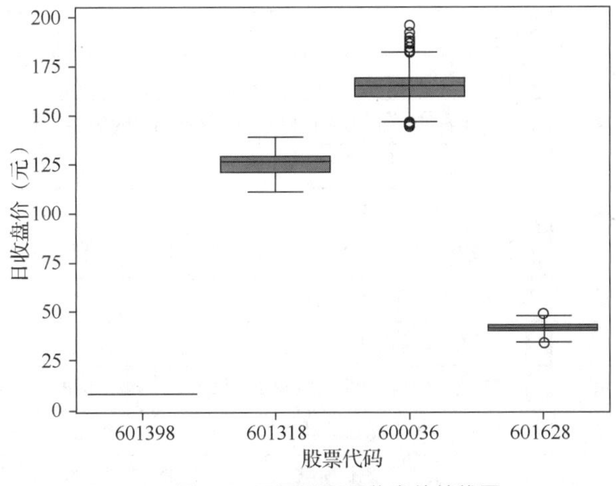

图 7-9　不同股票日收盘价箱线图

7.4 案例报告——金融行业上市公司股票数据可视化分析

股票数据可视化分析对于理解市场动态、评估公司表现以及制定投资策略具有重要意义。本节将展示一份金融行业上市公司股票数据可视化报告，具体包括背景介绍、数据说明、描述性分析及可视化、总结与建议。

7.4.1 背景介绍

上市公司作为资本市场的重要参与者，其股票表现和经营状况受到投资者的广泛关注。在我国金融行业中，工商银行、中国平安、招商银行、中国人寿作为代表性企业，它们的股票数据具有很强的代表性。对这些公司的股票数据进行可视化对比分析，有助于揭示它们的经营状况和市场表现，为投资者提供决策支持。通过对比分析股票价格走势、成交量等关键指标，投资者可以全面评估上市公司的市场价值和投资潜力。

7.4.2 数据说明

首先，通过第三方数据接口 AKShare 获取工商银行（股票代码为：601398）、中国平安（股票代码为：601318）、招商银行（股票代码为：600036）、中国人寿（股票代码为：601628）4 只股票 2023 年全年的后复权历史行情数据，共有 968 条数据。然后，计算股票的 SMA、RSI、MACD 和 KDJ 等技术指标。数据说明如表 7-1 所示。

表 7-1 数据说明

变量名	类型	说明
股票代码	定性变量	包括 4 只股票：工商银行（股票代码为：601398）、中国平安（股票代码为：601318）、招商银行（股票代码为：600036）、中国人寿（股票代码为：601628）
日期	日期时间类型	交易日，本案例获取了 2023 年 1 月 1 日到 2023 年 12 月 31 日的后复权历史行情数据
开盘	定量变量	开盘价（又称开市价），单位：元
收盘	定量变量	收盘价（又称收市价），单位：元
最高	定量变量	最高价，单位：元
最低	定量变量	最低价，单位：元
成交量	定量变量	单位：股
成交额	定量变量	单位：元
振幅	定量变量	[(当日最高价-当日最低价)/前一日收盘价]×100%
涨跌幅	定量变量	[(当日收盘价-前一日收盘价)/前一日收盘价]×100%
涨跌额	定量变量	当日收盘价-前一日收盘价
换手率	定量变量	[指定交易日的成交量（股）/指定交易日的股票的流通股总股数（股）]×100%
日收益率	定量变量	反映投资在一天内的收益变化情况
RSI	定量变量	本数据为 12 日相对强弱指标
MACD 线	定量变量	本数据为 12 日移动平均线和 26 日移动平均线之间的差异
MACD 信号线	定量变量	MACD 线的 9 日指数移动平均线
MACD 柱状线	定量变量	MACD 柱状线，表示 MACD 线与 MACD 信号线之间的差异
K 线	定量变量	当前价格相对于一定时间段内的价格范围的位置
D 线	定量变量	随机值 K 的 3 周期移动平均线
J 线	定量变量	通过计算 3 倍的 K 线值减去 2 倍的 D 线值得到

7.4.3 描述性分析及可视化

在股票分析中，数据可视化是一个关键工具，它可以帮助投资者快速识别模式、趋势和潜在的买卖信号。本节将通过数据可视化分析 4 只股票的收盘价走势、振幅和涨跌幅、日收益率、成交量、成交额、RSI、MACD 和 KDJ 等指标。

（1）收盘价走势

收盘价不仅反映了市场的即时情绪，也是投资者做出买卖决策的重要依据。然而，单一的收盘价数据并不能提供完整的市场视角。在此，绘制收盘价与 20 日均线对比图，如图 7-10 所示。

从图 7-10 可以看出，4 只股票的收盘价走势有明显的区别，工商银行（股票代码为：601398）整体呈现上升趋势，招商银行（股票代码为：600036）整体呈现下跌趋势，中国平安（股票代码为：601318）与中国人寿（股票代码为：601628）比较相似，呈现波动下降的趋势。

（2）振幅和涨跌幅

振幅反映了股票价格的波动范围，而涨跌幅则揭示了股票价格的变动幅度和速度。这两个指标有助于投资者理解市场的情绪和股票的波动性。绘制 4 只股票的振幅和涨跌幅箱线图，分别如图 7-11、图 7-12 所示。

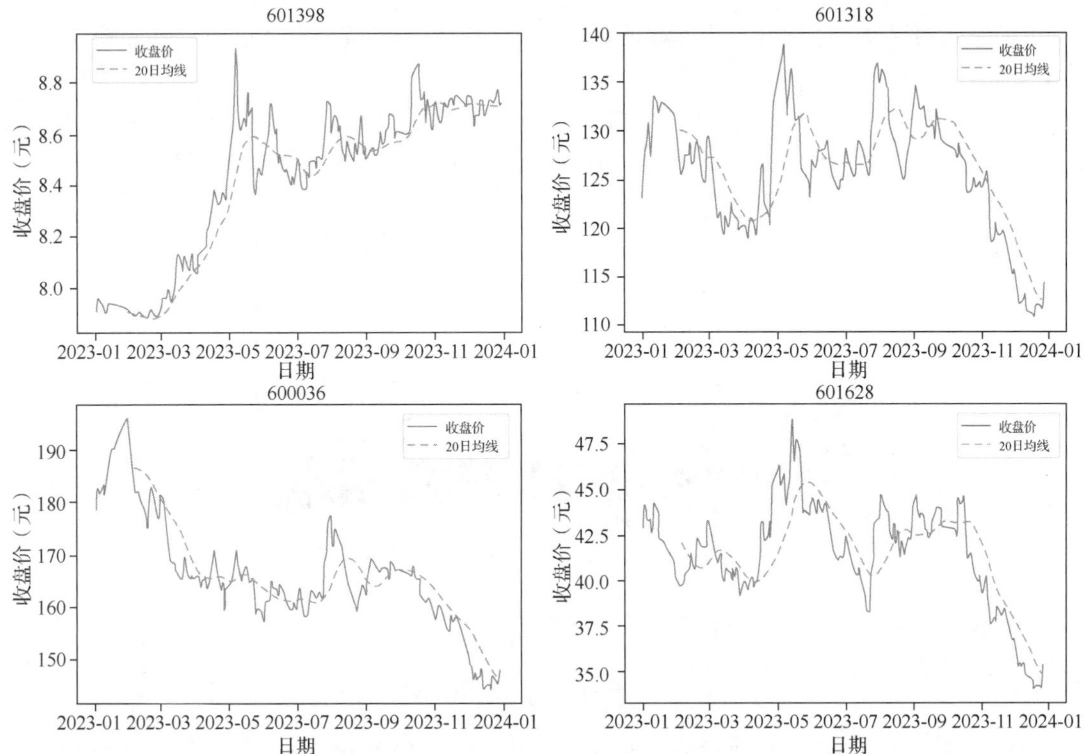

图 7-10　收盘价与 20 日均线对比图

从图 7-11 可以看出，4 只股票的振幅有明显的差异，中国人寿（股票代码为：601628）振幅最大，其后依次是中国平安（股票代码为：601318）和招商银行（股票代码为：600036），振幅最小的是工商银行（股票代码为：601398）。

从图 7-12 可以看出，4 只股票涨跌幅的均值无明显差异，中国人寿（股票代码为：601628）涨跌幅的波动范围最大，工商银行（股票代码为：601398）涨跌幅的波动范围最小。

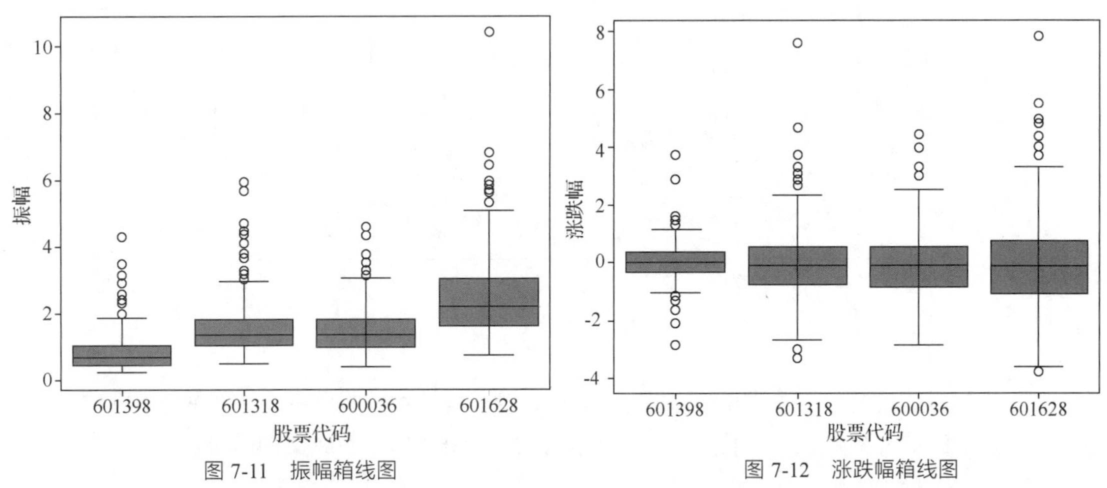

图 7-11　振幅箱线图　　　　图 7-12　涨跌幅箱线图

（3）日收益率、成交量与成交额

在股票市场中，日收益率、成交量与成交额是衡量股票表现和市场活跃度的重要指标。日收益率反映了股票在一天内的盈利能力，成交量揭示了市场的交易活跃度，而成交额则体现了市场的交易规模。绘制 4 只股票的日收益率、成交量与成交额对比图，分别如图 7-13～图 7-15 所示。

从图 7-13 可以看出，4 只股票日收益率均值无明显差异，中国人寿（股票代码为：601628）日收益率的波动范围最大，工商银行（股票代码为：601398）日收益率的波动范围最小。

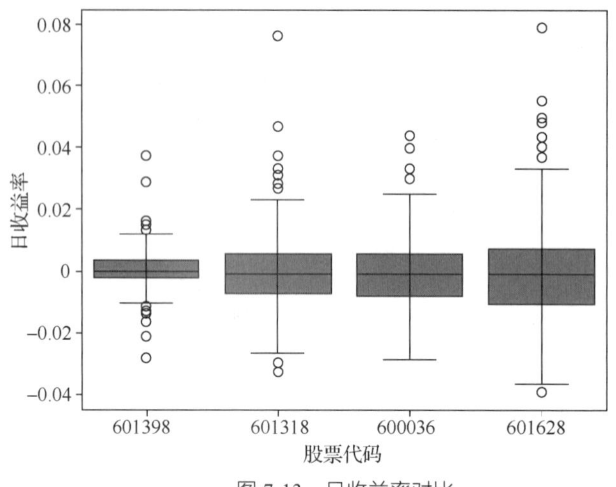

图 7-13 日收益率对比

从图 7-14 可以看出，4 只股票的成交量有较大的差异。4 只股票中，工商银行（股票代码为：601398）的成交量最大，中国人寿（股票代码为：601628）的成交量最小。

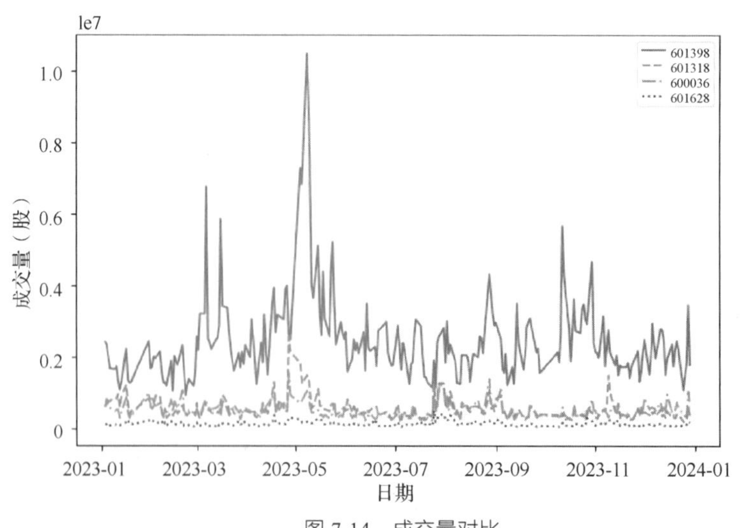

图 7-14 成交量对比

从图 7-15 可以看出，4 只股票的成交额有较大的差异。4 只股票中，中国平安（股票代码为：601318）的成交额最大，中国人寿（股票代码为：601628）的成交额最小。

（4）技术指标

在股票投资分析中，技术指标是投资者常用的工具，用以辅助判断市场趋势和股票的潜在买卖时机。首先，绘制 4 只股票的 RSI 对比图，如图 7-16 所示，图中曲线代表 RSI 随着时间的变换情况，两条虚线分别代表 RSI=30 和 RSI=70。

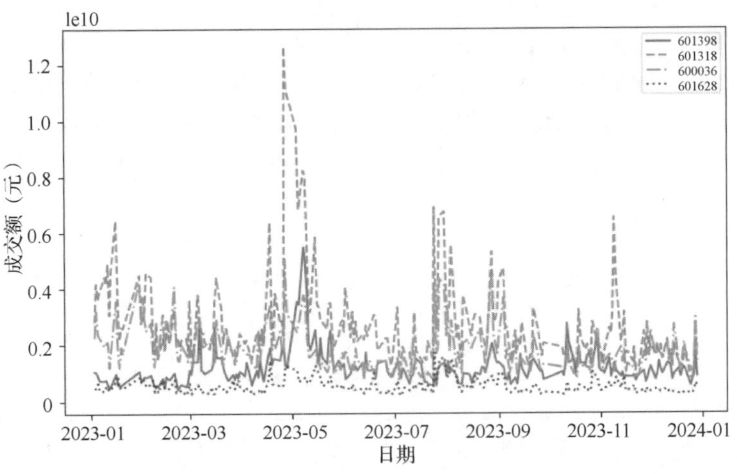

图 7-15　成交额对比

从图 7-16 可以看出，工商银行（股票代码为：601398）在 2023 年 3 月到 6 月、8 月、10 月有几日 RSI 超过 70，表明工商银行的股票在这几个时间点可能处于超买状态。中国平安（股票代码为：601318）在 2023 年 1 月、5 月、8 月有几日 RSI 超过 70，表明中国平安的股票在这几个时间点可能处于超买状态。招商银行（股票代码为：600036）在 2023 年 1 月、8 月有几日 RSI 超过 70，表明招商银行的股票在这几个时间点可能处于超买状态。中国人寿（股票代码为：601628）在 2023 年 5 月、8 月有几日 RSI 超过 70，表明中国人寿的股票在这几个时间点可能处于超买状态。另外，可以发现中国平安（股票代码为：601318）、招商银行（股票代码为：600036）、中国人寿（股票代码为：601628）的股票在 2023 年 12 月有几日 RSI 低于 30，表明可能处于超卖状态。

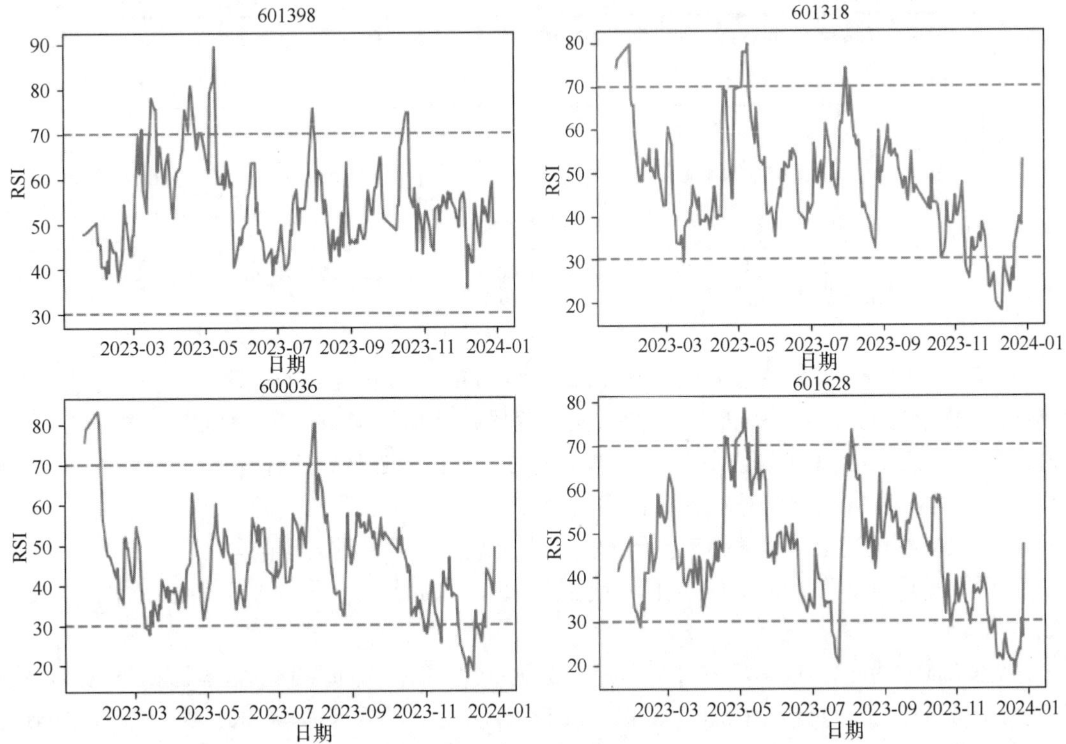

图 7-16　RSI 对比

图 7-17（彩色）

接下来，绘制 4 只股票的 MACD 指标对比图，如图 7-17 所示，图中 2 条曲线分别为 MACD 线和 MACD 信号线，图中柱状线为 MACD 柱状线。

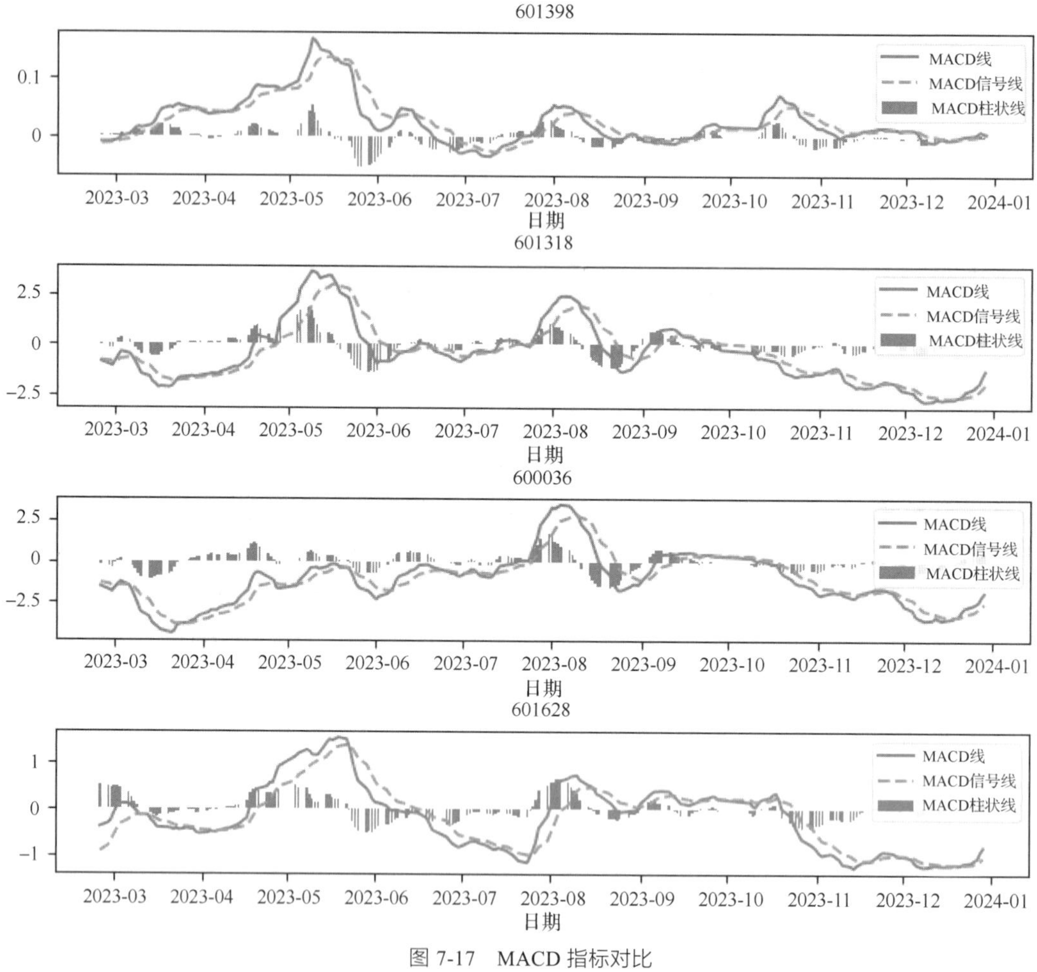

图 7-17　MACD 指标对比

在实际应用中，投资者会通过观察 MACD 线和 MACD 信号线的交叉情况来判断市场的趋势。MACD 指标的使用方法如下。一是看交叉信号，当 MACD 线上穿 MACD 信号线时，通常被视为买入信号；当 MACD 线下穿 MACD 信号线时，通常被视为卖出信号。二是看 MACD 线，当 MACD 线下穿 MACD 信号线或从正值变为负值时，通常表示市场动力的重大变化。三是看柱状线，柱状线的高度可以表示市场动力的强弱，高度越高，动力越强。

最后，绘制 4 只股票的 KDJ 指标对比图，如图 7-18 所示，图中 3 条曲线分别为 K 线、D 线、J 线。

根据 KDJ 的取值，通常可将 KDJ 指标划分为 3 个区域，即超买区、超卖区和徘徊区。按一般划分标准，K、D、J 这 3 个值同时在 20 以下为超卖区，是买入信号；K、D、J 这 3 个值均在 80 以上为超买区，是卖出信号；K、D、J 这 3 个值的取值范围为 20～80 为徘徊区，宜观望。

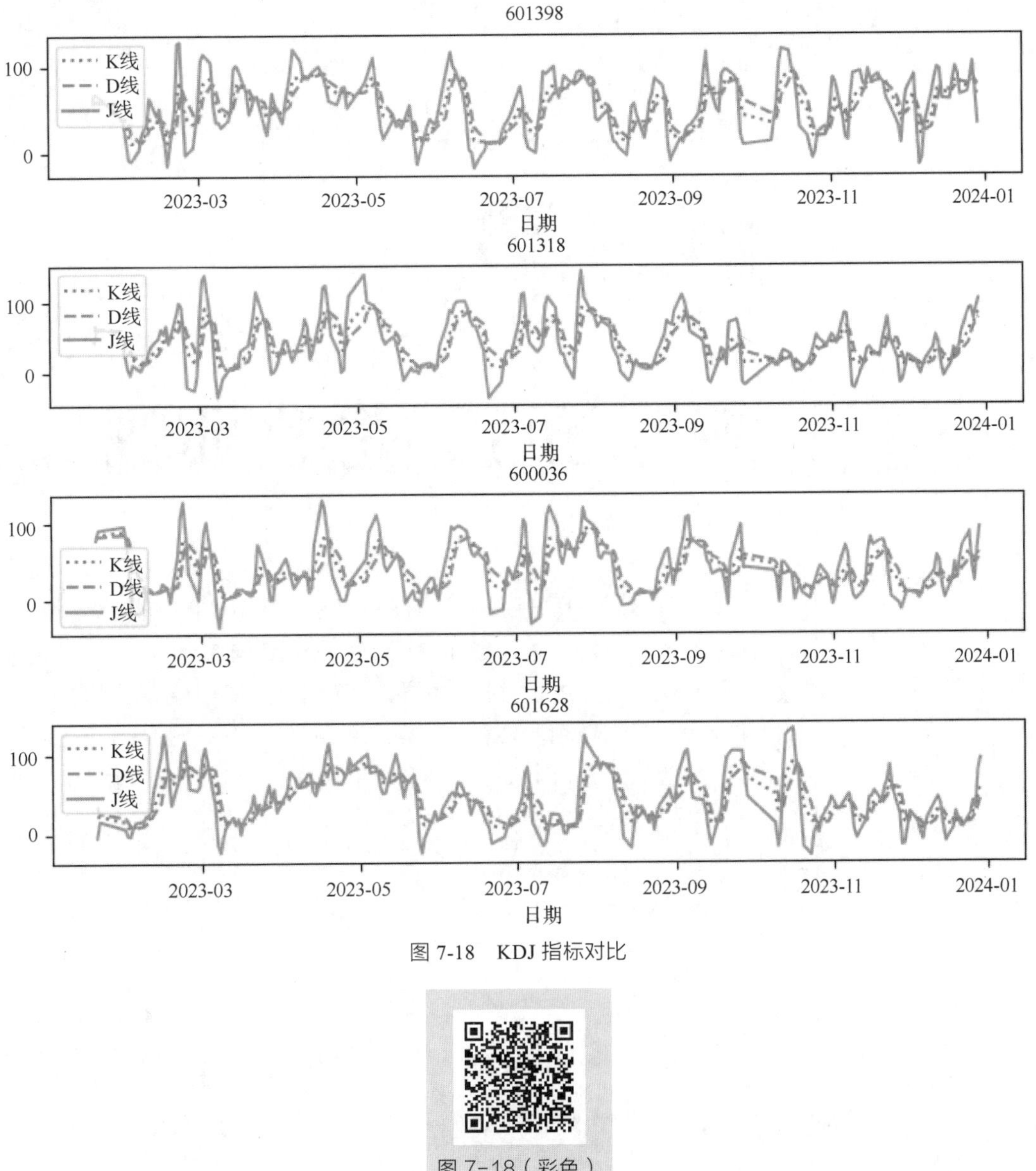

图 7-18　KDJ 指标对比

图 7-18（彩色）

7.4.4　总结与建议

本报告通过可视化分析，详细探讨了工商银行、中国平安、招商银行和中国人寿这 4 家金融行业企业 2023 年的股票数据。通过分析收盘价走势、振幅、涨跌幅、日收益率、成交量、成交额以及技术指标（RSI、MACD、KDJ），报告揭示了这些公司股票的市场表现和投资价值。从收盘价走势图可以看出，各股票价格走势差异显著，说明投资者应根据自身的风险承受能力和投资偏好，选择合适的股票进行投资。例如，对于追求稳定增长的投资者，工商银行的股票可能是一个较好的选择，而追求高波动性和高收益的投资者可能需要关注中国平安和中国人寿。需要注意的是，在实际投资决策中，投资者还需要考虑更多因素，对股票进行综合评估，并随时关注市场动态和上市公司公告。

第 8 章

沪深 300 指数预测

本章运用数据挖掘技术分析沪深 300 指数的历史行情数据并预测未来趋势。本章概述沪深 300 指数的构成与特点，通过数据预处理、描述性分析、可视化分析揭示影响指数波动的关键因素，并构建和评估多种模型以预测指数未来走势，为投资者与金融数据分析师提供科学的决策参考。

8.1 沪深 300 指数概述

沪深 300 指数是我国股票市场的重要指标之一，由上海和深圳证券市场中市值高、流动性好的 300 只股票组成，反映了我国 A 股市场的整体表现。该指数具有较强的市场代表性和良好的投资跟踪价值，被广泛应用于业绩评价、投资研究和金融产品创新等领域。随着我国资本市场的进一步开放，沪深 300 指数在国际金融市场中的影响力也在不断提升。

沪深 300 指数的计算采用派许加权综合价格指数公式，以自由流通市值为权重，确保了指数的客观性和准确性。沪深 300 指数的选取非常严格，即以股票的规模和流动性作为标准，可在一定程度上保证指数的稳定性，并且作为交易性成分指数，沪深 300 指数会因某公司经营决策、结构调整等原因，不断更新成分股，所以沪深 300 指数基本反映了沪深股市波动。因此，自 2005 年 4 月 8 日发布以来，沪深 300 指数已成为衡量我国股票市场整体表现的关键指标，也是投资者进行市场分析和投资决策的重要工具。

沪深 300 指数具有以下特点。

（1）代表性强：覆盖了沪深两市中市值高、流动性好的上市公司，能够较好地反映市场整体趋势。

（2）行业覆盖广泛：覆盖了多个行业，包括金融、消费、工业、能源等，有助于投资者构建多元化的投资组合。

（3）市场影响力大：作为我国股市的重要基准指数，沪深 300 指数对市场情绪和投资者行为有着显著的影响。

（4）投资跟踪工具多样化：基于沪深 300 指数的交易所交易基金（Exchange Traded Fund，ETF）、指数基金、期货和期权等金融产品丰富，为投资者提供了多样化的投资和风险管理工具。

本章以沪深 300 指数为研究数据，依托交易特征指标和涨跌目标变量，利用逻辑回归、决策树、随机森林算法进行涨跌趋势预测，以便更好地通过数据挖掘和分析了解金融市场的动态规律。

8.2 数据说明与预处理

现有沪深 300 指数 2019 年 1 月 2 日至 2024 年 5 月 23 日的交易数据，本节涵盖数据说明与数据预处理步骤，为金融数据分析和模型分析提供基础。

8.2.1 数据说明

使用 pandas 读取 Excel 文件“沪深 300 指数历史行情数据.xlsx”，并展示数据结构，将“日期”字段设置为 DataFrame 的索引，以便后续研究指数走势，示例代码如下：

```
import pandas as pd
data=pd.read_excel('沪深 300 指数历史行情数据.xlsx')
# 将“日期”列转换为日期时间类型，并设置“日期”为索引
data['日期'] = pd.to_datetime(data['日期'])
data.set_index('日期', inplace=True)
data.tail() #展示最后 5 行数据
```

代码运行结果如图 8-1 所示。

	开盘	收盘	最高	最低	成交量	成交额	振幅	涨跌幅	涨跌额	换手率	...	SMA20	SMA5	SMA10	RSI12	MACD线
日期																
2024-05-17	3638.56	3677.97	3677.97	3627.45	164570417	2.477295e+11	1.39	1.03	37.61	0.53	...	3606.1265	3653.226	3654.408	57.902128	33.350762
2024-05-20	3682.06	3690.96	3703.03	3677.44	184609423	2.799713e+11	0.70	0.35	12.99	0.59	...	3612.4045	3658.480	3657.716	64.680634	35.186118
2024-05-21	3682.29	3676.16	3684.61	3665.15	130678283	1.965754e+11	0.53	-0.40	-14.80	0.42	...	3617.7225	3662.302	3659.431	64.713407	35.042467
2024-05-22	3675.65	3684.45	3691.88	3667.09	151914605	2.308394e+11	0.67	0.23	8.29	0.49	...	3624.8620	3673.980	3664.854	62.875974	35.191886
2024-05-23	3672.84	3641.79	3674.37	3633.51	142572990	2.142050e+11	1.11	-1.16	-42.66	0.46	...	3630.4065	3674.266	3662.577	62.062446	31.504829

图 8-1　沪深 300 指数原始数据

可以看出，各变量的单位与量级不同，需进行数据预处理。

8.2.2 数据预处理

8-1　数据预处理

在进行数据分析之前，必须对原始数据进行预处理，以确保数据质量并满足后续分析需求，基本步骤如下。

步骤 1　数据清洗。检查并处理重复值、缺失值和异常值，保证数据的完整性和准确性。为确保分析数据的真实性，此处不对异常值进行处理，检查和处理重复值、缺失值的示例代码如下：

```
print('数据集中是否存在重复值：\n',any(data.duplicated())) #重复值检查
print('数据集中是否存在缺失值：\n',any(data.isnull())) # 缺失值检查
data.dropna(inplace=True) #删除缺失值
```

代码运行结果如下：

```
数据集中是否存在重复值：
 False
数据集中是否存在缺失值：
 True
```

注意

如存在重复值，可使用 drop_duplicates()函数删除重复值。

步骤 2　数据指标计算与选取。基于原始数据构建新的特征或变量以构建预测模型，由于沪深 300 指数涨跌幅显示涨跌值的百分比（（今日收盘价-前一日收盘价）/前一日收盘价×100%），正值表示增，负值表示跌。为便于模型分析，构建目标变量 Y（涨跌），如果涨跌幅大于 0，记为 1，表示涨；如果涨跌幅小于或等于 0，记为 0，表示跌。同时，选择用于建模的特征。示例代码如下：

```
# 构建目标变量 Y：收盘价的涨跌
data['涨跌'] = data['涨跌幅'].apply(lambda x: 1 if x > 0 else 0)
# 选择特征和目标变量
features = data[['开盘','收盘','最高', '最低', '成交量', '成交额', '日收益率', 'SMA20', 'RSI12',
'MACD 线', 'MACD 信号线', 'MACD 柱状线', 'K 线', 'D 线', 'J 线']]
target = data['涨跌']
```

代码运行后，将在 data 中新增一列“涨跌”，同时筛选 15 个特征和 1 个目标变量。

8.3 沪深 300 指数分析

本节将综合运用基本统计量的描述性分析和图表形式的可视化方法，为深入洞察沪深 300 指数的历史走势和市场动态提供分析基础。

8.3.1 沪深 300 指数描述性分析

沪深 300 指数的描述性分析是对数据集的基本特征进行总结和概括。这包括计算交易数据的基本统计量，如均值、中位数、标准差、最小值和最大值等。通过这些统计量，可以初步了解沪深 300 指数的整体表现，示例代码如下：

```
# 新建特征和目标变量的数据副本用于可视化
data_features_target = features.copy()  #新建特征的数据副本进行分析
data_features_target['涨跌'] = target     #在新建副本上增加目标变量 Y 的数据列
# 描述性统计
data_features_target.describe().T
```

代码运行结果如图 8-2 所示。

	count	mean	std	min	25%	50%	75%	max
开盘	1273.0	4.210933e+03	5.679304e+02	3.164250e+03	3.806190e+03	4.018890e+03	4.761950e+03	5.922070e+03
收盘	1273.0	4.212676e+03	5.675725e+02	3.179630e+03	3.806870e+03	4.017470e+03	4.770220e+03	5.807720e+03
最高	1273.0	4.240819e+03	5.723135e+02	3.233850e+03	3.836150e+03	4.043010e+03	4.802460e+03	5.930910e+03
最低	1273.0	4.180697e+03	5.607248e+02	3.108350e+03	3.780000e+03	3.990240e+03	4.725500e+03	5.747660e+03
成交量	1273.0	1.396844e+08	4.710184e+07	6.483922e+07	1.055900e+08	1.318951e+08	1.623450e+08	4.060086e+08
成交额	1273.0	2.468630e+11	8.860193e+10	8.708179e+10	1.840207e+11	2.359218e+11	2.979977e+11	6.352547e+11
日收益率	1273.0	9.864239e-05	1.198711e-02	-7.880816e-02	-6.623794e-03	-1.026808e-05	6.712964e-03	5.947525e-02
SMA20	1273.0	4.210508e+03	5.629525e+02	3.263582e+03	3.817316e+03	4.014970e+03	4.737787e+03	5.557561e+03
RSI12	1273.0	5.033812e+01	1.232666e+01	1.665473e+01	4.164870e+01	4.968722e+01	5.866417e+01	9.218572e+01
MACD线	1273.0	2.282260e+00	5.571616e+01	-1.429844e+02	-3.440578e+01	-4.433405e-01	3.346078e+01	2.236014e+02
MACD信号线	1273.0	2.465870e+00	5.272359e+01	-1.172881e+02	-3.317825e+01	-1.443750e+00	3.131428e+01	1.838328e+02
MACD柱状线	1273.0	-1.836095e-01	1.664359e+01	-6.880870e+01	-9.738757e+00	2.835441e-02	1.049875e+01	7.249405e+01
K线	1273.0	5.277618e+01	2.786302e+01	2.134769e+00	2.706922e+01	5.348662e+01	7.886123e+01	9.958137e+01
D线	1273.0	5.279636e+01	2.659990e+01	4.780053e+00	2.889729e+01	5.312998e+01	7.714085e+01	9.880922e+01
J线	1273.0	5.273582e+01	3.880160e+01	-3.455418e+01	1.967933e+01	5.470542e+01	8.598990e+01	1.430082e+02
涨跌	1273.0	4.964650e-01	5.001840e-01	0.000000e+00	0.000000e+00	0.000000e+00	1.000000e+00	1.000000e+00

图 8-2 沪深 300 指数的描述性统计

8.3.2 沪深 300 指数可视化分析

可视化分析通过图表形式展示沪深 300 指数的变化趋势和特征，以便数据分析者更直观地理解市场的动态变化和潜在的风险点。

（1）目标变量 Y（涨跌）可视化分析

首先观察目标变量的分布情况，以评估数据样本分布的平衡性，示例代码如下：

```
cou=data_features_target['涨跌'].value_counts()
plt.bar(cou.index,cou.values,color=['lightgray', 'green'])
plt.xlabel('涨跌情况')
plt.ylabel('频数')
plt.xticks([0, 1], rotation=0)       # 注意：若需在条形图上方显示频数，需使用 plt.text()函数
plt.show()
```

代码运行结果为目标变量的柱形图，用于观察数据分布。

（2）目标变量 Y（涨跌）与各特征变量可视化分析

由于目标变量属于定性变量，其他各特征变量均为定量变量，因此可绘制分组箱线图，用

于观察各特征变量与目标变量的数据关系，示例代码如下：

```
# 分组箱线图
import seaborn as sns
plt.figure(figsize=(14, 10))
for i, column in enumerate(features.columns, 1):
    plt.subplot(3, 5, i)
    sns.boxplot(x='涨跌', y=column, data=data_features_target)
    if i <= 4:
        plt.ylabel(f'{column}价（元）')
    if i == 5:
        plt.ylabel(f'{column}（股）')
    if i == 6:
        plt.ylabel(f'{column}（元）')
    plt.grid(False)  # 去除网格线
plt.tight_layout()
plt.show()
```

代码运行结果为目标变量与其他 15 个特征变量的分组箱线图。

（3）各特征变量可视化分析

通过绘制沪深 300 指数各类典型特征的图形，可以评估 2019 年 1 月 2 日至 2024 年 5 月 23 日的长期趋势、短期波动和市场动态等。

步骤 1　了解长期趋势。绘制开盘价、收盘价与 SMA20 的时间序列图，示例代码如下：

```
# 绘制开盘、收盘与 SMA20 的时间序列图
plt.rcParams['font.sans-serif'] = 'SimHei'  #设置中文显示
plt.figure(figsize=(10, 5))
plt.plot(data_features_target.index, data_features_target['开盘'], label='开盘价（元）')
plt.plot(data_features_target.index, data_features_target['收盘'], label='收盘价（元）',linestyle=':')
plt.plot(data_features_target.index, data_features_target['SMA20'], label='SMA20',linestyle='--')
plt.xlabel('年')
plt.ylabel('收盘价（元）')
plt.legend()
plt.show()
```

步骤 2　观察短期波动。为了进一步分析 2023 年 5 月到 2024 年 5 月的价格变动情况，通过索引筛选出 2023 年 5 月 1 日到 2024 年 5 月 23 日的数据，绘制包含 5 日和 20 日移动平均线的经典风格 K 线图，并且显示成交量，示例代码如下：

```
#经典风格 K 线图
import mplfinance as mpf
# 重命名列以符合 mplfinance 的要求
data_candle = data_features_target.copy()
#截取部分数据以显示价格变动
m=(data_candle.index>='2023-05-01') & (data_candle.index<'2024-05-24')
data_candle=data_candle[m]
data_candle.rename(columns={'开盘': 'Open', '最高': 'High', '最低': 'Low', '收盘': 'Close', '成交量': 'Volume'}, inplace=True)
# 创建一个包含必要列的新 DataFrame
data_candlestick = data_candle[['Open', 'High', 'Low', 'Close', 'Volume']]
# 绘制经典风格 K 线图
```

```
mpf.plot(data_candlestick, type='candle',mav=(5,20), volume=True, style='classic', ylabel=
'Price', ylabel_lower='Volume', datetime_format='%Y-%m', tight_layout=True, show_nontrading=False)
```

步骤 3 了解市场动态。绘制日收益率时间序列图，示例代码如下：

```
# 绘制日收益率时间序列图
plt.figure(figsize=(10, 5))
plt.plot(data_features_target.index, data_features_target['日收益率'], label='日收益率')
plt.xlabel('年')
plt.ylabel('日收益率')
plt.show()
```

步骤 4 通过技术指标辅助判断市场趋势和股票的潜在买卖时机，分别绘制 RSI12 指标图、MACD 指标图以及 KDJ 指标图。以下仅展示绘制 RSI12 指标图的示例代码：

```
# 绘制 RSI12 指标图
plt.figure(figsize=(10, 5))
plt.plot(data_features_target.index, data_features_target['RSI12'], label='RSI12')
plt.axhline(y=30, color='grey', linestyle='--')
plt.axhline(y=70, color='grey', linestyle='--')
plt.xlabel('年')
plt.ylabel('RSI12 值')
plt.show()
```

8.4 沪深 300 指数走势预测

由于目标变量 Y（涨跌）属于 0-1 分类变量，本节构建逻辑回归、决策树、随机森林 3 个分类模型，对沪深 300 指数走势进行预测。

8.4.1 数据准备

模型构建前需进行训练集和测试集的划分，本案例选择预测一个完整年度数据，因此将 2019 年到 2022 年全年数据作为训练集、2023 年全年数据作为测试集，示例代码如下：

```
train=data_features_target[(data_features_target.index>'2019-01-01') & (data_features_target.
index<='2022-12-31')]
test=data_features_target[(data_features_target.index>='2023-01-01') & (data_features_target.
index<='2023-12-31')]
print(len(train),len(test))
```

运行代码可知，训练集有 939 条样本，测试集有 242 条样本。

接下来，分别定义训练集与测试集的特征变量与目标变量，并在训练集上对数据进行标准化处理，然后使用训练集拟合对象对测试集特征进行标准化，这样处理后的数据集可以更好地用于机器学习模型的训练和预测，示例代码如下：

```
from sklearn.preprocessing import StandardScaler
#数据标准化
X=train.drop(columns = ['涨跌'])
scaler = StandardScaler()
X_train = scaler.fit_transform(X)
y_train=train['涨跌']
X_test=test.drop(columns = ['涨跌'])
X_test_scaled = scaler.transform(X_test)   # 测试集
y_test=test['涨跌']
```

8.4.2 模型训练及性能评价

8-2 模型训练及性能评价

通过 sklearn 库构建 3 个分类模型，并输出模型的准确率、分类报告和混淆矩阵，方便进行模型评价与对比，以下仅展示随机森林的示例代码：

```
from sklearn.linear_model import LogisticRegression
from sklearn.tree import DecisionTreeClassifier
from sklearn.ensemble import RandomForestClassifier
from sklearn.metrics import accuracy_score, classification_report,
confusion_matrix, roc_curve, auc
#随机森林
forest_clf = RandomForestClassifier(random_state=1)#固定随机种子
forest_clf.fit(X_train, y_train)
forest_clf_pred = forest_clf.predict(X_test)
forest_clf_prob = forest_clf.predict_proba(X_test)[:, 1]
forest_clf_acc = accuracy_score(y_test, forest_clf_pred)
forest_clf_cm = confusion_matrix(y_test, forest_clf_pred)
forest_clf_fpr, forest_clf_tpr, _ = roc_curve(y_test, forest_clf_prob)
forest_clf_auc = auc(forest_clf_fpr, forest_clf_tpr)
print('随机森林准确率:', forest_clf_auc)
print('随机森林分类报告:\n', classification_report(y_test, forest_clf_pred))
print('随机森林混淆矩阵:\n', forest_clf_cm)
```

同时，绘制 ROC 曲线和 AUC 值，便于进一步解释模型效果，示例代码如下：

```
# 绘制 ROC 曲线
plt.figure(figsize=(6, 5))
plt.rcParams['font.sans-serif'] = 'SimHei'  #设置中文显示
plt.plot(forest_clf_fpr, forest_clf_tpr, label=f'随机森林 (AUC = {forest_clf_auc:.2f})',linestyle='--')
plt.plot([0, 1], [0, 1], linestyle='--')
plt.xlim([0.0, 1.0])
plt.ylim([0.0, 1.05])
plt.xlabel('FPR')
plt.ylabel('TPR')
plt.title('ROC 曲线')
plt.legend(loc="lower right")
plt.show()
```

代码运行结果可提供模型对比的分析基础。

8.4.3 模型预测结果

通过模型性能评价和综合对比，选择性能最佳的模型随机森林进行沪深 300 指数走势预测，示例代码如下：

```
y_pred = forest_clf.predict(X_test)
results = pd.DataFrame({'Actual': y_test, 'Predicted': y_pred}) # 组合实际值和预测值
results.sort_values('日期',ascending=False,inplace=True)# 按日期倒序排列
results.head() # 输出前 5 行结果
```

8.5 案例报告——基于数据挖掘的沪深 300 指数走势预测

在金融市场中，沪深 300 指数的走势预测对于投资者决策具有重大意义。本节将展示一份关于沪深 300 指数走势预测的数据分析报告，具体内容包括背景介绍、数据说明、沪深 300 指数分析、模型训练与结果分析、总结与建议。

8.5.1 背景介绍

沪深 300 指数作为我国 A 股市场的核心指数之一，对于投资者、金融机构以及监管层都具有重要的意义。深入了解沪深 300 指数的特点和应用，预测其走势，对于把握市场动态、优化投资组合和制定市场策略具有重要作用。

8.5.2 数据说明

本案例以沪深 300 指数为研究对象，通过第三方数据接口获取 2019 年 1 月 2 日到 2024 年 5 月 23 日（约 5 年）的每日历史行情数据，然后对数据进行筛选和整合，共有 1306 条数据。在数据分析前需进行数据预处理。

（1）数据清洗：经检测，数据不存在重复值，但存在一定比例的缺失值，因此对缺失值进行删除后，获得 1273 条数据。

（2）数据指标计算与选取：基于原始数据，构建新的目标变量 Y（涨跌），通过收盘价的涨跌幅定义该变量，若涨跌幅大于 0 则标记为 1，表示指数上涨，否则标记为 0，表示指数下跌。同时，选取开盘、收盘、最高、最低、成交量、成交额、日收益率、SMA20、RSI12、MACD 线、MACD 信号线、MACD 柱状线、K 线、D 线、J 线共 15 个关键指标作为特征变量，日期设置为索引，便于后续分析和建模，具体如表 8-1 所示。

表 8-1　　沪深 300 指数分析变量及其说明

变量		类型	说明
因变量	涨跌	定性变量	1 代表上涨，0 代表下跌
自变量	日期	日期时间类型	交易日，本案例为 2019 年 1 月 2 日到 2024 年 5 月 23 日的沪深 300 指数历史行情数据，已设置为索引
	开盘	定量变量	开盘价，单位：元
	收盘	定量变量	收盘价，单位：元
	最高	定量变量	最高价，单位：元
	最低	定量变量	最低价，单位：元
	成交量	定量变量	单位：股
	成交额	定量变量	单位：元
	日收益率	定量变量	反映投资在一天内的收益变化情况
	SMA20	定量变量	本数据为 20 日简单移动平均线
	RSI12	定量变量	本数据为 12 日相对强弱指标
	MACD 线	定量变量	本数据为 12 日和 26 日的平滑异同移动平均线
	MACD 信号线	定量变量	MACD 线的移动平均线
	MACD 柱状线	定量变量	MACD 线与信号线之间的差异
	K 线	定量变量	当前价格相对于一定时间段内的价格范围的位置
	D 线	定量变量	随机值 K 的 3 周期移动平均线
	J 线	定量变量	通过计算 3 倍的 K 线值减去 2 倍的 D 线值得到

8.5.3 沪深 300 指数分析

通过对沪深 300 指数进行描述性分析及可视化分析，进一步阐释关键特征的基本趋势、波动性及影响指数变化的主要因素，以提供更坚实的建模基础。

（1）沪深 300 指数描述性分析

因变量及各特征变量计数均为 1273，其中开盘价、收盘价、最高价、最低价的均值分别为 4210.93 元、4212.68 元、4240.82 元、4180.70 元，说明 2019 年至 2024 年，沪深 300 指数整体略微上涨，同时成交量最高达 406008600.00 股，交易市场较为活跃。对于日收益率而言，最高为 0.06，最低为-0.08，均值为 0.00，表明市场在 5 年间存在较大的波动，收益表现不佳，RSI12 的均值为 50.34，K 线、D 线、J 线的均值依次为 52.78、52.80、52.74，均在 52.75 附近，说明当前市场仍需观望。

（2）沪深 300 指数可视化分析

① 目标变量 Y（涨跌）：通过绘制目标变量 Y（涨跌）的柱形图，可评估数据样本的频数统计和分布是否均衡，如图 8-3 所示。涨、跌的频数相差不大，分布较为均衡，其中跌的频数略微高于涨，原因预计为含有部分持平的频数。

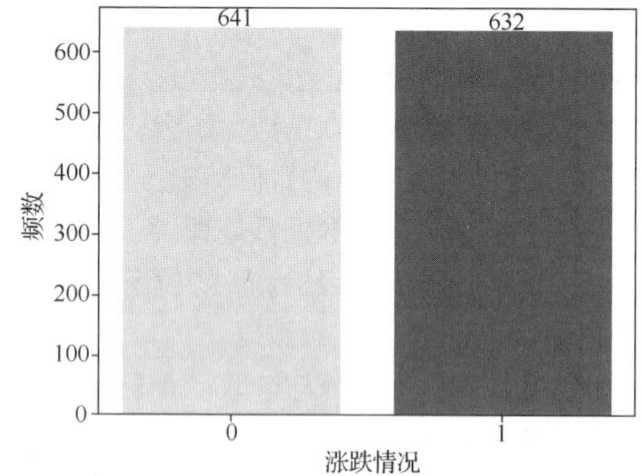

图 8-3　目标变量 Y（涨跌）柱形图

② 目标变量 Y（涨跌）与各特征变量：通过绘制分组箱线图，可以观察各特征变量在不同涨跌情况下的数值范围和数据分布，如图 8-4 所示。可以看出开盘价、SMA20 指标的均值在涨或跌的分类下无明显差异，但是开盘价在分类为下跌时的波动范围较大。而收盘价、最高价、最低价、成交量、成交额、日收益率、RSI12、MACD 线、MACD 信号线、MACD 柱状线、K 线、J 线等指标表现出统一特征，分类上涨的均值均高于分类下跌的均值，符合客观情况，即指数上涨时市场表现较活跃，有更多的交易量和交易额。但是 D 线的表现较为特殊，分类下跌的均值高于分类上涨的，同时，对于 J 线来说，分类下跌的波动范围更大。

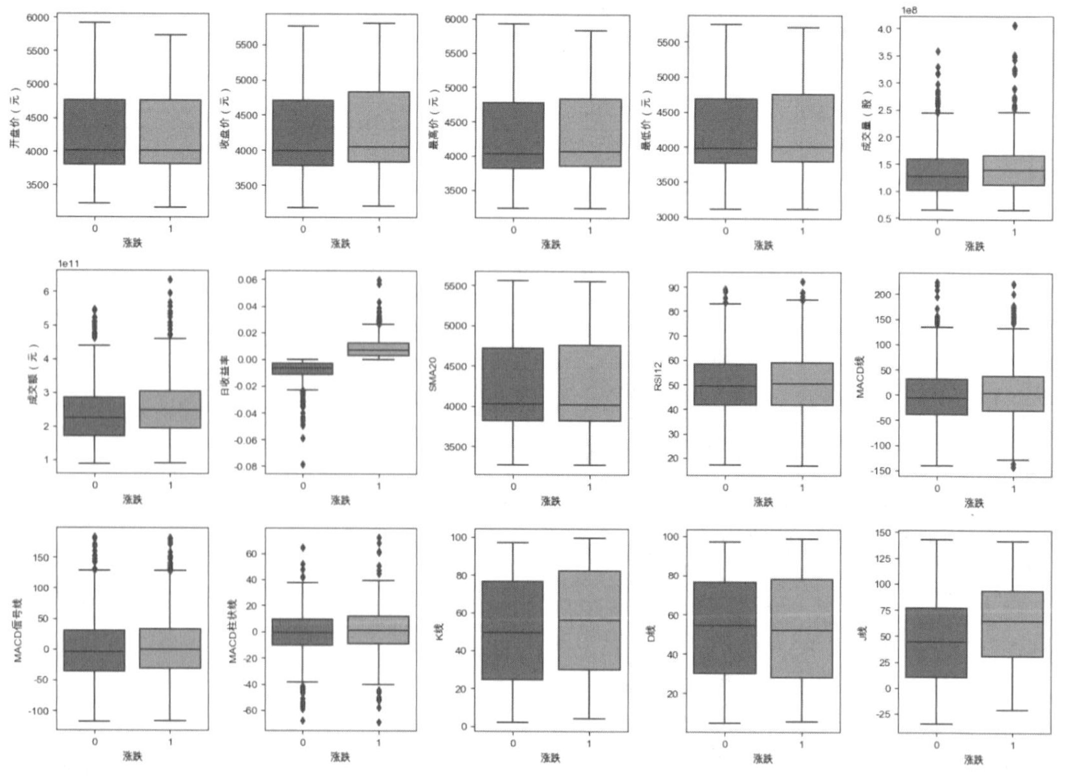

图 8-4　目标变量 Y（涨跌）与各特征变量的分组箱线图

③ 典型特征变量：绘制各特征变量的趋势，综合研判和分析沪深 300 指数的市场动态。

开盘价、收盘价、SMA20 长期趋势：开盘价和收盘价是市场即时情绪的直接体现，但孤立的数据无法全面反映市场状况。因此，绘制包含开盘价、收盘价及 SMA20 的图形，可提供更全面的市场视角，如图 8-5 所示。可以看出，指数整体趋势先上涨再下跌，2021 年 2 月为指数上涨的最高点，之后波动下降，于 2024 年 1 月再次上涨。

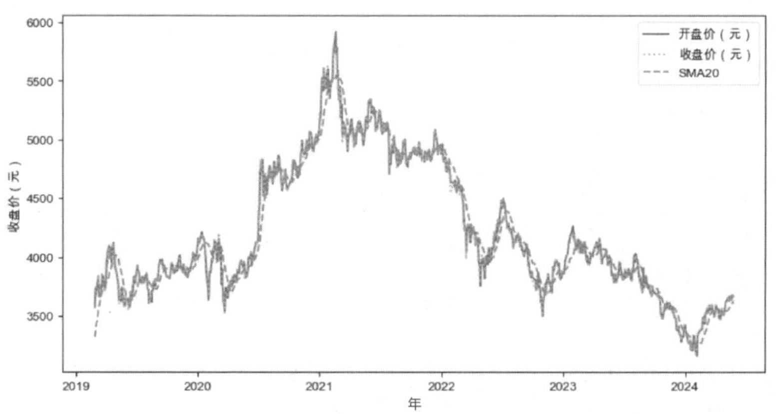

图 8-5（彩色）

图 8-5　沪深 300 指数开盘价、收盘价及 SMA20

价格变动及成交量短期波动：为进一步分析价格近期的波动情况，绘制 2023 年 5 月到 2024 年 5 月开盘价、收盘价、最高价、最低价、成交量的 K 线图，如图 8-6 所示。可以看出，自 2023 年 5 月起，价格下降较为明显，成交量在波动中略微下降，但在 2024 年 1 月，价格和成交量骤增，并维持较为稳定的态势，市场交易活跃度较高。

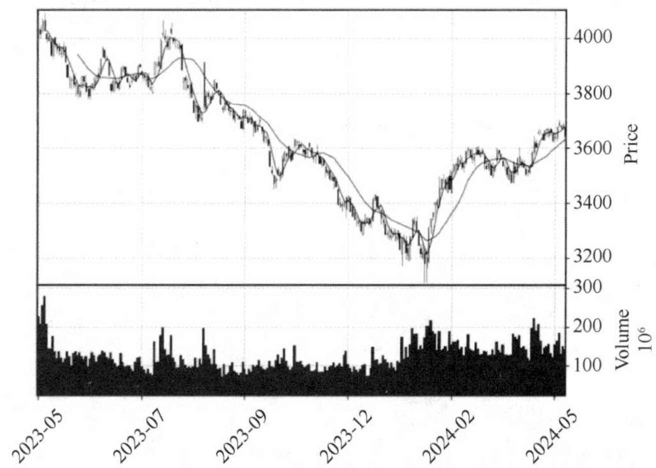

图 8-6　沪深 300 指数开盘价、收盘价、最高价、最低价、成交量的 K 线图

日收益率市场波动：通过绘制日收益率时间序列图，可进一步评估长期市场收益动态。图 8-7 中，日收益率在 0.00 上下浮动，在 2019 年 2 月日收益率达最高点。

技术指标：通过 RSI12、MACD 及 KDJ 指标，可进一步评估市场风险点及买入卖出节点，如图 8-8 所示。观察 RSI12 指标图可发现，2019 年 2 月、2020 年 7 月和 2023 年 1 月有部分时间 RSI12 指标超过 70，表明沪深 300 指数在这几个时间段可能处于超买状态，而在 2020 年 2 月、2022 年 3 月和 4 月有部分时间 RSI12 指标低于 30，可能处于超卖状态。

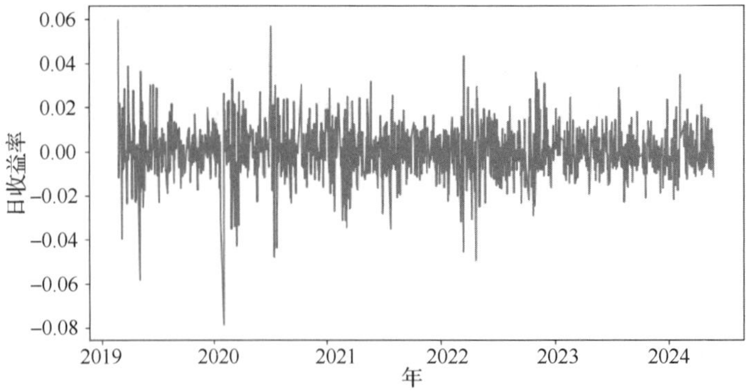

图 8-7　日收益率时间序列图

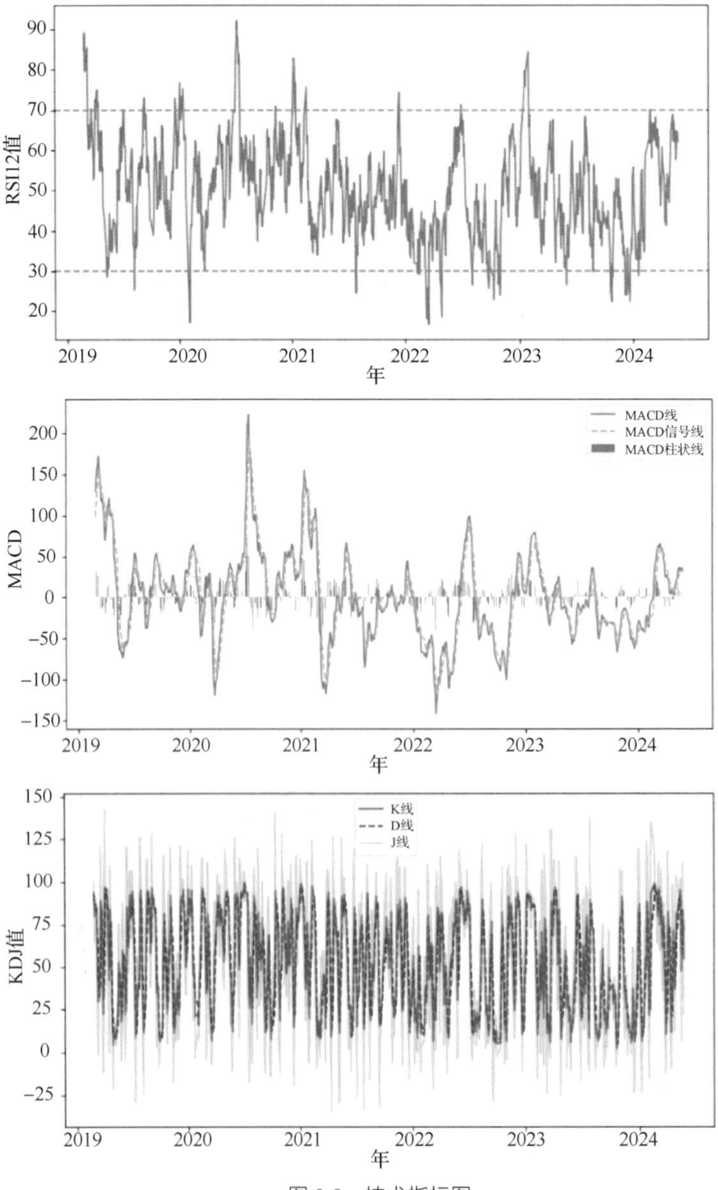

图 8-8（彩色）

图 8-8　技术指标图

从 MACD 指标图可知，在 2019 年 5 月、2020 年 4 月和 2022 年 9 月等部分时间点，MACD 线穿越零轴，即从负值变为正值或从正值变为负值，表示该时间段内市场动力发生重大变化，并且 2020 年 7 月的 MACD 柱状线高度较高，表明此时变化的市场动力较强。

从 KDJ 指标图可知，整体呈现波动趋势，最高点约在 2019 年 2 月，KDJ 指标值均超过 80，处于超买区，可以卖出。最低点约在 2021 年 2 月，KDJ 指标值均低于 20，处于超卖区，可以买入。

8.5.4 模型训练与结果分析

由于目标变量 Y（涨跌）属于 0-1 分类变量，本案例将建立逻辑回归、决策树、随机森林 3 种分类模型，并依据准确率、精确率、召回率、F_1 分数、ROC 曲线和 AUC 值来综合评估最优模型，并使用最优模型预测沪深 300 指数的走势。

基于数据样本，先通过 StandardScaler 类对数据进行标准化处理，然后进行模型训练并输出模型性能评估结果，如表 8-2 所示。

表 8-2　模型性能评估结果

模型类型	准确率	精确率	召回率	F_1 分数	AUC 值
逻辑回归	0.44	0.44	1.00	0.61	0.50
决策树	0.57	0.51	1.00	0.67	0.61
随机森林	0.57	0.51	1.00	0.67	0.87

同时，绘制 ROC 曲线进行综合评估，如图 8-9 所示。

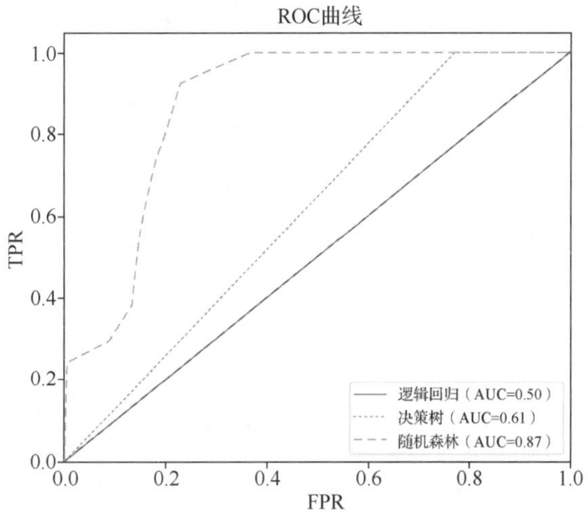

图 8-9　模型 ROC 曲线及 AUC 值

可以看出，随机森林模型的各项性能指标综合较优，使用该模型预测沪深 300 指数走势。使用测试集进行预测，结果如表 8-3 所示（仅展示前 5 行）。

表 8-3　随机森林模型预测结果

日期	实际涨跌	预测涨跌
2023-12-29	1	1
2023-12-28	1	1
2023-12-27	1	1
2023-12-26	0	1
2023-12-25	1	1

8.5.5 总结与建议

本案例通过深入分析沪深 300 指数的历史行情数据，运用数据挖掘技术对指数走势进行了有效预测。结合数据预处理进行描述性分析，可以发现沪深 300 指数市场在 2024 年将呈现波动上涨的态势，同时，通过模型训练和性能，发现随机森林模型在沪深 300 指数预测中性能较好，整个分析流程为金融数据分析师提供了预测方法论。未来，随着技术的不断进步和市场数据的日益丰富，预测模型将更加精准，为投资者提供更有力的决策支持。当然，沪深 300 指数的波动受到多种因素的影响，建议投资者和金融数据分析师实时关注市场动态，结合宏观经济指标、政策变化等因素，综合判断市场趋势。同时，虽然模型预测能够为投资决策提供参考，但市场仍存在不确定性。建议投资者在投资过程中，合理分配资产，采取适当的风险管理措施，以降低潜在风险。另外，随着人工智能和机器学习技术的不断发展，建议金融行业持续关注并采用新技术，以提高金融服务的智能化水平。

第 9 章

基于 K 均值聚类的上市公司财务数据分析

财务数据是企业运营状况的重要反映，对其进行深入的描述性分析与可视化对理解企业财务健康状况、发现潜在问题和制定改进策略具有重要意义。本章基于 K 均值聚类算法分析上市公司财务数据，通过将上市公司划分为不同的类别，来更好地识别上市公司的内在特征，为投资者和监管部门提供决策参考。

9.1 上市公司财务概述

上市公司是指在证券交易所上市交易的公司，其财务数据是投资者、金融数据分析师和决策者进行投资和经营决策的重要参考。上市公司财务数据主要包括财务报表、财务指标和财务比率等内容，通过对这些数据进行分析，可以帮助我们更好地理解公司的经营状况和财务健康度。

上市公司的财务报表通常包括资产负债表、利润表和现金流量表。其中，资产负债表反映了公司在特定日期的资产、负债和所有者权益情况，利润表展示了公司在特定时期内的营业收入、成本和盈利情况，现金流量表则记录了公司在特定时期内的现金流入和流出情况。

此外，财务指标和财务比率也是评估上市公司财务状况的重要指标。比如，盈利能力指标包括净利润率、毛利率和营业利润率等，偿债能力指标包括资产负债率、速动比率和利息保障倍数等，而投资价值评估的指标包括市盈率、市净率和股息率等。

在本章中，我们将通过 K 均值聚类算法对上市公司财务数据进行分析，以揭示不同公司的财务特征和相似性。通过聚类分析，我们可以将上市公司划分为不同的群组，进而帮助投资者和决策者更好地识别潜在的投资机会和风险，并制定更有效的投资策略。

9.2 数据说明与预处理

本节主要对上市公司财务指标进行数据说明和数据预处理，为财务数据的聚类做好数据准备。

9.2.1 数据说明

本案例选取了在上海证券交易所上市的 2272 家公司的财务数据。其中，从资产负债表中选取了资产总计、负债合计、所有者权益合计 3 个指标，从利润表中选取了营业收入、营业成本、营业利润、净利润 4 个指标，从现金流量表中选取了经营活动产生的现金流量净额、投资活动产生的现金流量净额、筹资活动产生的现金流量净额 3 个指标。为了使变量名更简洁，将 3 个关于现金流量净额的指标依次更名为现金流量净额_经营、现金流量净额_投资、现金流量净额_筹资。以上指标能反映上市公司的基本财务状况。

9.2.2 数据预处理

读取数据后，对数据进行缺失值统计，发现营业收入、营业成本、现金流量净额_筹资分别存在 74 个、76 个、5 个缺失值。因为缺失规模较小，所以将其直接删除。此外，为了消除量纲的影响，我们事先对数据进行标准化处理。删除原始数据中的证券代码和证券简称，仅保留 10 个财务数据。最终用于进一步分析的数据包含 2191 条记录、10 个变量。数据预处理的工作可通过如下代码来实现。

```
#数据预处理
# 查看各列缺失值情况
missing_values = data.isnull().sum()
print(missing_values)
data_cleaned = data.dropna()#删除缺失值
df = data_cleaned.drop(columns = ['证券代码','证券简称'])
#数据标准化
scaler = StandardScaler()
df_scaled = pd.DataFrame(scaler.fit_transform(df),columns = df.columns)
print(df_scaled.shape)#查看处理后的数据维度
```

9.3 财务数据的描述性分析与可视化

本节将介绍财务数据的基本统计特征、财务数据的核密度估计以及财务数据的相关性分析。

9.3.1 财务数据的基本统计特征

公司的 10 个财务指标都是连续变量，我们可以通过“df.describe()”来输出数值型数据的统计摘要，输出结果如图 9-1 所示，可以看到，不同公司的财务指标存在很大的差异。例如，营业收入最小值约为 1.4 万元，但最大值达到了 3.2 千亿元。

	营业收入	营业成本	营业利润	净利润	资产总计	负债合计	所有者权益合计	现金流量净额_经营	现金流量净额_投资	现金流量净额_筹资
count	2.191000e+03	2.191000e+03	2.191000e+03	2.191000e+03	2.191000e+03	2.191000e+03	2.191000e+03	2.191000e+03	2.191000e+03	2.191000e+03
mean	1.744842e+10	1.443868e+10	1.261522e+09	1.000509e+09	3.126870e+10	1.834576e+10	1.292293e+10	1.553707e+09	-1.422145e+09	-1.957423e+08
std	1.187673e+11	9.913092e+10	8.852156e+09	6.611967e+09	1.473799e+11	9.443839e+10	6.249362e+10	1.434638e+10	9.582666e+09	6.542173e+09
min	1.391344e+05	1.010566e+05	-8.544000e+09	-8.614000e+09	1.377990e+08	8.440723e+06	-6.651717e+09	-8.236324e+10	-2.557890e+11	-1.465720e+11
25%	6.190250e+08	3.819826e+08	2.319019e+07	2.009158e+07	2.232339e+09	5.919197e+08	1.429813e+09	-2.625896e+07	-5.518814e+08	-1.983719e+08
50%	1.772002e+09	1.218732e+09	1.293459e+08	1.124535e+08	4.724203e+09	1.815235e+09	2.782684e+09	1.176296e+08	-1.661309e+08	-2.168472e+07
75%	5.815322e+09	4.218413e+09	4.882633e+08	4.130559e+08	1.456476e+10	6.866674e+09	7.200244e+09	5.226507e+08	-1.676836e+07	1.719293e+08
max	3.212215e+12	2.709656e+12	2.530240e+11	1.802910e+11	2.852437e+12	2.133019e+12	1.630621e+12	4.565960e+11	6.054992e+09	1.006234e+11

图 9-1 财务数据的统计摘要

9.3.2 财务数据的核密度估计

对于连续变量，我们通常可以用直方图或箱线图来展示其值的分布情况。然而本案例的数据，因为异常值的存在，运用这两种方法展示的效果都不令人满意。因此，我们采用核密度估计来呈现财务数据的分布情况。

9-1 核密度估计

核密度估计（Kernel Density Estimation，KDE）是一种用于估计概率密度函数的非参数方法，它通过对数据进行平滑处理，生成一个连续的概率密度函数，来反映数据的分布情况。在直方图无法准确反映数据分布的情况下，核密度估计可以提供更加连续和平滑的数据分布曲线，能更好地展示数据的特征。

```
# 列出要绘制的指标和对应的颜色、线型
indicators = {
    '资产负债表指标': [('资产总计', 'red', '-'), ('负债合计', 'blue', '--'),
                  ('所有者权益合计', 'green', '-.')],
    '利润表指标': [('营业收入', 'red', '-'), ('营业成本', 'blue', '--'),
                ('营业利润', 'green', '-.'), ('净利润', 'purple', ':')],
    '现金流量表指标': [('现金流量净额_经营', 'red', '-'),
                  ('现金流量净额_投资', 'blue', '--'),
                  ('现金流量净额_筹资', 'green', '-.')]
}
# 创建 3 个子图
fig, axs = plt.subplots(3, 1, figsize=(20, 12))
# 使用循环绘制每个子图
for i, (title, data) in enumerate(indicators.items()):
    axs[i].set_title(title)
    for indicator, color, linestyle in data:
        sns.kdeplot(df[indicator], ax=axs[i], label=indicator,
```

```
                    linestyle=linestyle, color=color)
        axs[i].set_xlabel('')
        axs[i].legend()
plt.show()
```

以上代码分类绘制了 10 个财务指标的核密度估计曲线，将属于同一财务报表的财务指标绘制在同一个子图中，输出结果如图 9-2 所示。可以看到，资产负债表、利润表指标分布呈现右偏态，说明数据中存在较大的极端值或异常值。现金流量表的 3 个财务指标分布较为对称。从波动情况来看，所有者权益合计、净利润、现金流量净额_筹资在同类指标中有相对大的波动，而资产总计、营业收入、现金流量净额_经营与同类指标相比相对稳定。

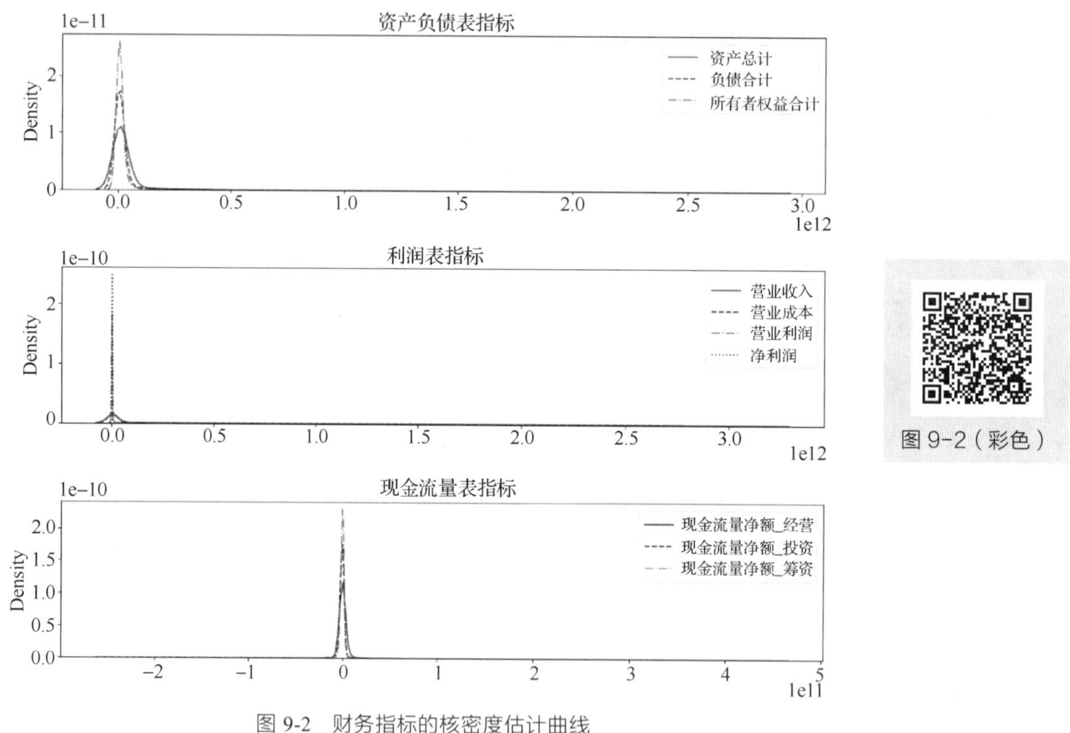

图 9-2（彩色）

图 9-2　财务指标的核密度估计曲线

9.3.3　财务数据的相关性分析

以下代码用于计算各个财务指标间的相关系数，并通过热力图来直观显示相关性的强度。从图 9-3 可以看出，各个财务指标之间存在较强的相关性。例如，营业收入除了与营业成本呈近似线性关系之外，与资产总计、所有者权益合计、现金流量净额_投资等也有密切关系。

```
# 计算相关系数
corr = df_scaled.corr()
# 将相关系数矩阵四舍五入到三位小数
corr = corr.round(3)
# 定义一个格式化函数，用于控制注释的小数位数
def format_annot(x):
    return '{:.3f}'.format(x)
# 绘制热力图
sns.heatmap(corr, annot=True, cmap='YlGnBu', fmt=".3f")
plt.show()
```

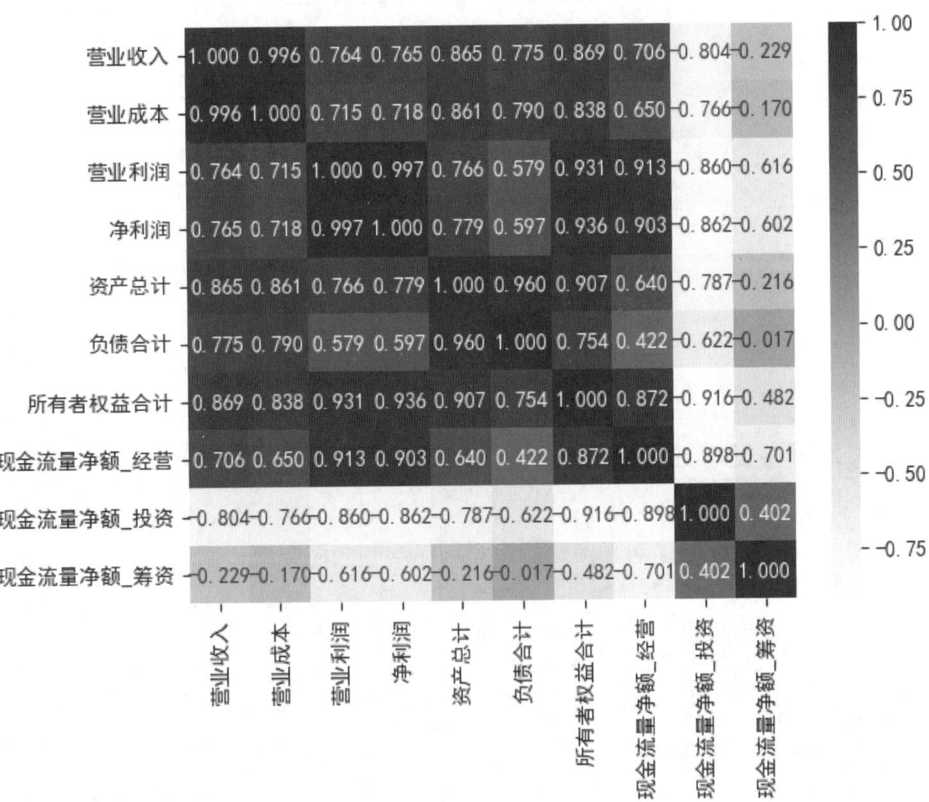

图 9-3　财务指标相关系数热力图

9.4 基于财务指标的 K 均值聚类与评价

本节介绍 K 均值聚类用于财务数据分析的具体流程。K 均值聚类的实现并不复杂，读者需要注意的是聚类结果的解读范式，并将其应用于其他现实问题。

9.4.1 *K* 值确定

以下代码用于设置 *K* 值在 3～10 范围内变换，记录相应聚类解的轮廓系数并绘制折线图。由图 9-4 可知，聚为 3 类时有最大的轮廓系数，因此确定 *K*=3。

```
# 寻找最佳聚类数目
silhouette_scores = []
for n_clusters in range(3, 11):
    kmeans = KMeans(n_clusters=n_clusters,n_init=5,random_state=123)
    cluster_labels = kmeans.fit_predict(df_scaled)
    silhouette_avg = silhouette_score(df_scaled, cluster_labels)
    silhouette_scores.append(silhouette_avg)
# 绘制轮廓系数随聚类数目变化的折线图
plt.plot(range(3, 11), silhouette_scores, marker='o')
plt.xlabel('K')
plt.ylabel('轮廓系数')
plt.show()
```

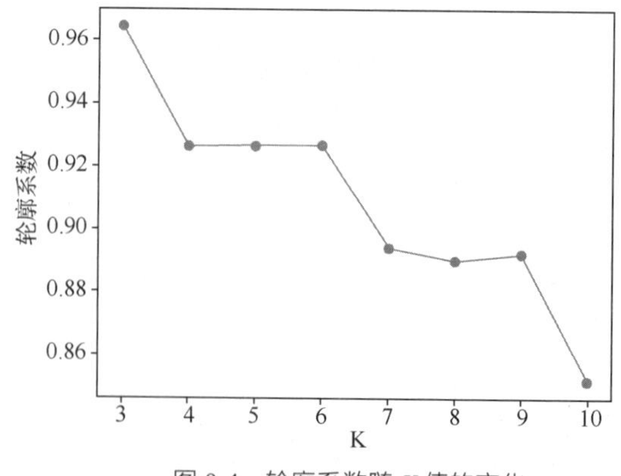

图 9-4　轮廓系数随 *K* 值的变化

9.4.2 K 均值聚类与效果评价

设置 *K*=3，以下代码用于执行 K 均值聚类，同时输出聚类标签、聚类中心（即质心）与轮廓系数。此外，cluster_counts 用于存储各个类别包含的公司数量，用于进一步分析。

```
# 执行 K 均值聚类
kmeans = KMeans(n_clusters=3,random_state=123,n_init=10)
cluster_labels = kmeans.fit_predict(df_scaled)
cluster_centers = kmeans.cluster_centers_
silhouette = silhouette_score(df_scaled, cluster_labels)
# 将聚类中心转化为 DataFrame
cluster_centers_df = pd.DataFrame(cluster_centers, columns=df_scaled.columns)
cluster_centers_df.index = ['类别 0', '类别 1', '类别 2']
print(cluster_centers_df.round(3))
cluster_counts = pd.Series(cluster_labels).value_counts().reset_index()
print(cluster_counts)
print('轮廓系数：',silhouette.round(3))
```

以上代码的输出结果如图 9-5 所示。可以看到，绝大部分公司属于类别 0，少量公司属于类别 1 和类别 2。通过聚类中心，可以识别 3 类公司的财务特征。该聚类解的轮廓系数为 0.956，聚类效果比较理想。

```
      营业收入    营业成本   营业利润     净利润     资产总计     负债合计   所有者权益合计  现金流量净额_经营  \
类别0  -0.066  -0.065  -0.06  -0.062  -0.080  -0.078   -0.072      -0.052
类别1  15.958  14.851  19.40  18.999  12.924   8.211   18.071      19.615
类别2   4.904   5.128   3.33   3.601   7.631   8.464    5.205       2.160

     现金流量净额_投资  现金流量净额_筹资
类别0       0.067       0.014
类别1     -17.999     -12.656
类别2      -4.540       1.284
   index  count
0      0   2171
1      2     16
2      1      4
轮廓系数： 0.956
```

图 9-5　聚类分析结果概览

9.4.3 模型结果展示

9-2　聚类效果可视化

为了直观展示聚类效果，我们先对数据进行因子分析，提取两个公因子，然后计算因子得分，以因子得分代替原始数据，绘制不同类别的样本点在平面直角坐标系中的分布情况。达成这一目标的参考代码如下：

```
fa = FactorAnalyzer(n_factors=2, rotation='varimax')
fa.fit(df_scaled)#因子模型拟合
```

```
eigenvalues = fa.get_eigenvalues()[0]
# 获取累计贡献率
cvr = np.cumsum(eigenvalues/np.sum(eigenvalues))
print(np.around(cvr, decimals=3))
print('因子载荷:')
print(fa.loadings_.round(3))
factors_scores = fa.transform(df_scaled)# 计算因子得分
# 绘制聚类效果图
markers = ['^', 'o', 's']  # 定义不同形状的标记
for i, marker in zip(range(3), markers):
    cluster = factors_scores[cluster_labels == i]
    plt.scatter(cluster[:, 0], cluster[:, 1], marker=marker, label=f'类别 {i}')
plt.xlabel('因子 1')
plt.ylabel('因子 2')
plt.legend()
plt.show()
```

运行以上代码，得到前两个公因子的累计贡献率为 0.915，说明使用两个公因子已经足够反映数据绝大部分信息。图 9-6 展示了 3 个类别的分布情况，可见 3 个类别得到了较好的区分。

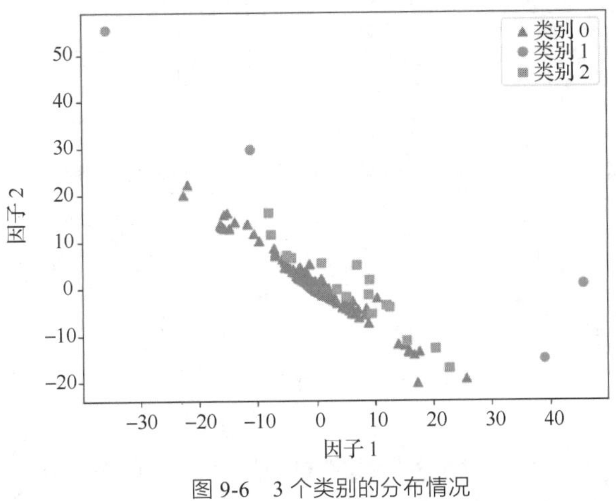

图 9-6（彩色）

图 9-6　3 个类别的分布情况

9.5 案例报告——基于 K 均值聚类的上市公司盈利能力分析

本案例利用 K 均值聚类对上市公司的财务指标进行分析，以揭示不同公司的盈利特征和潜在趋势，为投资者和公司管理者提供更深入的洞察和决策支持。本节将展示一份基于 K 均值聚类的上市公司盈利能力分析报告，具体内容涵盖背景介绍、数据说明、上市公司财务指标的描述性分析、上市公司财务指标的聚类分析、总结与建议。

9.5.1 背景介绍

随着金融市场的不断发展和全球经济的快速增长，上市公司在财务数据的规模和复杂性上都有了显著的扩大和增加。对于投资者、金融数据分析师和管理者来说，如何充分挖掘和利用大量的财务数据进行盈利能力分析，对于更好地了解上市公司的财务状况、进行风险评估和制定决策具有重要意义。

传统的财务分析方法主要关注公司的财务报表和财务指标，如资产负债表、利润表、现金流量表等，通常仅限于对数据的简单统计和比率分析。而大量的财务数据可能包含着复杂的内在结构和模式，传统方法很难全面、深入地挖掘这些信息，导致对公司盈利能力的分析可能不够准确和全面。

K 均值聚类是一种无监督学习算法，它可以识别出数据的潜藏结构与内在规律。基于 K 均值聚类并按照财务指标对公司进行分类，可以揭示不同公司的差异与相似性，识别出具有相似盈利能力表现的公司群组。这样的结果能够帮助决策者更深入地了解公司的财务表现，为更好地评估公司的风险水平和盈利潜力，有针对性地制定风险管理策略、投资与经营决策提供参考意见。

9.5.2 数据说明

本案例选取了在上海证券交易所上市的 2272 家公司的财务数据，其中包括证券代码、证券简称、资产总计、营业收入、营业成本、净利润、现金流量净额_经营等 12 个指标，数据示例如表 9-1 所示。

表 9-1　上市公司财务数据示例

证券代码	证券简称	营业收入	营业成本	营业利润	净利润
600000.SSE	浦发银行	NaN	NaN	3.18E+10	2.86E+10
600004.SSE	白云机场	4.61E+09	3.67E+09	3.89E+08	2.91E+08
600006.SSE	东风汽车	9.17E+09	8.74E+09	5.77E+07	4.16E+07
600007.SSE	中国国贸	3.95E+09	1.66E+09	1.67E+09	1.26E+09
600008.SSE	首创环保	1.41E+10	9.29E+09	2.13E+09	1.70E+09
资产总计	**负债合计**	**所有者权益合计**	**现金流量净额_经营**	**现金流量净额_投资**	**现金流量净额_筹资**
8.81E+12	8.08E+12	7.24E+11	1.09E+11	−3.35E+10	−2.63E+11
2.68E+10	9.08E+09	1.77E+10	1.90E+09	−4.48E+08	−1.24E+09
1.85E+10	1.01E+10	8.44E+09	−4.13E+08	7.15E+07	−2.03E+08
1.29E+10	3.18E+09	9.70E+09	1.92E+09	−6.48E+07	−1.29E+09
1.07E+11	6.70E+10	4.03E+10	1.95E+09	−3.92E+09	1.07E+09

在数据预处理阶段，发现部分指标存在缺失值，由于缺失值数量较少，直接将其删除。为了消除量纲的影响，对数据进行了标准化处理。删除了原始数据中的证券代码和证券简称，仅保留了 10 个财务指标数据。最终，用于后续分析的数据包括 2191 条记录、10 个变量。

9.5.3 上市公司财务指标的描述性分析

（1）上市公司财务指标的基本统计特征

表 9-2 展示了上市公司 10 个财务指标的基本统计特征。营业利润、净利润、所有者权益合计 3 个指标的最小值为负，中位数为正，说明存在亏损严重的企业，拉低了整体的利润水平。现金流量相关的 2 个指标的平均值与中位数都为负，表明大多数上市公司在投资与筹资活动中都处于现金流出的状态，这可能意味着大多数公司在运营过程中面临着资金紧张的问题。

（2）上市公司财务指标的分布状况

绘制 10 个财务指标的核密度估计曲线，如图 9-7 所示。可以看到，资产负债表和利润表的相关指标分布呈现右偏态，表明数据中存在较大的极端值或异常值。相比之下，现金流量表的指标分布较为对称。就波动情况而言，所有者权益合计、净利润以及现金流量净额_筹资在同类指标中波动较大，而资产总计、营业收入以及现金流量净额_经营相对稳定。这种波动可能受到公司业务特性和市场环境等因素的影响。

表 9-2　　上市公司 10 个财务指标的基本统计特征

统计量	营业收入	营业成本	营业利润	净利润	资产总计
count	2.19E+03	2.19E+03	2.19E+03	2.19E+03	2.19E+03
mean	1.74E+10	1.44E+10	1.26E+09	1.00E+09	3.13E+10
std	1.19E+11	9.91E+10	8.85E+09	6.61E+09	1.47E+11
min	1.39E+05	1.01E+05	−8.54E+09	−8.61E+09	1.38E+08
25%	6.19E+08	3.82E+08	2.32E+07	2.01E+07	2.23E+09
50%	1.77E+09	1.22E+09	1.29E+08	1.12E+08	4.72E+09
75%	5.82E+09	4.22E+09	4.88E+08	4.13E+08	1.46E+10
max	3.21E+12	2.71E+12	2.53E+11	1.80E+11	2.85E+12
统计量	**负债合计**	**所有者权益合计**	**现金流量净额_经营**	**现金流量净额_投资**	**现金流量净额_筹资**
count	2.19E+03	2.19E+03	2.19E+03	2.19E+03	2.19E+03
mean	1.83E+10	1.29E+10	1.55E+09	−1.42E+09	−1.96E+08
std	9.44E+10	6.25E+10	1.43E+10	9.58E+09	6.54E+09
min	8.44E+06	−6.65E+09	−8.24E+10	−2.56E+11	−1.47E+11
25%	5.92E+08	1.43E+09	−2.63E+07	−5.52E+08	−1.98E+08
50%	1.82E+09	2.78E+09	1.18E+08	−1.66E+08	−2.17E+07
75%	6.87E+09	7.20E+09	5.23E+08	−1.68E+07	1.72E+08
max	2.13E+12	1.63E+12	4.57E+11	6.05E+09	1.01E+11

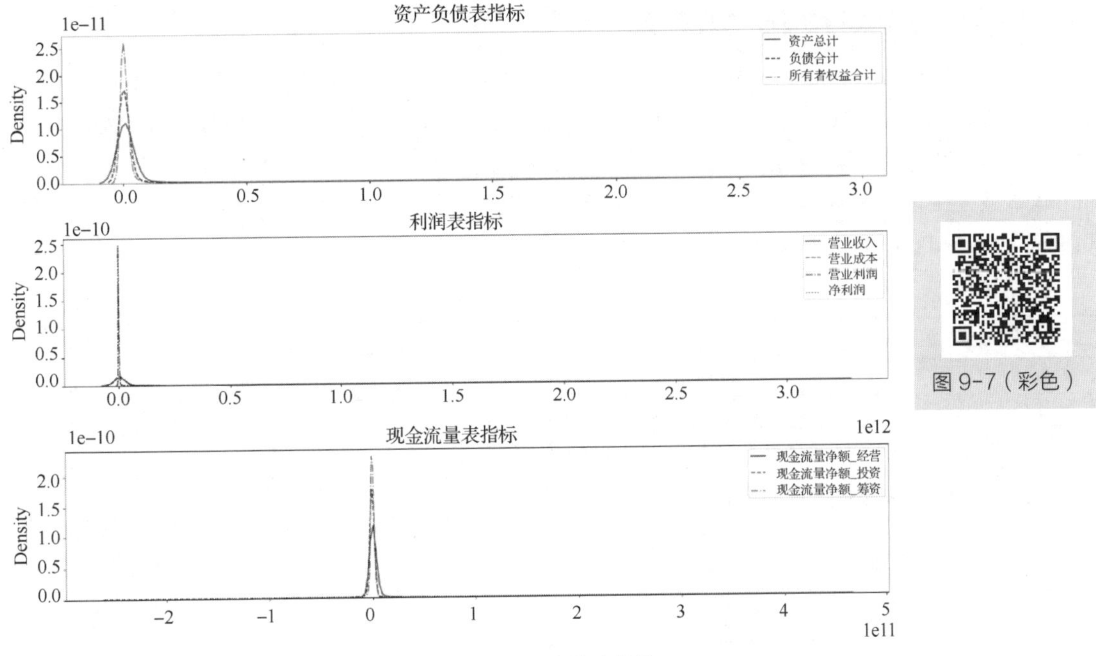

图 9-7　10 个财务指标的核密度估计曲线

（3）上市公司财务指标的相关性分析

计算 10 个指标的相关系数并将其绘制成热力图，如图 9-8 所示。可以看到，这些财务指标间存在较强的相关性。例如，除了现金流量净额_筹资外，营业收入与其余 8 个变量的相关性都在 70%以上。营业收入与营业成本，营业利润与净利润相关系数接近 1，说明它们之间存在极强的线性关系。

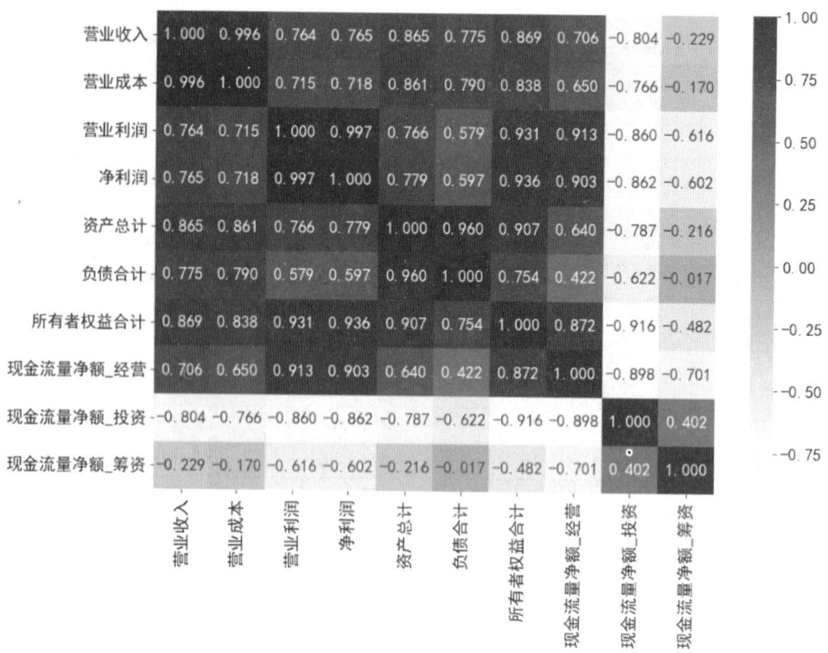

图 9-8 上市公司财务指标相关系数热力图

9.5.4 上市公司财务指标的聚类分析

设定聚类数目 K 的取值范围为 3～10，以 10 个财务指标为聚类变量，得到聚类解在 $K=3$ 时有最大的轮廓系数，由此确定聚类数目为 3。设定 $K=3$，得到 K 均值聚类的聚类中心如表 9-3 所示。对 10 个财务指标进行因子分析，提取两个公因子。以公因子代替原始数据，绘制 3 个类别的样本点在平面的分布情况，如图 9-9 所示。可以看到，不同类别得到了较好的区分。而轮廓系数为 0.956，也说明聚类效果比较理想。

表 9-3 聚类中心

类别标签	包含样本数	营业收入	营业成本	营业利润	净利润	资产总计
0	2171	-0.066	-0.065	-0.060	-0.062	-0.080
1	4	15.958	14.851	19.400	18.999	12.924
2	16	4.904	5.128	3.330	3.601	7.631
类别标签	**包含样本数**	**负债合计**	**所有者权益合计**	**现金流量净额_经营**	**现金流量净额_投资**	**现金流量净额_筹资**
0	2171	-0.078	-0.072	-0.052	0.067	0.014
1	4	8.211	18.071	19.615	-17.999	-12.656
2	16	8.464	5.205	2.160	-4.540	1.284

下面结合表 9-3，对不同类别的特征进行解读与分析。属于类别 0 的公司有 2171 家，占据了绝大多数。这类公司在属于利润表的 4 个指标（营业收入、营业成本、营业利润与净利润）、属于资产负债表的 3 个指标（资产总计、负债合计与所有者权益合计）以及现金流量净额_经营指标上处于 3 个类别中的最低水平，在现金流量净额_投资、现金流量净额_筹资 2 个指标上处于 3 个类别中的最高水平。这意味着大多数上市公司在经营活动中投入较少，但有着较为活跃的投资与筹资行为。这类公司盈利能力与可持续发展能力可能较弱。

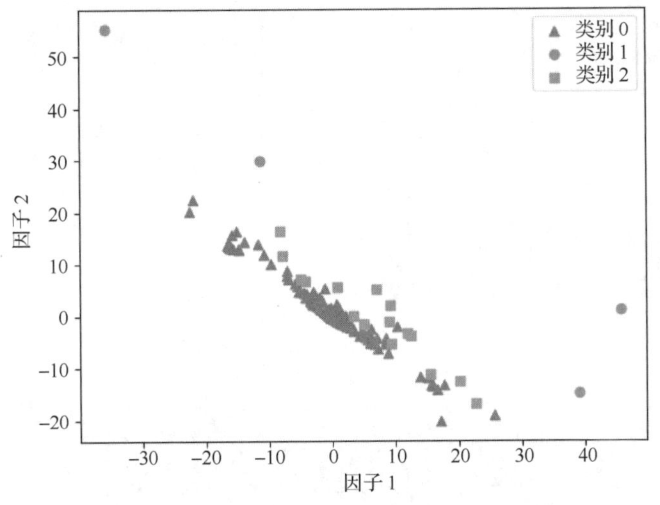

图 9-9（彩色）

图 9-9　3 个类别的样本点在平面的分布情况

属于类别 1 的公司有 4 家，占据了极小部分。这类公司在属于利润表、资产负债表的 6 个指标（负债合计指标除外），以及现金流量净额_经营指标上处于最高水平，但在现金流量净额_投资、现金流量净额_筹资两个指标上处于 3 个类别中的最低水平。这表明公司的经营活动非常活跃，能够有效地产生现金流。这可能代表公司的业务模式健康，有较强的盈利能力。

属于类别 2 的公司有 16 家，占据了较小部分。这类公司在除负债合计指标之外的指标上都处于中等水平，说明它们在经营、投资和筹资活动中保持了相对平衡。这类公司的盈利能力可能也处于中等水平。

9.5.5 总结与建议

本案例对上海证券交易所 2191 家上市公司的财务数据进行了分析，运用 K 均值聚类算法将上市公司划分为 3 个类别。结果表明，3 个类别的公司主要在经营活动表现、投资与筹资现金流量两大方面表现出差异。属于类别 0 的公司，在经营活动中投入较少（具体表现为营业收入、营业成本、营业利润、净利润与用于经营的现金流量都处于最低水平），在投资与筹资方面表现活跃（具体表现为投资与筹资现金流量处于最高水平），这类公司有 2171 家，占据了绝大多数。属于类别 1 的公司，在经营活动中投入较多（具体表现为营业收入、营业成本、营业利润、净利润与用于经营的现金流量都处于最高水平），而在投资与筹资方面不够活跃（具体表现为投资与筹资现金流量都处于最低水平），这类公司有 4 家。属性类别为 2 的公司，在经营活动、投资与筹资方面都处于中等水平，这样的公司有 16 家。

通过聚类分析，识别出 4 家有较强盈利能力的公司（类别 1），16 家盈利能力稍弱的公司（类别 2），站在投资者的角度，这些公司可以在投资时优先考虑。

从公司管理的角度出发，对于属于类别 0 的公司，建议加强经营管理，提高盈利能力，并谨慎处理投资和筹资活动，以实现可持续发展。对于属于类别 1 的公司，其经营活动非常有效，能够持续产生现金流，具有较强的盈利能力。建议这类公司应继续保持良好的经营效率，同时关注投资和筹资活动，以保持盈利能力和业务模式的健康发展。对于属于类别 2 的公司，建议继续保持经营的平衡性，同时根据市场变化灵活调整经营策略，以提高盈利能力并实现更好的发展。

第 10 章

不同投资组合下的收益率与波动率分析

在实现最大化收益的同时有效控制风险是投资者和金融数据分析师面临的重要问题。本章将探讨权重配置对投资组合表现的影响，利用蒙特卡罗模拟和风险最小化探索最优投资组合的构建方法，并利用夏普比率优化投资组合策略。

10.1 投资组合概述

投资组合是一种金融策略，旨在通过分散投资来降低风险，如股票、债券、现金等，来实现投资者的财务目标。这种策略的核心在于平衡风险和收益，以确保资金的安全和增值潜力。

投资组合管理的目标是最大化收益，同时控制风险。为了实现这一目标，投资者需要对市场有深入的理解，并能够识别和利用不同资产之间的相关性。通过分散投资，投资者可以降低单一资产的风险，并提高投资组合的稳定性和收益潜力。投资组合的构建和管理涉及多个方面，包括资产配置、行业配置和个股选择。资产配置是指将资金分配到不同类型的资产中，以实现收益和风险的平衡。投资组合的评估和分析是投资过程中的重要环节。通过监控投资组合的性能、调整投资比例、添加或删除投资品种，投资者可以确保投资组合能够适应市场环境的变化。同时，通过对投资组合的收益、风险、夏普比率等指标进行分析和评估，投资者可以了解投资组合的表现和存在的问题，从而做出更好的投资决策。总之，投资组合是一种旨在实现投资者财务目标、平衡风险和收益的金融策略。通过有效的投资组合管理，投资者可以在复杂多变的金融市场中实现资本保值和增值。

本章选择了 4 只代表性股票：中国平安、贵州茅台、长江电力和恒瑞医药。每只股票来自不同的行业，具有独特的风险和收益特性，有助于投资者实现投资组合的多元化。以这 4 只股票为例，构建一个多元化的投资组合，有效分散行业风险和减少市场波动。这种策略有助于降低投资组合的整体波动性，同时提高收益的稳定性和潜在增长率。

10.2 数据预处理和描述性分析

在投资决策过程中，对数据的深入理解和分析是至关重要的。本节将介绍数据预处理和描述性分析的方法，这有助于我们更好地理解股票市场的动态和投资组合的表现。

10.2.1 股票价格走势

股票价格走势是一种展示股票市场历史价格和交易量等信息的方法，它可以帮助投资者更好地理解市场动态和股票的表现。绘制股票价格走势，可以通过以下步骤实现。

步骤 1 使用 pandas 读取 Excel 文件中的股票后复权收盘价数据，并将“日期”设置为 DataFrame 的索引，示例代码如下：

```
data=pd.read_excel('股票收盘价.xlsx')
data=data.set_index('日期')
```

步骤 2 为了后续研究股票价格走势，以 2019 年第一个交易日的收盘价为参考，进行数据归一化处理，示例代码如下：

```
normalized_df=data/data.iloc[0]
```

步骤 3 使用 Matplotlib 来绘制多线图，不同的线型代表不同的股票，以展示经过数据归一化处理后的股票价格走势，示例代码如下：

```
plt.figure(figsize=(9,6))
types=['-','--','-.',':']
for i in range(4):
```

```
    x=normalized_df.index
    y=normalized_df.iloc[:,i]
    plt.plot(x,y,types[i])
    plt.xlabel('年')
    plt.ylabel('归一化的股票价格')
plt.legend(normalized_df.columns,loc='best',prop={'size':8})
plt.show()
```

代码运行结果如图 10-1 所示。

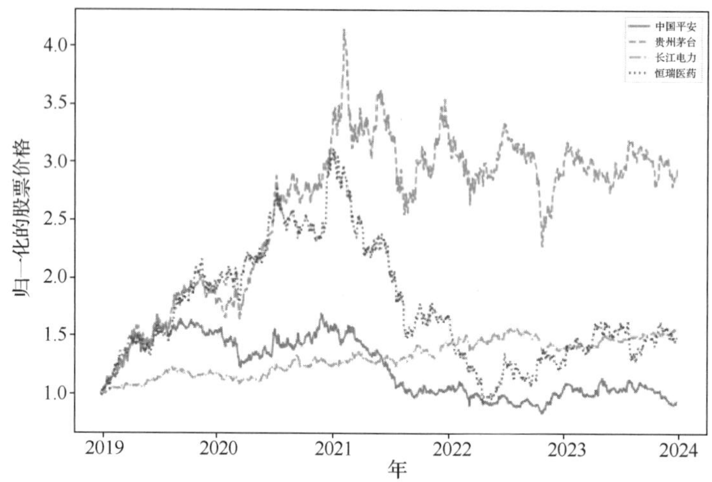

图 10-1　2019 年到 2023 年所选股票的价格走势

10.2.2 股票的日对数收益率

计算股票的日对数收益率，日对数收益率反映了资产价格或投资组合价值在一天内的相对变化情况。示例代码如下：

```
stock_return=np.log(data/data.shift(1)).dropna()
stock_return.head()
```

代码运行结果如图 10-2 所示。

	中国平安	贵州茅台	长江电力	恒瑞医药
日期				
2019-01-03	0.008168	-0.014026	0.007119	-0.036181
2019-01-04	0.014697	0.018700	-0.012078	0.061660
2019-01-07	-0.004660	0.005375	-0.003874	-0.014324
2019-01-08	-0.008086	-0.001076	0.015406	0.007555
2019-01-09	0.018501	0.017266	-0.003829	0.028057

图 10-2　股票日对数收益率

10.2.3 股票的年化对数收益率和年化波动率

计算股票的年化对数收益率的示例代码如下：

```
stock_return_mean=stock_return.mean()*252
stock_return_mean
```

代码运行结果如下：

```
中国平安    -0.021512
贵州茅台     0.221301
长江电力     0.090527
```

```
恒瑞医药     0.081568
dtype: float64
```

计算股票的年化波动率的示例代码如下：

```
stock_return_vol=stock_return.std()*np.sqrt(252)
stock_return_vol
```

代码运行结果如下：

```
中国平安     0.231661
贵州茅台     0.284146
长江电力     0.137898
恒瑞医药     0.331449
dtype: float64
```

10.2.4 投资组合的相关性分析

（1）投资组合的相关系数矩阵

相关系数矩阵是金融数据分析中的一个重要工具，用于估算多只股票收益率之间的线性关系。这种矩阵能够展示不同股票之间的相关程度，帮助投资者理解一只股票的收益如何与其他股票的收益相关联。相关矩阵的计算示例代码如下：

```
stock_return_corr=stock_return.corr()
```

为了便于观察，可以将数值的相关系数矩阵用热力图的形式展现出来。以下使用 seaborn 来绘制热力图，示例代码如下：

```
import seaborn as sns
sns.heatmap(stock_return_corr,annot=True,cmap='YlGnBu')
plt.show()
```

代码运行结果如图 10-3 所示，相关系数矩阵中的每一个元素都是其对应股票的相关系数，取值范围为-1～1，正数代表正相关，负数代表负相关。从图 10-3 可以看出，这 4 只股票的年化对数收益率之间相关性比较低，因此，对于整个组合的分散效果会比较好。

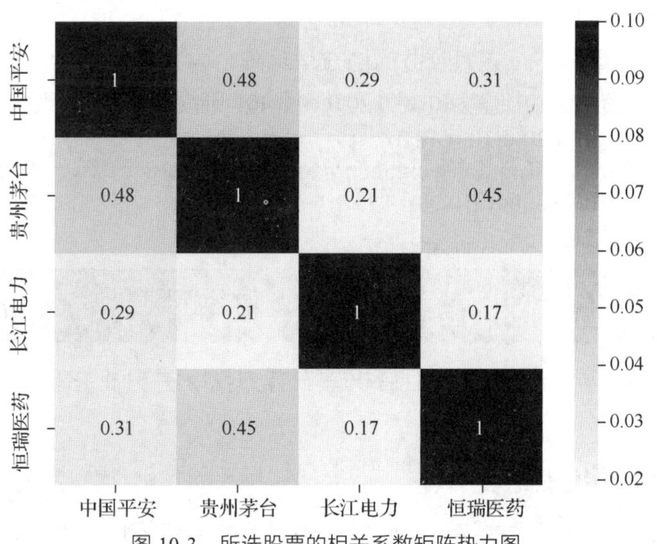

图 10-3 所选股票的相关系数矩阵热力图

（2）投资组合的协方差矩阵

相关系数矩阵反映了股票收益之间的线性关系，而协方差矩阵则包含更广泛的信息，包括线性和非线性的关系。在实际应用中，通常会使用协方差矩阵来评估股票或资产之间的风险相关性。协方差矩阵的计算示例代码如下：

```
stock_return_cov=stock_return.cov()*252
```

绘制协方差矩阵热力图，示例代码如下：

```
sns.heatmap(stock_return_cov .round(2),annot=True,cmap='YlGnBu')
plt.show()
```

代码运行结果如图 10-4 所示。

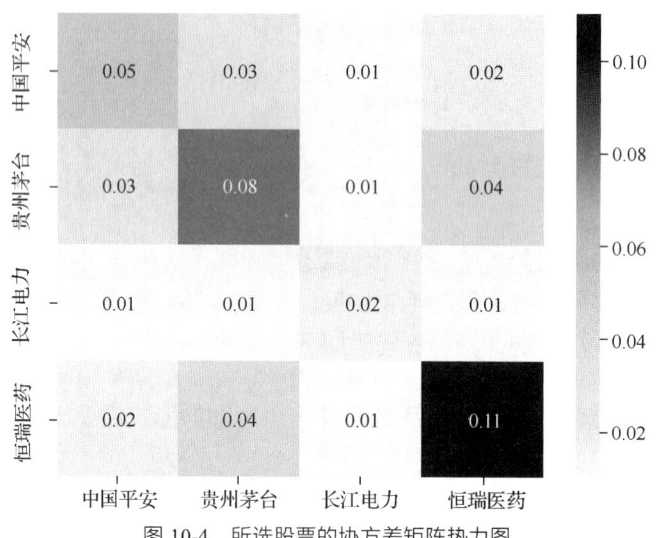

图 10-4　所选股票的协方差矩阵热力图

（3）投资组合的标准差

投资组合的风险可以用标准差来衡量，在知道投资组合的权重和协方差矩阵的前提下，可以通过以下公式进行计算。

$$\sigma = \sqrt{\boldsymbol{\omega} \boldsymbol{\Sigma} \boldsymbol{\omega}^{\mathrm{T}}}$$

其中，σ 为投资组合的标准差，$\boldsymbol{\Sigma}$为收益的协方差矩阵，$\boldsymbol{\omega}$ 为投资组合的权重。

假设 4 只股票的投资组合的权重为[0.30,0.20,0.10,0.40]，则投资组合的标准差计算示例代码如下：

```
weights=np.array([0.30,0.20,0.10,0.40])
portfolio_volatility=np.sqrt(np.dot(weights,np.dot(stock_return_cov,weights.T)))
print(portfolio_volatility.round(3))
```

代码运行结果为“0.209”。

10.3 投资组合的收益率分析

本节将深入探讨 3 种不同的投资组合权重设置方法，并分析它们对投资组合收益率的影响。

10.3.1 给定权重的投资组合

在金融投资领域，给定权重的投资组合是一种常见的投资策略，投资者根据自身的风险偏好和投资目标，在不同的资产之间分配权重。本节通过以下 4 个步骤对给定权重的投资组合的累计收益率进行分析。

步骤 1　为了避免修改原始数据，创建 stock_return 的一个副本 stock_return2，示例代码如下：

```
stock_return2=stock_return.copy()
```

步骤 2　计算给定权重的投资组合的累计收益率，示例代码如下：

```
portfolio_weights=np.array([0.30,0.20,0.10,0.40])
weighted_returns=stock_return.mul(portfolio_weights, axis=1)
stock_return2['portfolio']=weighted_returns.sum(axis=1)
```

步骤 3　定义累计收益率曲线绘制函数，示例代码如下：

```
def cum_returns_plot(name):
    plt.figure(figsize=(7,5))
    cum_returns=((1+stock_return2[name]).cumprod()-1)
    plt.plot(stock_return2.index,cum_returns)
    plt.xlabel('年')
    plt.ylabel('累计收益率')
plt.show()
```

步骤 4　调用累计收益率曲线绘制函数，绘制给定权重的投资组合的累计收益率曲线，示例代码如下：

```
cum_returns_plot(['portfolio'])
```

代码运行结果如图 10-5 所示。

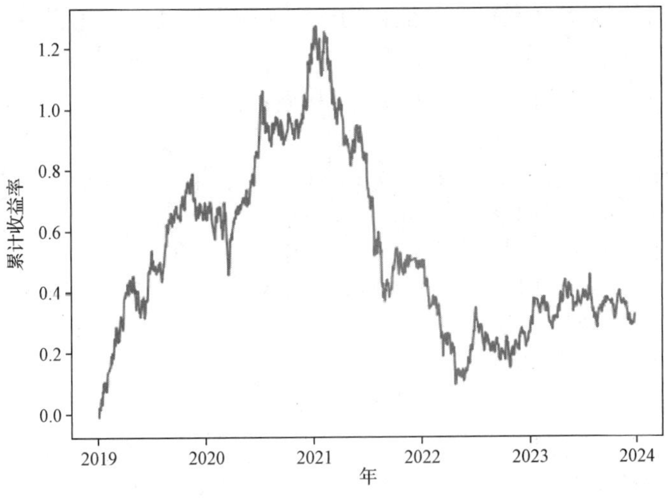

图 10-5　给定权重的投资组合的累计收益率曲线

10.3.2　等权重的投资组合

等权重的投资组合下，每个资产在投资组合中的权重相等。这种方法旨在通过分散投资来降低风险，同时保持投资组合的平衡。

计算等权重的投资组合的累计收益率，示例代码如下：

```
numstocks=4
portfolio_weights_ew = np.repeat(1/numstocks, numstocks)
stock_return2['portfolio_ew']=stock_return.mul(portfolio_weights_ew, axis=1).sum(axis=1)
```

调用累计收益率曲线绘制函数，绘制等权重的投资组合的累计收益率曲线，示例代码如下：

```
cum_returns_plot(['portfolio_ew'])
```

代码运行结果如图 10-6 所示。

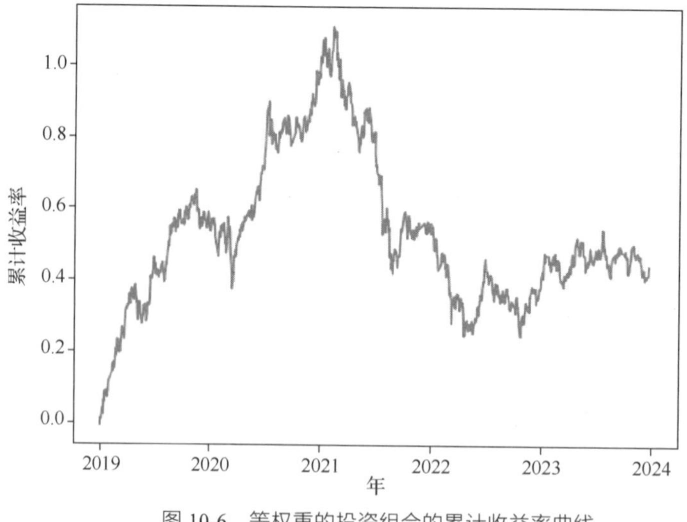

图 10-6　等权重的投资组合的累计收益率曲线

10.3.3 市值加权的投资组合

市值加权的投资组合下，股票的权重是根据其在市场中的市值来确定的。这种方法是一种常见的指数化投资策略，是模拟市场整体表现，而不是依赖于个别资产的决策。在市值加权的投资组合中，资产的权重会随着市场的变化而自动调整，这使得投资者能够简单地跟踪市场指数的表现。

以 2019 年第一个交易日市值的占比来分配权重，计算市值加权的投资组合的累计收益率，示例代码如下：

```
market_values=np.array([121.93,3239.61,36.39,1456.63])#2019 年第一个交易日市值
market_weights=market_values/np.sum(market_values)
stock_return2['portfolio_mark']=stock_return.mul(market_weights, axis=1).sum(axis=1)
```

调用累计收益率曲线绘制函数，绘制市值加权的投资组合的累计收益率曲线，示例代码如下：

```
cum_returns_plot(['portfolio_mark'])
```

代码运行结果如图 10-7 所示。

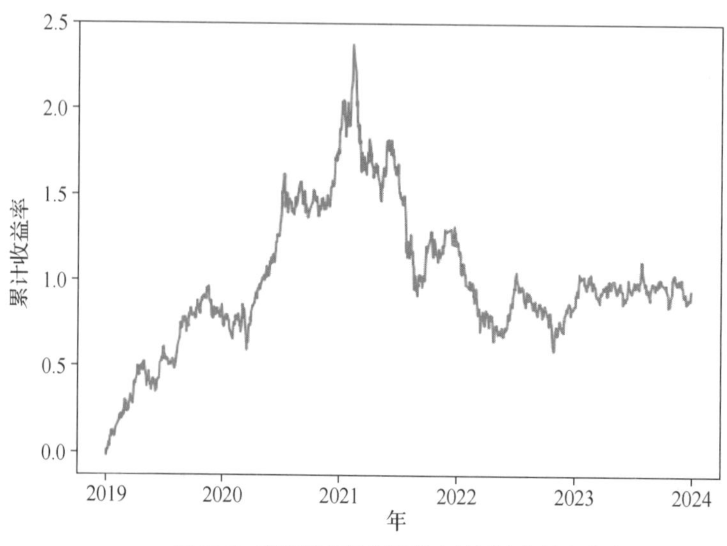

图 10-7　市值加权的投资组合的累计收益率曲线

市值加权的投资组合是基于股票市值来分配权重的策略。这意味着市值较大的股票在投资组合中占有更大的比例。因此，如果这些市值较大的股票表现优异，那么整个投资组合的表现也将更好。

10.4 探索股票的最优投资组合

本节将介绍蒙特卡罗模拟在投资组合优化中的应用、基于风险最小化的投资组合构建方法、基于夏普比率的最优投资组合构建方法。

10.4.1 蒙特卡罗模拟在投资组合优化中的应用

使用蒙特卡罗模拟进行投资组合优化的基本步骤如下。

10-1 蒙特卡罗模拟在投资组合优化中的应用

步骤 1 生成随机权重：在投资组合的权重空间内随机抽取一组权重，这些权重必须满足所有资产权重之和为 1 的条件。

步骤 2 计算投资组合表现：利用所生成的权重，计算在给定市场条件下投资组合的预期收益率和波动率。波动率是衡量资产价格变动不确定性的一种量化指标，它反映了资产价格短期内的波动程度。高波动率通常意味着资产价格的波动性大，可能面临较大的不确定性。波动率通过收益率的标准差来量化。

步骤 3 重复模拟：重复上述步骤 2000 次，每次生成不同的随机权重投资组合，并计算相应的预期收益率和波动率。

步骤 1～步骤 3 的示例代码如下：

```
ticker_list=['中国平安','贵州茅台','长江电力','恒瑞医药']
number=2000 #设置模拟的次数
random_p=np.empty((number,6)) #用于存储模拟权重、收益率和波动率
np.random.seed(7)# 设置随机种子，为了结果能复现
for i in range(number): #循环模拟投资组合
    #初始化权重
    random4=np.random.random(4)
    random_weight=random4/np.sum(random4)
    #计算年化收益率
    mean_return=stock_return.mul(random_weight,axis=1).sum(axis=1).mean()
    annual_return=(1+mean_return)** 252-1
    #计算波动率
    random_volatility=np.sqrt(np.dot(random_weight.T,np.dot(stock_return_cov, random_weight)))
    #将权重、收益率、波动率存入数组中
    random_p[i][:4]=random_weight
    random_p[i][4]=annual_return
    random_p[i][5]=random_volatility
#将数组转化为 DataFrame
random_portfolios=pd.DataFrame(random_p)
random_portfolios.columns=[ticker+'_weight' for ticker in ticker_list]+['returns','volatility']
random_portfolios.head()
```

步骤 4 绘制散点图：根据模拟过程中得到的所有投资组合的波动率和相应的收益率绘制散点图，以直观展示不同权重投资组合下波动率与收益率的关系。

```
plt.figure(figsize=(7,5))
plt.scatter(random_portfolios['volatility'],random_portfolios['returns'],s=10,alpha=0.2)
```

```
plt.xlabel('波动率')
plt.ylabel('收益率')
plt.show()
```

代码运行结果如图 10-8 所示。

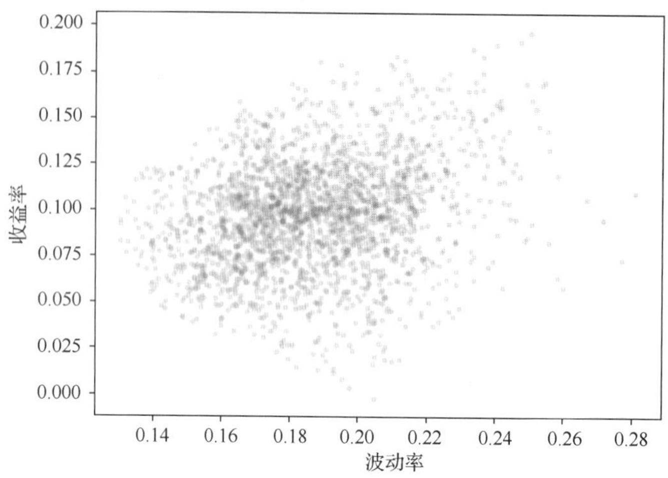

图 10-8　模拟投资组合的波动率与收益率的散点图

投资的核心在于平衡风险与回报之间的关系，图 10-8 提供了对这两个关键要素的直观展示。在该图中，每个数据点都对应一个特定的投资组合配置，其中，横轴表示投资组合的风险水平，通常以收益率的标准差来衡量，标准差越大，表示投资组合面临的不确定性和波动性越大；纵轴表示投资组合的预期收益率，即投资者可能从该投资组合中获得的平均回报率。

10.4.2　基于风险最小化的投资组合构建方法

在投资领域中，风险与收益一直是投资者关注的两大核心因素。尽管人们普遍追求高收益，也深知风险无处不在。因此，如何在追求收益的同时，有效地控制风险，成为投资成功的关键。风险最小化的投资组合，就是指在预期收益一定的情况下，通过合理的资产配置和策略选择，最大限度地降低投资组合的整体风险。

本节通过以下步骤实现风险最小化的投资组合构建。

步骤 1　基于蒙特卡罗模拟的投资组合数据，以波动率（风险）最小的投资组合为目标，绘制在模拟投资组合的波动率与收益率的散点图中，示例代码如下：

```
#找到波动差最小的数据的索引
min_index=random_portfolios['volatility'].idxmin()
#突出波动率最小的数据点
plt.figure(figsize=(7,5))
plt.scatter(random_portfolios['volatility'],random_portfolios['returns'],s=10,alpha=0.2)
plt.xlabel('波动率')
plt.ylabel('收益率')
x=random_portfolios.loc[min_index,'volatility']
y=random_portfolios.loc[min_index,'returns']
plt.scatter(x,y,color='red')
plt.text(np.round(x,3),np.round(y,3),(np.round(x,3),np.round(y, 3)),ha='left',va='bottom',fontsize=12)
plt.show()
```

代码运行结果如图 10-9 所示。

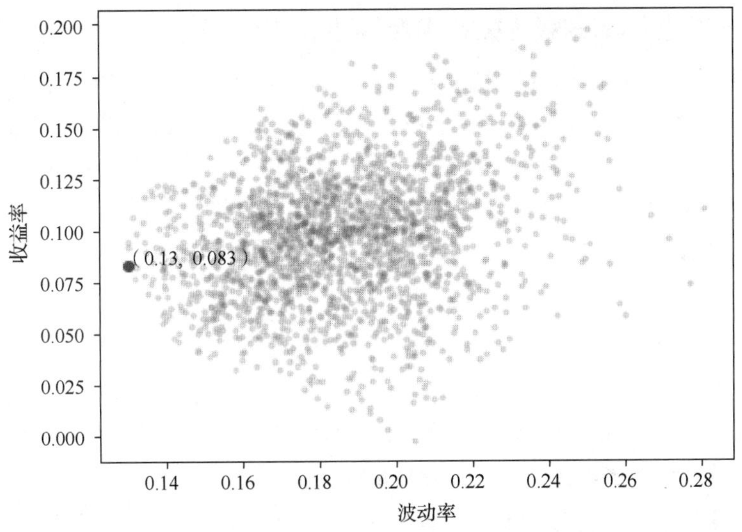

图 10-9　基于风险最小化的投资组合最优值

步骤 2　在投资组合中找出波动性最小的投资组合，并计算这个投资组合的预期收益率。首先，提取波动率最小投资组合对应的股票权重。然后，输出这个波动率最小的投资组合的权重。最后，利用这些权重计算风险最小的投资组合的预期收益率。

```
#设置投资组合中股票的数目
numstocks=4
#提取波动率最小的投资组合对应的股票权重，并转换成 NumPy 数组
gmv_weights=np.array(random_portfolios.iloc[min_index,0:numstocks])
#输出波动率最小的投资组合的权重
print(gmv_weights .round(3))
#计算基于波动率最小化的投资组合收益率
stock_return2['portfolio_gmv']=stock_return.mul(gmv_weights,axis=1).sum(axis=1)
```

代码运行结果为“[0.164 0.06 0.697 0.079]”。

步骤 3　调用累计收益率曲线绘制函数，绘制波动率最小化投资组合的累计收益率曲线，示例代码如下：

```
cum_returns_plot(['portfolio_gmv'])
```

代码运行结果如图 10-10 所示。

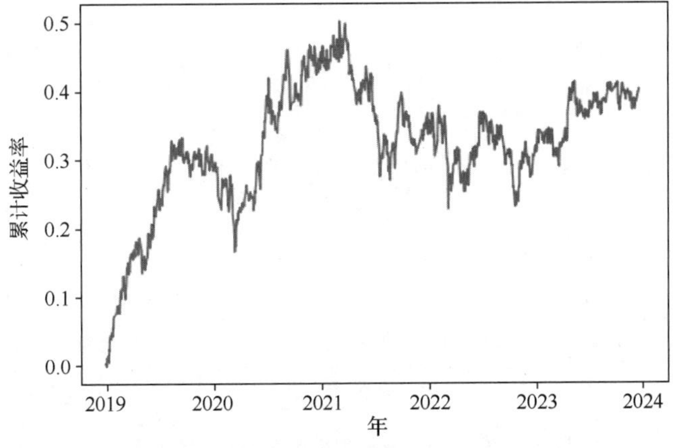

图 10-10　风险最小化投资组合的累计收益率曲线

10.4.3 基于夏普比率的最优投资组合构建方法

夏普比率是一种广泛应用于投资组合领域的绩效评价指标，它能够帮助投资者在风险与收益之间达到平衡。一个较高的夏普比率意味着投资者在承担一定风险的情况下，能够获得更高的超额收益。因此，基于夏普比率的最优投资组合成为许多投资者和基金经理追求的目标。本节将介绍如何利用夏普比率来构建最优投资组合。

10-2　基于夏普比率的最优投资组合

夏普比率的计算公式如下：

$$\text{夏普比率} = \frac{E\left(R_p\right) - R_f}{\sigma_p}$$

其中，$E\left(R_p\right)$表示投资组合收益率，R_f表示无风险收益率，σ_p表示投资组合收益率的标准差。

构建一个基于夏普比率的最优投资组合的步骤如下。

步骤 1　设置无风险收益率为 0，计算每项投资组合的夏普比率，示例代码如下：

```
risk_free=0
random_portfolios['sharpe']=(random_portfolios['returns']-risk_free)/random_portfolios['volatility']
```

步骤 2　在波动率与收益率散点图中找到夏普比率最大的投资组合，并突出显示这个数据点，示例代码如下：

```
#找到夏普比率最大的数据点对应的索引
max_index=random_portfolios['sharpe'].idxmax()
plt.figure(figsize=(7,5))
plt.scatter(random_portfolios['volatility'],random_portfolios['returns'],s=10,alpha=0.2)
x=random_portfolios.loc[max_index,'volatility']
y=random_portfolios.loc[max_index,'returns']
plt.scatter(x,y,color='red')
plt.xlabel('波动率')
plt.ylabel('收益率')
#将该数据点坐标显示在图中并保留 3 位小数
plt.text(np.round(x,3),np.round(y,3),(np.round(x,3),np.round(y,3)),ha='left',va='bottom',fontsize=12)
plt.show()
```

代码运行结果如图 10-11 所示，我们可以直观地识别出表现最优的投资组合，并了解其在收益和风险之间的平衡情况。

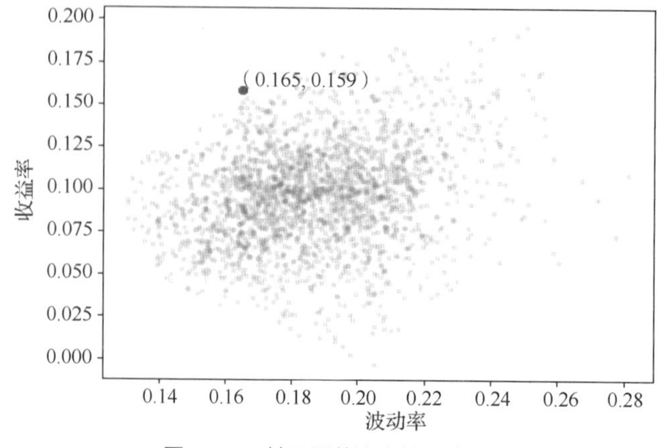

图 10-11　基于夏普比率的投资组合最优值

步骤 3 从投资组合中找到夏普比率最大的组合，并提取和输出该投资组合的权重，示例代码如下：

```
numstocks=4
#提取夏普比率最大的投资组合对应的权重
shar_weights=np.array(random_portfolios.iloc[max_index, 0:numstocks])
#输出夏普比率最大的投资组合的权重
print(shar_weights .round(3))
stock_return2['portfolio_shar']=stock_return.mul(shar_weights, axis=1).sum(axis=1)
```

代码运行结果为“[0.008 0.444 0.49 0.059]”[①]。

步骤 4 调用累计收益率曲线绘制函数，绘制基于夏普比率的最优投资组合的累计收益率曲线，示例代码如下：

```
cum_returns_plot(['portfolio_shar'])
```

代码运行结果如图 10-12 所示。

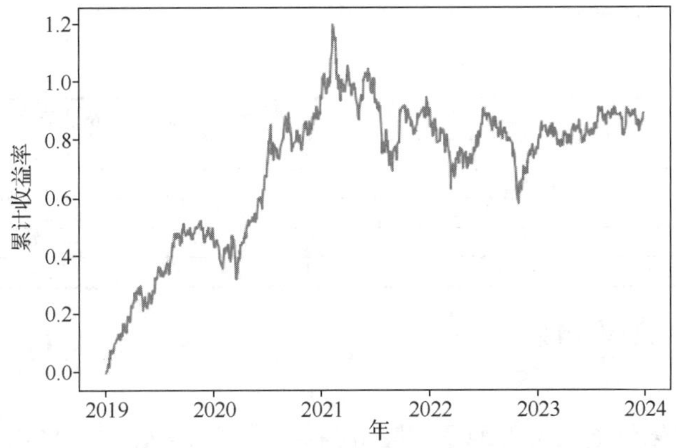

图 10-12　基于夏普比率的最优投资组合的累计收益率曲线

步骤 5 将处理好的数据保存为本地文件，以备后续使用，示例代码如下：

```
stock_return2['日期']=stock_return.index
stock_return2.to_excel('stock_return2.xlsx',index=False)
random_portfolios.to_excel('random_portfolios.xlsx',index=False)
```

10.5 案例报告——基于 Python 的投资组合收益率与波动率数据分析

收益率和波动率作为衡量投资组合关键性能的指标，对于投资决策具有重要意义。本节将展示一份基于 Python 的投资组合收益率与波动率的数据分析报告，具体包括背景介绍、数据说明、股价的描述性分析、不同的投资组合对比、总结与建议。

10.5.1 背景介绍

在多变的金融市场中，投资者常面临众多投资选项和相应的风险。为了在确保资金安全的基础上实现最大化的投资回报，有效的投资组合管理和优化变得尤为关键。投资组合管理的精髓在于寻求风险与收益之间的平衡。

① 此结果为保留 3 位小数后自动四舍五入后的显示，真实数据和为 1。

收益率作为衡量投资回报的直接指标，揭示了投资价值的增长趋势。而波动率，作为衡量风险的关键指标，体现了投资价值的不稳定性及其波动程度。通过深入分析投资组合的收益率与波动率，投资者可以更加精准地把握风险，制定出更为合理的投资策略。这不仅有助于优化资产配置，实现在可控风险下收益的最大化，还能提升投资决策的科学性。此外，利用 Python 进行投资组合收益率与波动率的数据分析，对于投资者而言，意义重大。这不仅可以增强投资决策的精准度，降低潜在的投资风险，提高期望收益，还能促进整个金融市场的稳定与繁荣。

10.5.2 数据说明

本报告以中国平安、贵州茅台、长江电力和恒瑞医药这 4 只股票为研究对象，这 4 只股票来自不同的行业，具有不同的风险和收益特性，能够帮助投资者构建一个相对分散和均衡的投资组合。本报告获取了这 4 只股票从 2019 年到 2023 年（共 5 年）的每日历史行情数据，对数据进行筛选和整合，整合后的数据共有 1214 条数据，包括 4 只股票后复权日收盘价（单位：元）和日期。所选股票的日收盘价示例如表 10-1 所示。

表 10-1　所选股票的日收盘价示例

日期	中国平安	贵州茅台	长江电力	恒瑞医药
2019-01-02	121.93	3239.61	36.39	1456.63
2019-01-03	122.93	3194.49	36.65	1404.87
2019-01-04	124.75	3254.79	36.21	1494.22
2019-01-07	124.17	3272.33	36.07	1472.97
2019-01-08	123.17	3268.81	36.63	1484.14

10.5.3 股价的描述性分析

（1）股价走势

将股价走势可视化可更加直观地把握股价的变化趋势，从而做出更加精准的投资决策，对所选股票 2019 年到 2023 年的日收盘价格数据进行数据归一化处理后绘制价格走势图，如图 10-13 所示。从图中可以看出，中国平安、恒瑞医药的股价在 2019 年到 2021 年震动上升，2021 年到 2023 年震动下跌；贵州茅台的股价从 2019 年到 2021 年一路攀升至最高点，而在 2021 年到 2023 年在 3.0 上下宽幅度震荡；长江电力的股价从 2019 年到 2023 年震荡上升。

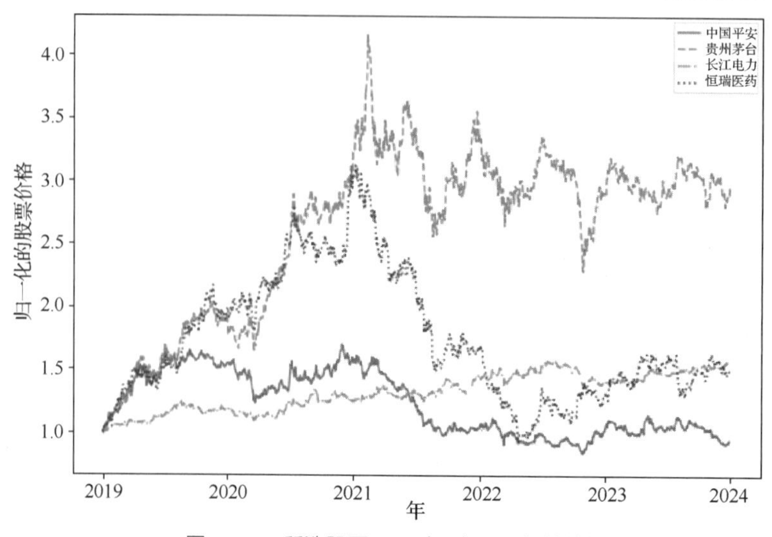

图 10-13　所选股票 2019 年到 2023 年的价格走势

（2）投资组合的相关性分析

在金融数据分析中，协方差矩阵热力图有助于投资者理解投资组合中各股票之间的波动联动情况。协方差的大小反映了两只股票收益联动的程度：协方差越大，说明两只股票的收益关系越密切，波动同步性越高；协方差越小，说明两只股票的收益关系越疏远，波动同步性越低。绘制所选股票的协方差矩阵热力图，如图 10-14 所示。从图中可以看出，所选股票的同步波动性较低，说明该组合的分散性较好。

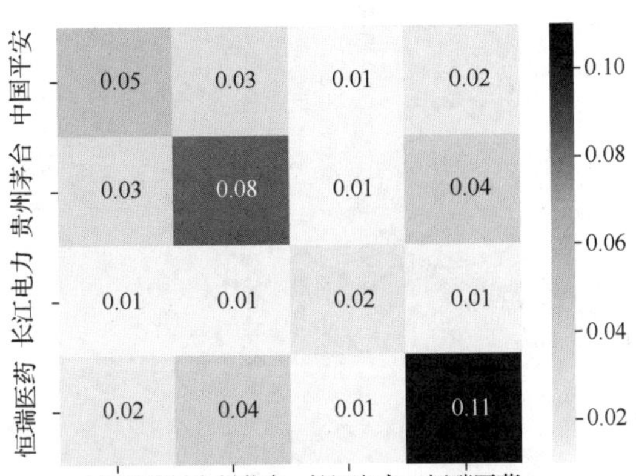

图 10-14　所选股票的协方差矩阵热力图

10.5.4 不同的投资组合对比

为了更直观地观察投资组合在不同权重下的收益率和波动率情况，首先，利用随机函数生成 2000 组随机权重系数，每一组包含 4 个值，分别代表每只股票在总体投资中的占比。然后利用组合预期收益率计算出 2000 组投资组合的收益率和波动率，并进行可视化展示。

图 10-15 中，横轴表示投资组合的波动率，纵轴表示投资组合的收益率。波动率表示投资组合收益的波动程度，波动率较高的投资组合意味着收益的不确定性更大、风险更高。收益率表示投资组合在一定时期内的回报率，是衡量投资成功与否的直接指标。散点图上的每个数据点代表一个特定的投资组合配置，数据点的位置反映了该投资组合的风险和回报水平。

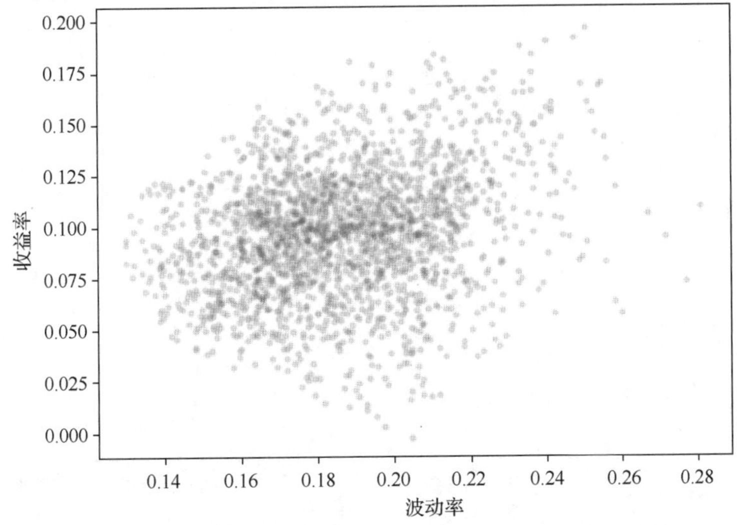

图 10-15　模拟投资组合的波动率与收益率的散点图

在金融投资中，投资者通常关注两个主要方面：收益和风险。尽管高收益是许多人追求的目标，但风险的存在也是不容忽视的事实。因此，找到一种平衡，既能获得期望的收益，又能尽可能地减小风险，是投资成功的关键所在。使用风险最小化的投资组合意味着，在给定的预期收益水平下，通过精心的资产分配和策略决策，来尽可能降低整个投资组合的风险水平。以波动率（风险）最小的投资组合为目标，如图 10-16 所示，基于风险最小化的投资组合的波动率为 0.13、收益率为 0.083。此时，4 只股票的组合权重分别为 0.164、0.06、0.697、0.079。

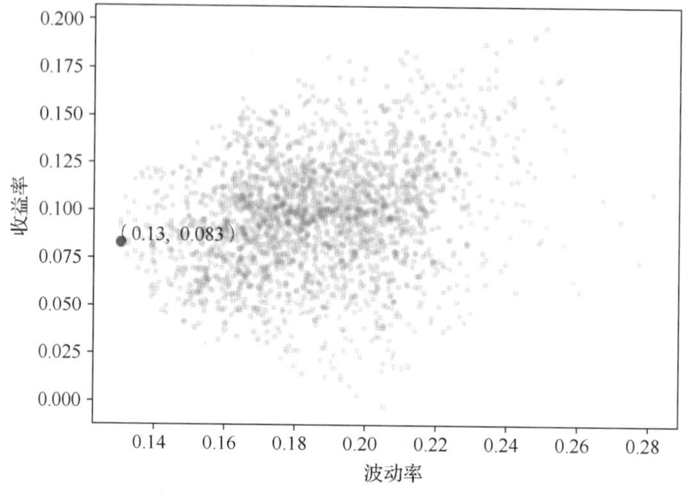

图 10-16　基于风险最小化的投资组合最优值

夏普比率是衡量投资组合绩效的一个指标，它用于评估投资组合在风险调整后的回报，也就是考虑了投资组合的超额回报与所承担的风险之间的关系。如果夏普比率为正，投资组合表现良好；如果夏普比率为负，投资组合表现不佳。夏普比率的数值越大，表示每单位风险所带来的超额回报越高，投资组合的绩效越好。基于夏普比率的最优投资组合的最优值如图 10-17 所示，投资组合的波动率为 0.165、收益率为 0.159，超额回报高。此时，4 只股票的组合权重分别为 0.008、0.444、0.49、0.059。

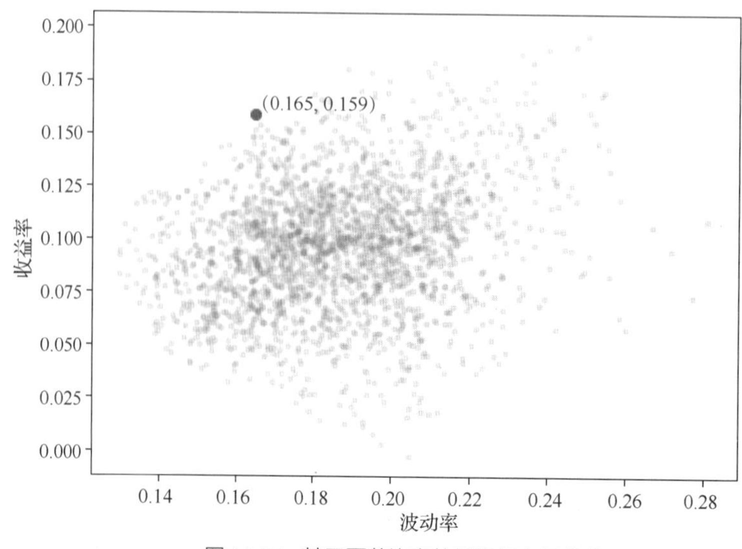

图 10-17　基于夏普比率的投资组合最优值

下面对不同的投资组合方案进行对比。第一种，给定权重为[0.30,0.20,0.10,0.40]的投资组合；第二种，等权重的投资组合，即每只股票权重均为 0.25；第三种，市值加权的投资组合；第四种，波动率最小的投资组合；第五种，夏普比率最优的投资组合。基于 5 种不同投资组合方案，绘制累计收益率曲线，累计收益率曲线用于展示投资组合或单一资产从初始投资开始到当前时间点的累计收益表现。曲线反映了随着时间的推移，投资价值的增长或减少情况，是衡量投资绩效的重要工具之一。通常，用横轴表示时间轴，用纵轴表示累计收益率，即投资从开始到特定时间点的总回报率。曲线的峰值表示投资组合在特定时间点达到的最高累计收益率，而谷值则表示最低累计收益率。曲线的波动性反映了投资组合的不稳定性，波动较大的曲线意味着投资风险较高。图 10-18 所示为 5 种投资组合方案的累计收益率曲线。从图中可以看出，累计收益率在 2021 年左右达到最大，2021 年到 2023 年累计收益率震荡下跌；在累计收益率的波动性方面，市值加权的波动性最大，给定权重与等权重的依次在其后，波动率最小与夏普比率最优下的投资组合波动性较小。

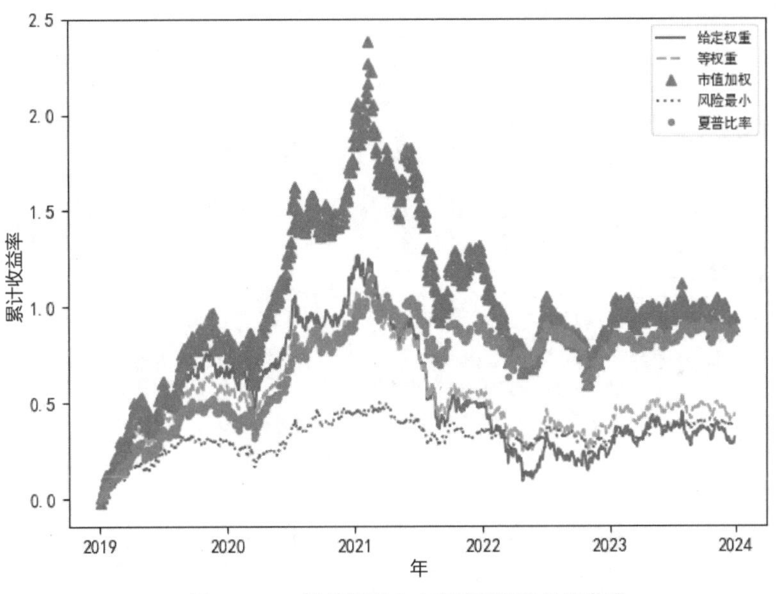

图 10-18　5 种投资组合方案的累计收益率曲线

10.5.5 总结与建议

本案例通过分析中国平安、贵州茅台、长江电力和恒瑞医药 4 只股票，展示了如何构建一个风险分散且均衡的投资组合。通过数据归一化处理和协方差矩阵热力图，我们发现，所选股票的波动性较小，表明了良好的分散效果。进一步地，我们对比了不同投资组合的收益率和波动率，发现以波动率最小化为目标的投资组合在风险控制上表现优异，而基于夏普比率最优的投资组合则在风险调整后的回报上表现更佳。累计收益率曲线的分析揭示了不同投资组合方案随时间变化的收益表现和波动性，其中市值加权投资组合波动性最大，而波动率最小和夏普比率最优的投资组合波动性较小。因此，建议投资者在构建投资组合时，应注重风险分散，根据市场变化和个人风险偏好进行动态调整，并保持长期投资视角。同时，利用科技工具（如 Python）进行数据分析，可以提高投资决策的科学性和效率。此外，持续学习和适应市场变化，将有助于投资者提高决策质量，实现投资成功。

参考文献

[1] 黄恒秋，张良均，谭立云，等. Python 金融数据分析与挖掘实战[M]. 北京：人民邮电出版社，2020.

[2] 周志华. 机器学习[M]. 北京：清华大学出版社，2016.

[3] 埃里克・马瑟斯. Python 编程：从入门到实践[M]. 袁国忠，译. 3 版. 北京：人民邮电出版社，2023.